玉林师范学院高层次人才科研启动基金项目（编号：G20160004）

广西高校人文社科重点研究基地民族地区文化建设与社会治理
研究中心项目（编号：2017YJJD0002）

广西高校中青年教师基础能力提升项目（编号：2018KY0456）
出版资助

传说的

杨家将

民俗文化研究

梁家胜 著

中国社会科学出版社

图书在版编目（CIP）数据

杨家将传说的民俗文化研究/梁家胜著.—北京：中国社会科学出版社，2018.6
ISBN 978 - 7 - 5161 - 7603 - 0

Ⅰ.①杨…　Ⅱ.①梁…　Ⅲ.①风俗习惯—研究—中国　Ⅳ.①K892

中国版本图书馆 CIP 数据核字（2016）第 025304 号

出 版 人	赵剑英	
责任编辑	刘　艳	
责任校对	陈　晨	
责任印制	戴　宽	

出　　版	中国社会科学出版社	
社　　址	北京鼓楼西大街甲 158 号	
邮　　编	100720	
网　　址	http://www.csspw.cn	
发 行 部	010 - 84083685	
门 市 部	010 - 84029450	
经　　销	新华书店及其他书店	

印　　刷	北京明恒达印务有限公司
装　　订	廊坊市广阳区广增装订厂
版　　次	2018 年 6 月第 1 版
印　　次	2018 年 6 月第 1 次印刷

开　　本	710×1000　1/16
印　　张	21.5
插　　页	2
字　　数	300 千字
定　　价	89.00 元

序

民间传说的文化价值
与我们的民间立场

  杨家将传说作为充满着强烈的爱国主义激情、爱憎分明的忠烈观和家族式传奇色彩的民间口头叙事文学，负载和传承着民族文化、历史文化和民俗文化，是民众口传的英雄史诗和情感记录。传说以其丰富的社会性和生活性，深刻而生动地展示了我们民族的心灵史和文化史。广大民众通过创作、传承、传播和享用杨家将传说的过程，把自己的精神信仰、文化心理、家国情感、伦理观念等自觉或不自觉地鲜活地立体地表现了出来。杨家将传说以民俗生活为基本内容，并服务于现实生活，以生活为终极指向，慰藉着苦难备尝的民族心灵，维系着不同层次和地域的社会群体，宣泄和表述着人们喜怒哀乐的复杂情感，激荡和弘扬着民族与家族的正义话语和爱国文化。在现实生活中发挥着重要的社会文化功能。可以说，杨家将传说在中国传统文化中具有极强的凝聚力和创造力、影响力、传播力，是体现传统文化软实力的表征之一。

  杨家将传说虽然不是史官文化意义上的真实叙事，却是民众发自心灵的文化真实叙事，在生活和想象的双重境界交融中，实现着自己的意愿，满足着自己的情感，而这也正是广大民众千百年来传承演述的内驱力。因此，杨家将传说是我们了解和洞悉并理解民众的心理、观念和情感等精神层面的生动案例。正因为如此，我一直有个愿望，就是自己或自己的学生写一本从民俗文化学研究杨家将传说的论著，但可惜自己事务缠身，连篇小论文都没写出来。好在先后建议两位研究生以杨家将传说为研究对象做成了硕士论文，而家胜小弟的这篇尤显民俗文化学的学术价值取向。

家胜小弟在学位论文基础上修改完成的研究杨家将传说的专著即将出版，要我写篇序。我们师生共处在青海这一学术欠发达特别是学术规范缺环境的地方，意气相投。我们出身于黄河发源处与流归处的农村，自小受民俗文化的熏陶，对杨家将传说特别感兴趣。我在人生道路上还有过一些与杨家将传说相关的故事，后来还成了这部著作最初的指导者。所以觉得还有点话想说。

20世纪60年代末，我在乡下老家读初中，特别喜欢读古典小说。但是当时图书奇缺得可怜，千方百计只能觅得几页残卷而已，还得偷偷摸摸地读。记得偶然从邻家夹墙内搜得破烂不堪的一本《杨家府演义》，如获至宝，然而读完觉得远不如村中长辈们讲述的丰富精彩，很是失望。结果还被班主任发现，当作反面典型在班上组织"大批判"活动。记得有同学严词批判我是读黄色小说，我反问他什么是黄色小说，他说我读的旧书连纸的颜色都是黄的，不是黄色小说是什么？我说：《毛主席语录》放时间长了纸也会黄，难道也是黄色小说？结果招致了更加严厉的批判。越是批判，越是启发思考，后来慢慢知道杨家将传说里面的很多并不是"真正"的历史，高中时借读《宋史》里的《杨业传》，与传说故事一一比对，以求真假。高中毕业回家劳动，有一次大家在生产队饲养院挖粪，我说起杨家将故事的历史真假，惹得喜欢历史小说的副队长勃然大怒，把铁锹一甩，骂道："由着你们文人们胡说八道，谁求知道哪个是真的哪个是假的？"然后几步蹿到墙边，脸色苍白地抽着闷烟。后来他好长时间不理我，甚至我在1977年报考大学时，他想方设法制造障碍，当时我觉得他特无知而且顽犟。多少年以后，我才反省过来，无知的恰恰是我们这些所谓有文化的人，我们不仅无知而自以为是，同时无德还残酷不仁。当年无知的我用所谓的"真正"的历史毁灭了生产队长心目中神圣而真情的文化历史，使他的文化圣殿顷刻之间几乎坍塌，那是何等的残酷！至今想来悔恨不已，觉得很是对不起可爱的生产队长。

在本世纪初几年，旅游文化蔚然盛行，地方有关部门不时邀请一些所谓的专家帮着策划项目，我也偶然会被叫去充数。有一次讨论一个地方的旅游开发项目，方案撰稿人提到了一些相关的传说，结果遭到与会专家学者们的猛烈批判，大概意思有二，一是老百姓没文化，二是民间传说是没文化的人编出来的，没有任何价值，不能当作文化资源。其中一位老教授还拿出一册《宋史》念了两句，说这就是正史记载的真正历史，老百姓的话能相信吗？在那个弥漫着鄙视民间文化话语的座谈会上，我就像当年的生产队长一样冲动，有些情绪失控地发表了完全相反的看法后愤然而去。我对这次发言至今记忆犹新，不妨复述一遍。

一个民族的文化是由不同群体共同创造和共同发展的，老百姓的日常生活和民俗文化是那么的丰富多彩，其价值取向、精神信仰统领和弥散在生活的方方面面，形成了极其丰厚而深邃的文化体系。凡是有人群就有文化，这是基本的常识。怎么就敢说老百姓是没文化的，如果他们没有文化可言，难道他们是低级动物，连人都算不上吗？在过去的社会，老百姓的比例占到社会人数的百分之九十五以上，这一绝大多数人创造、传承、享用的文化还不算是文化的话，难道一个民族的文化仅仅属于百分之五的极少数人？这既不符合东西方人文社会科学的基本概念，也不符合马克思主义和社会主义社会的群众观。

就以所谓历史的真实性而言，民间传说固然在历史时空的细微处大多是不符合事实的，但她表达和体现的是一个民族大多数人群对历史的文化记忆，是一种心灵的真实，是一种文化的真实，比起那些反复篡改过的史官记载更加真诚和天然，所以千百年才不但传承不息，而且发扬光大，被老百姓所喜爱。从这个意义上讲，民间传说才是真正的"真"历史，而封建文人的记录往往是虚假篡改的假历史，这已被无数个历史个案所证明。所以美国学者欧大伟研究华北民间思想史的时候，坚持采用民间资料，连地方志都谨慎不用，他认为那是封建文人按照极少数人的思想编造出来的，不切合民间思想的实际。因此他的著作一出版，就引起了国际学术界的高度评价。我们的学者一向都自我标榜以马克思主义历史唯物主义为指导，但是实际上从来就是一味地膜拜封建上层文化，鄙视甚至否定人民的文化，这不能不说是一个人格分裂、是非颠倒的学术悲剧。

而从社会功能说，民间传说还可能往往大于所谓"正史"。就拿杨家将传说来看，很多情节甚至人物都是虚构的，但正是那些有血有肉、激烈慷慨、保家卫国、九死不辞的激情故事，几百年来反复地激荡着国民的爱国情感。在外寇入侵的时候，千千万万的国民以杨家将英雄群体为榜样，前赴后继地去浴血奋战，去保家卫国。试想一想，在那样的情境中，文绉绉、干巴巴的《宋史·杨业传》能起到这样巨大的社会作用吗？仅此一点社会功能说，以杨家将传说为代表的民间传说也是应该得到充分的尊重。能不能尊重民间文化在一定意义上是一个人良知德行的表现。

时过十年，今天回过头来看，我仍然坚持这样的民间文化观。回想和反思我对生产队长的文化伤害和一些学者专家们对待民间文化的态度，我曾经提出并一直坚持"民间立场"的理念，也在很多大小场合讲过。我认为不管是官员还是学者，都需要有一种民间立场，说什么做什么都先站在老百姓的角度想一想是否合适，然后再做决断不迟。关注草根，尊重民间，敬畏民间文化，保护最宏大而厚实的民族文化土壤，是我们的责任，也是一种良知。否则，做人做官做学问，迟早会出问题的。

机缘巧合，家胜小弟随我攻读硕士学位期间，相商学位论文之事，我们不谋而合地想到了杨家将传说，我还讲了我关于杨家将的故事和关于民间立场的看法，当然还有民俗文化学的理论方法。后来在西宁、北京两地，我们多次探讨写什么、怎么写，一次次完善写作大纲。不断调整写作思路。毕业前半年，他把论文初稿送来，我喜出望外，洋洋十五万字，思路之清晰、逻辑之缜密，阐发之科学，论述之精当，资料之丰富，撰写之规范，分量之厚重，远远超出了对硕士论文的要求，我甚至觉得比起很多博士论文来也毫不逊色。论文匿名评审和答辩中，北京大学、北京师范大学、中国社会科学院的几位著名民俗学家都给予了高度评价，一致推为优秀学位论文。

实际上，那年他因为要准备考博士，时间不够分配，所以没有按计划完成全稿。这些年来，我们都为此甚是遗憾。今年，青海省民俗学会成立后，为推进地方民俗学建设，我策划出版了一套关于西北民俗文化的丛书，就督促他尽快抽时间补充完善书稿，以便及时出版。暑假过后，他就发来了20多万字的书稿。但后来考虑到题材内容超出了西北区域，这部著作最终没有被纳入丛书，而是推荐单独出版。

家胜小弟在对杨家将传说文本进行系统梳理和运用的基础上，从民俗文化学和民间叙事学的视角，对华北地区民间流传的杨家将传说故事以及所映射出的民俗生活图景、民众的信仰观念进行了系统的研究和阐述。我有幸作为这部专著的第一个读者，认为这是一部理论方法和视角独特，很有学术价值的著作，至少有这样几个鲜明的学术特点。

一是开创了杨家将传说民俗文化审美研究的新领域。前人对杨家将传说的研究成果也算不少，但大多是从历史学角度和文学角度分别进行历史主义的考证研究和文学批评的审美研究，从民俗文化学的角度进行研究的为数甚少且颇浅陋。即使也见到过几份学位论文，也略显平庸。而本书则对杨家将传说进行了系统的民俗审美研究，将民俗文化的阐释和民间叙事的审美有机结合，进行学理性的论述阐释，环环相扣，层层推演，不仅视角新颖，而且填补了用民俗文化学研究杨家将传说的空白。

二是理论方法创新，论证体系完整而系统。以往的杨家将传说研究通常以历史学的实证主义和考据方法，或者以作家文学的审美理论等理论框架和体系为学术背景，既不符合杨家将传说的民俗文化本质，也不符合民间文艺学的特殊性，严重影响了研究的质量。

本书则以民间叙事学和宗教民俗学理论等民俗学的重要分支学科理论作为主要的理论方法，同时适当借鉴了精神分析理论、社会心理学理论和狂欢化诗学理论，并以此为切入点和阐释工具呼应海内外新的学术研究成果，从而显示出论证体系的系统性与完整性，而非是东抄西拼、杂七杂八的东西。

三是对民间文学三套集成资料系统而科学地梳理和运用，做出了成功的范例。本书运用的杨家将传说资料除作者个人的田野作业成果外，绝大部分来自中国民间文学三套集成的现有成果。家胜小弟在读研究生期间，我送他到北京学习。他利用这次机会，对卷帙浩繁的民间文学三套集成中有关杨家将传说的资料进行了细致的梳理分析，并运用到后来的具体研究中。这在本书的附录和材料使用中已经显示得极为充分，这种扎实的学风从根本上保证了著作的质量。同时民间文学三套集成数量巨大，是中国民间文学研究的坚实的资料基础，但学界有效使用者微乎其微，本书则将其纳入学术话语系统中进行科学使用，并对集成中的杨家将传说进行专题梳理和研究，也足以为学界开创这方面的成功范例。

四是正确的民间立场体现了民俗学者的价值取向。从著作名和研究内容看，著作没有站在所谓历史学家的立场，居高临下地斥责杨家将传说这点上与《宋史》等文献记载不符，那点上是毫无史料依据地胡编乱造；也不是拿文学批评家的眼光，批评杨家将传说故事这方面不如《三国演义》的情节合理，那方面不如《红楼梦》的形象细腻，等等。而是站在民间的立场上，对民众自己的文化和文艺进行设身处地的体察和理解，反映了作者作为民俗学者良好的专业素养和民间立场，这也是值得嘉赏的。

当然，我觉得这部著作也有一些小小的缺憾，那就是个人深入田野作业的力度似乎还不够，直接从民间生活中得来的活态的杨家将传说文本数量较少，同时对该传说在更大空间中的流布传承现实也略嫌关注不够。这需要在今后的研究中加以拓展和完善。

然而，家胜小弟刚过而立之年，就有此视角独特、质量上乘的

著作出版，不能不说是人生中一大快事，可喜可贺。同时我也祝愿
他在未来的学术道路上做出更好的成绩来，为民俗文化研究的学术
大厦贡献出不俗的智慧！

赵宗福

2012 年 12 月 6 日于夏都寒竹书屋

目　　录

绪　论

民间视域中的杨家将
传说研究

提及本书的写作缘起，还得益于笔者的导师赵宗福教授。在赵老师与笔者的一次谈话讨论中提到学界对杨家将传说的研究时，赵老师指出：一提起杨家将，很多学者动辄史载如何如何，大多是历史学的视角、方法和观点。他对历史主义的实证性考据、考证研究而未关注其作为民间口承叙事的传说性质颇感遗憾。赵老师还进一步明确，从民俗学和民间文艺学的角度来研究杨家将传说，一定要有本学科的学术视野和理论支撑，我们更关注它在生活层面上的作用和意义以及与民众的关系。赵老师的评论让我受益匪浅，于是在他的启发、鼓励、指导和帮助下，笔者决定从民俗学和民间文艺学的维度对杨家将传说进行民俗文化审美的研究。

第一节　民俗文化与民间叙事的双重观照

杨家将的传说在中国可谓妇孺皆知，深入人心，影响深广。学界对其关注也由来已久。当代口头流传的杨家将传说很好地映射了广大民众的思想观念、文化心理及民间俗信的基本信息。因此，很有必要对作为口头叙事形态的杨家将传说进行民俗文化的阐释和民间叙事的审美研究。对杨家将传说进行民俗审美研究，具有一定的学术价值和现实意义。

一　选题的意义和学术背景

（一）独特的民俗审美视角

前人对杨家将传说（故事）的研究成果很多，但大多是从历史学角度和文学角度分别进行历史主义的考证研究和文学艺术的审美研究。真正从民俗学的角度对之进行的研究虽有但为数不多且不够系统。本书力图对杨家将传说进行系统的民俗审美研究，将民俗文化的阐释和民间叙事的审美有机结合，以民俗学的取向来填补杨家将传说研究领域中的空白。

（二）全新的理论考量和价值取向

鉴于以往的杨家将传说研究中以历史学的实证主义理论、文学审美理论等理论框架和体系为主的学术背景，笔者试图以宗教民俗学理论和民间叙事学理论来作为本书的基本理论支撑。宗教民俗学和民间叙事学是民俗学界的重要分支学科。以此为切入点和阐释工具呼应着学界当前新的学术研究成果，具有一定的现实意义。此外，本书还将运用精神分析理论、社会心理学理论、狂欢化诗学理论和文化人类学理论等来对杨家将传说进行全新的审视和阐发。

（三）对民间文学三套集成成果的系统梳理和运用

除田野作业成果外，本书所使用的文献资料基本上来自中国民间文学三套集成的现有成果。笔者在卷帙浩繁的民间文学三套集成中对相关的杨家将传说进行系统的梳理、整合和运用。本书虽以文献（文本）资料为主，但"三套集成"同样是广大民俗学和民间文学工作者田野作业的成果。转换成文本，虽有语言文字的加工润饰，但其所蕴含和包容的广大民众的思想观念和精神信仰是不变的。

芬兰学者劳里·杭柯（Lauri Honko）提出了"以传统为取向的文本（Tradition‐Oriented Text）"的概念，"这类文本是由编辑者根据某一传统中的口传文本或与口传有关的文本进行汇编后创作出来的。通常所见的情形是，将若干文本中的组成部分或主题内容汇集在一起。经过编辑、加工和修改，以呈现这种传统的某些方面，常常带有民族性或国家主义取向"。① 这类文本属于杭柯所说的"民俗学过程"（Folklore Process）的产物，"至少对探讨在'民俗学过程'中形成的搜集和改编等文化翻译（cultural translation）环节上为我们和后人提供了不无裨益的例证。除此之外，这类文本的产生和形成，也反映了一个时代的要求，反映了一种历史的经历"。② 基于此，万建中强调指出：响应罗兰·巴特（Roland Barthes）文学"作者已死"的学术呼唤，民间文学的研究完全可以放弃不切实际的田野作业，可以理直气壮地宣告，民间文学的讲授者并不存在。记录文本具有独立于田野之外的意义，以田野语境去衡量记录文本是徒劳的。民间文学三套集成尽管远离了现实生活和口头语言系统，却更加容易地进入了学术话语系统之中，自在地展开学术历程。以记录文本为考察对象，有着与表演理论和民族志诗学迥异的学术路径，……记录文本的生命力不在于作品本身的流传，在于不断被阅读和学者们的学术话语之中。……唯有"记录"，民间文学才能透露沉重的生活属性，而给予民间文学纯粹的文学性。③

　　哈维洛克（E. A. Havelock）在其著作《缪斯学写：古今对口传与书写的反思》（The Muse Learns to Write）一书中提出了"文本能否说话"（Can a text speak?）的著名论断，并尝试让古希腊的文本重新"说话"，使记录的民间文学作品进入民族志诗学和人类学研究的视野之中。研究民间文学的一个重要路径，就是通过对文本的阅读实例揭示出潜藏在这些文本下面的文化无意识，因为如果我们调动一切可资借鉴的手段（诸如符号学、结构主义、原型批评、语义学及传统的文化人类学等），对之进行适当的质询，"文本必然会

---

① ［美］马克·本德尔（Mark Bender）：《怎样看〈梅葛〉："以传统为取向"的楚雄彝族文学文本》，付卫译，《民俗研究》2002年第4期。

② 同上。

③ 万建中：《〈中国民间文学三套集成〉学术价值的认定与把握》，《广西民族大学学报》2010年第1期。

显示出它表面上试图掩盖的东西"。① 尽管民间文学三套集成是对活态口承表演的记录，但每部作品的基本内涵是相对稳定的。本特·霍尔拜克明确表示："民间文学作品的含义不是一面每人都能从中看见自己的映象的镜子，而是实实在在地存在于本文之中的。如果含义不存在于本文之中，就很难解释大量的相对稳定和相对独立的故事类型的存在，也不能解释每个讲述者都有一些不同的讲述作品这一事实。"② 因此，我们可以把民间文学的记录文本看作一种具有"传统指涉性"和"文化张力"的社会记忆或者群体记忆。对民间文学作品诸如"三套集成"的研究不应只停留在语言、文字等形式层面，而应更多关注其意蕴内涵、"潜台词"等文化本质层面。

　　关于对三套集成使用的合法性与合理性问题，民俗学界虽有争论，但已达成基本的认同和共识。万建中指出，学界对中国民间文学三套集成的反思持续不断，重点在于运用现代田野作业的标准考量三套集成，指出其种种缺陷。这是对三套集成的误读，误读的原因在于混淆了民间文学和民间文学作品两个基本概念。作为作品的民间文学三套集成属于纯粹的文学，与生活形态的民间文学有着本质的差异，以后者的标准去衡量前者，显然不切实际。三套集成从田野产出，又完全独立于田野，具有完整的自在的学术价值，为学术研究提供了数量庞大的元文本和多种可能性。……民间文学三套集成为开创中国民间文学研究的新局面奠定了坚实的基础，可以说现在已进入了研究民间文学条件最好的时期，难以胜数的民间文学作品足以满足研究者们各方面的需求。将其纳入学术话语系统之中乃当务之急。③ 故而本书是一部真正意义上的民俗学研究专著，同时对三套集成中杨家将传说这一专题进行系统梳理和研究亦弥补了这

---

　　① ［爱尔兰］安东尼·泰特罗（Antong Tatlow）：《本文人类学》，王宇根等译，北京大学出版社 1996 年版，第 1 页。
　　② 阎云翔：《国外民间文学研究新动向拾零》，《民间文学论坛》1995 年第 3 期。
　　③ 万建中：《〈中国民间文学三套集成〉学术价值的认定与把握》，《广西民族大学学报》2010 年第 1 期。

一领域中的空白。

二　理论支撑与研究路径

本书主要以宗教民俗学理论和民间叙事学理论为切入点和基本支撑，同时参照了精神分析理论、狂欢化诗学理论、传说论等理论成果。此外，笔者还将借鉴运用文化人类学、社会心理学等学科的相关理论来对杨家将传说进行立足于民俗学学科本位的观照和阐释。

本书以文本研究为主，笔者主要采用文献法，同时结合田野作业法、比较法。在文本研究中，本书无意进行故事类型和母题的梳理与研究，而主要对杨家将传说的文本进行整体性的民俗文化意义的阐释和民间叙事的审美。文本的解读是主要的研究方法，同时适当参考了文化人类学、比较文学等学科的相关方法。在此，笔者借用解释人类学的代表学者克利福德·格尔兹（Clifford Geertz）的话来表明对文本进行阐发性研究的重要意义："人是悬挂在由他们自己编织的意义之网上的动物，"因而，对"文化的分析不是一种探索规律的实验科学，而是一种探索意义的阐释性科学"①。民俗文化的重要特征之一，就是广大民众是以对生活的体验作为其文化创造的内驱力。不同时代、不同地域、不同民族、不同阶层的民众正是由于各自群体的生命体验和生活感受的蕴含及倾诉介质的不同，才构建演绎出了不同"质"的文化，才在"一体的"文化"大传统"语境下呈现出了形态迥异的"多元的"地方"小传统"，从而彰显了各种文化间的差异性和共通性，形成了文化间的趋异（冲突）和趋同（融合）现象。而对民间叙事文本（可视作文化文本之一种）的"解读"，即便是"误读"，其亦为我们窥探、洞悉民众的文化观念、思想意识、心理取向、情感归指等提供了一条可资探索的路径和强有力的阐释平台。

---

① ［美］克利福德·格尔兹（Clifford Geertz）：《文化的解释》，纳日碧力戈等译、王铭铭校，上海文艺出版社1999年版，第5页。

三 学术目标

（一）对杨家将传说进行全新的民俗审美研究。将对民俗文化的阐释和对民间叙事的审美有机结合，以期对杨家将传说在民间文艺学和民俗学的维度上有新的认识和把握。

（二）以宗教民俗学和民间叙事学的相关理论作为切入点和基本阐释框架对杨家将传说进行研究，以此呼应当前学界的研究成果。

（三）在对民间文学三套集成系统梳理的基础上来研究杨家将传说。对三套集成中的杨家将传说进行专题研究，填补这一领域中的空白。

尽管笔者期望达到以上学术目标，但限于时间和学力不能做到尽善尽美，仍有不足之处需待弥补。本书有待拓展研究的领域如下：

（一）田野作业需进一步补充完善。

（二）鉴于民俗文化在民众生活中是全方位弥散的，在下一步的杨家将传说研究中需更加注重整体性和立体性的阐释与把握。

（三）杨家将传说与当地民俗生活在多大程度上如何发生关系，二者相互作用的深层机制如何有待进一步探讨。

四 资料来源

本书集中论述的，是当代华北地区民间流传的杨家将传说（故事）以及它们所映射出的某些民俗生活图景和民众的观念与信仰。本书的研究以共时（当代）为主，区别于溯源与流变的探讨；以口头传承资料为主，区别于话本、演义小说等经过中上层文人加工创作的文艺作品；在所用的研究资料中，以当代普通民众零星提供的素材为基础而整理出来的文本（即民间文学集成中的文本）为主，历史文献、演义小说、艺人的说唱底本等作参考。

笔者主要考察华北地区汉族的杨家将传说，在写作过程中也适当参考其他地区和其他民族的相关资料。本书所采用的资料包括（详见附录）：

（1）中国民间文学集成省卷、市（地区）卷、县卷本。如《中国民间故事集成·山西卷》《山西忻州地区民间故事集成》《河北张家口市故事卷》《河南开封县民间文学集成》等。

（2）民间专题故事集或出版物。如《燕南赵北的传说》《穆桂英大战桃花漫》《民间文学》等。

（3）根据民间说唱、小说、戏曲底本等辑录整理的正式出版物。如《说唱杨家将——金沙滩·潘杨讼》《杨家府演义》《山东传统曲艺选》等。

（4）史料。如《宋史·杨业传》《郇学斋日记》等。

（5）田野作业中搜集整理的资料。如《洋芋的传说》等。

第二节　横看成岭侧成峰：学术史概述

学界对于杨家将传说的关注和研究由来已久，相关著述颇丰。概括起来，前人分别从历史学、文学、民俗学等几个学科角度对之进行了研究：

一　从历史学角度对杨家将传说的研究

从宋末到清代的一些历史文献，记载了杨家将传说在民间的流传情况，有的对杨家将的人物事迹进行了考证辨析。宋末元初，谢维新的《合璧事类后集》、徐大焯的《烬余录》、富大用的《事文类聚外集》等杂著，就辑录了史承及口传的杨家将事迹。但真正意义上的史家考辨则出现在明清时期。明代大学士宋濂著有《杨氏家传》①，考证了杨业后裔的生息情况。清代翟灏的《通俗编》、俞樾的《小浮梅闲话》和李慈铭的《郇学斋日记》等著述，对于杨业夫妻父子的姓名、战功及后嗣情况有更进一步的考证，但仍显粗略。

20 世纪中叶，由于中国遭受内忧外患的困扰，一些学者通过研

---

① （明）宋濂：《宋学士全集》卷 31，高淳韩氏刻本。

究杨家将的传说故事来唤起民众的爱国热情。40 年代，卫聚贤出版了《〈杨家将〉考证》一书。在书中，他按照《杨家将演义》①的情节顺序，结合他所掌握的史料及《潘氏世族谱》等民间资料，将杨家将故事与《宋史》作了一番对照，以"考证《杨家将》在历史上的真确性"。他的研究是粗略的考辨研究，没有涉及民众观念。

几乎与此同时，余嘉锡写出了《杨家将故事考信录》②一文。在文章中，他考辨了杨家将人物事迹的真伪，也探讨了此类传说的来源和流变。他的研究有考辨，也有对民间文学创作机制的探讨。但他的结论是从文人创作的文艺作品得出的，不是从民间口承传统而来，亦没有涉及传说中所映射的深层的民众思想和文化心理。

另外，学者郝树侯的《杨业传》一书，在考证杨业父子事迹之外，还介绍了与杨家将有关的几处遗迹，但他的研究只是介绍性的。1959 年，常征作《杨家将史事考》③一书，共 25 万余字，全面地考辨了杨家将的事迹，并且集中介绍了宋金以来以杨家将事迹为素材的故事、戏曲、小说等文艺作品，分析了杨家将故事流传不息的历史原因。该书是迄今从史学的角度对"杨家将"论述得最为全面的著述，尤其是在梳理历史上杨家将传说的各种传承形式方面，脉络非常清晰。不过，该著主要是资料考辨和介绍，正如常征先生在著作中论及"传说与史实之间"时所指出的，"流传至今的杨家将故事，其主要部分皆源于宋代民间口碑。宋人去杨家将甚近，所叙即使皆为耳食，也不尽为空中楼阁。……其基本部分应当说并非于史无据"。对于杨家将传说流传不衰的原因的分析，虽已关注到杨家将传说的"口碑"性质，但也只是从历史上的军事、政治、民族矛盾等方面入手，未关注到深层的精神心理因素，也没有从民俗学的角度对之进行研究。

---

① 全称是《新镌玉茗堂批点按鉴参补北宋杨家将传》，又名《北宋志传》，（明）熊大木编，研石山樵订正，织里畸人校阅，明万历年间三台馆刊本。
② 载余嘉锡：《余嘉锡论学杂著》，中华书局 1977 年版。
③ 常征：《杨家将史事考》，天津人民出版社 1980 年版。

周华斌的《略谈杨家将故事的历史衍变》① 一文也是简明扼要地梳理了杨家将传说故事在文艺作品中的承传与衍变，没有从民间口承传说和民俗学的角度来加以论述。20 世纪 90 年代中期，杨维森编著了《弘农杨氏族史》一书，从族谱研究的视角介绍了杨业、折（余）氏等人的生平事迹。该书收录了大量的家传族谱等民间资料，善于博采众说，但他的论著是宗谱研究，基本上是辑录史料和地方资料，没有太多涉及杨家将传说。周郢在《杨家将故事与泰山》② 一文中，通过考证泰山周边众多与杨家将传说故事相关的地名和风物遗迹，指出杨家将故事与泰山有着诸多历史及文化的联系，并对杨家将故事的广泛流传以及穆桂英故事进入杨家将传说的历史文化背景作了一番探究。但该文仍侧重于史料的考证，而未观照到"杨家将"作为传说的生发、流传和变异特质，更未关注到其在广大民众生活层面的意义和作用。

概而言之，从历史学的角度对杨家将传说所进行的研究，主要是对史实的考证和辨析，且研究对象多侧重于文人创作的文艺作品，没有将杨家将传说作为一种口承民间叙事来加以研究，也没有阐释其民俗文化意义。

二　从文学角度对杨家将传说的研究

杨家将传说（故事）在宋平话、金院本、元杂剧和明清小说中都有文字呈现，其中以《杨家将演义》③ 和另一种《杨家府演义》④ 为集大成者。文学界的学者研究杨家将，一般就以这些本子为主要对象。

① 《杨家将演义》代序，（明）秦淮墨客校订；周华斌、陈宝赛校注，北京出版社 1981 年版。

② 周郢：《杨家将故事与泰山》，《泰山学院学报》2010 年第 1 期。

③ 全称是《新镌玉茗堂批点按鉴参补北宋杨家将传》，又名《北宋志传》，（明）熊大木编，研石山樵订正，织里畸人校阅，明万历年间三台馆刊本。

④ 全称是《杨家府世代忠勇演义志传》，（明）秦淮墨客校阅，烟波钓叟参订，明万历三十四年刊本。

鲁迅在《中国小说史略》中评论它们"文意并拙，然盛行于里巷间"。① 中华人民共和国成立后编著的古代文学史，如游国恩主编的《中国文学史》、刘大杰的《中国文学发展史》以及各大学中文系的文学史教材，则多从思想意义、艺术成就及人物形象上来评价该类文本。另有章培恒、骆玉明主编的《中国文学史》认为："《北宋志传》和《杨家府演义》所写，大部分内容也属于民间传奇性质。这两部小说的艺术价值都不高，结构松散，情节简单，但由于传奇色彩很浓，为后来的戏剧和民间说书提供了较好的原始素材。如穆桂英的故事，十二寡妇征西的故事，都很受民间的喜爱。"② 可见，有学者已注意到了杨家将的民间传说色彩和价值，但论析评价仍显粗略。

这些研究，都是对文人加工创作的文艺作品从文本角度进行的文学审美分析，将杨家将传说等同于文人创作，没有涉及杨家将传说在民众生活和精神观念上的意义、功能和特点。

三　从民俗学角度对杨家将传说的研究

在民俗学界，也有学者对杨家将传说（故事）进行了研究。一种是从民间文学的角度，对杨家将传说在民间的传承传播情况进行介绍。如顾全芳的《杨家将传说初探》③ 一文，初步探讨了杨家将传说的史源及流变，并提出了在搜集、整理、研究杨家将故事时应该注意的几个问题。高恩泽的《杨家将传说考》④ 一文，从杨家将传说流布的特点、传说与史实的联系和区别、传说中的糟粕、传说盛行不衰的原因四个方面对杨家将传说进行了考察。这两篇文章的共同特点是总结了前人的史学成果，并在史学的基础上加入了传说

① 鲁迅：《中国小说史略》，《鲁迅文集全编》（第二集），国际文化出版公司1995年版，第1492页。
② 章培恒、骆玉明主编《中国文学史》（下卷），复旦大学出版社2002年版，第279页。
③ 《山西民间文学》1982年第1期。
④ 《民间文学论坛》1983年第2期。

学的视点，指出了杨家将传说在今天的传承区域以及它的民间文艺形式。但他们所采用的资料仍以史籍为主，没有对当代民间口承叙事资料进行考察。另外，蔡连卫的《"杨家将"故事传播情况综述》①一文，对杨家将传说故事的传承传播情况作了系统的梳理与总结，尤其介绍了现代传媒手段诸如电视、电影、广播及网络等对杨家将传说的传播所产生的巨大影响和传播情况。

另一种是从民俗学的角度，对当代口承的民间叙事中的杨家将传说进行考察和研究。如刘凯在《杨家将与"花儿"》②一文中，介绍了杨家将传说故事与当地民俗生活的关系，指出民众按照自己的愿望和需要对历史题材进行了敷衍、改造和利用。该文最大特点是自觉利用了民间的口承文艺资料，不再沿袭以往遍查史籍、稽考人物的传统方法，不过文章很简短，没有结合实际资料对民众观念进行进一步的阐发。

严优的硕士学位论文《杨家将故事研究——以华北地区杨门女将故事为主》③，是近年来民俗学界研究杨家将传说故事较为系统和详尽的成果。该文从民间文艺学和民俗学的角度，以实地调查获得的口承传说资料为主要研究对象，结合历史文献和当代书面文献对杨家将传说，尤其是杨门女将故事进行分析。文章揭示了杨门女将故事中所体现出的民众思想观念，同时还对民众的口头传承活动进行了考察和分析。作者从女性民俗学和故事类型学两个维度进行切入，对华北地区民间口头流传的杨家将传说特别是杨门女将传说进行较为全面和系统的考察论析。该文通过较为扎实的田野作业和全新的民俗学视角为后续研究者提供了可资参考借鉴的重要成果。但是由于作者侧重于女性主义研究且囿于对故事进行类型化、程式化分析的窠臼，对杨家将传说所包蕴的民俗审美意义和生活层面的民

---

① 《民俗研究》2005 年第 2 期。

② 《青海湖》1981 年第 1 期。

③ 严优：《杨家将故事研究——以华北地区杨门女将故事为主》，硕士学位论文，北京师范大学，1999 年。

俗功能未能进行整体性的阐释。另外由于田野作业的地域性限制，作者所得出的某些结论有以偏概全和牵强附会之嫌。

另外值得一提的是，李爱军等在《杨家将文化的起源、扩散和地名分布》① 一文中，从文化地理学的角度对杨家将文化地名进行相对详细的统计，并绘制出其空间分布图，从诸方面探讨其历史成因，并总结归纳出以杨家将历史活动区域为中心的历史活动区、军事文化地名扩散区、敬仰文化地名扩散区、后代迁徙地名扩散区四大功能区。视角独特，颇具新意。

以上是学界以往对杨家将进行研究的大概情况。从上面的回顾我们可以看到，前人的研究中还没有对杨家将传说从民间文艺学和民俗学的角度进行系统的民俗审美研究，从而对杨家将传说的民俗文化功能和深层民俗文化意义进行整体性的阐释。

本书尝试对杨家将传说进行民俗审美研究，从民间叙事学和宗教民俗学两个维度切入，在占有一定数量的民间叙事文本的基础上，对杨家将传说的民俗文化进行阐释，对民间叙事的视角和路径予以观照，并进而进行相关的民俗生活研究和民众观念的解析与诠释，以期对杨家将传说的民俗文化意义有一个较为完整的认识和把握。限于时间和学力，本书将以山西、山东、河南、河北、北京等华北地区的杨家将传说文本的研究为主。

① 李爱军、司徒尚纪：《杨家将文化的起源、扩散和地名分布》，《热带地理》2008 年第 2 期。

第一章

社会结构与组织文化

　　杨家将传说为我们呈现了丰富而深刻的社会结构与组织方面的民俗生活文化。它不仅映射了广大民众的生活逻辑和辩证法，而且体现出人们对生活的理解与感悟及其文化心理和思维方式。本章试图从家族与宗族及其文化观念、对立统一的民间集团观和民间道德伦理的建构路径与方式三个方面对杨家将传说所蕴含的社会结构组织文化加以解读与阐释。

第一节　脉与场：家族与宗族及其文化观念

　　建立在中国农业文明基础之上的家族与宗族制度具有相当的稳定性。在几千年的社会演进中，家族与宗族的职能和观念变化很小，几乎很少受到社会形态变化的影响，只是近代以后才发生一些变化。绵延不绝的家族和宗族作为基本的社会结构组织具有生产、生育、感情交流、教养、娱乐、信仰、政治等多方面的功能，是陶冶人的信仰与习惯最初的也是最坚实的社会土壤。根深蒂固的家族、宗族观念在广大民众口头流传的杨家将传说中亦有着深刻而鲜明的呈现。

　　笔者认为在杨家将传说中所体现出来的家族、宗族结构组织及其文化观念可用"脉"与"场"两个关键词加以概括。"脉"，不仅指杨家世世代代血脉的延续与接力，更指杨家将精神传统的继承与发扬；"场"，即场域，意指天波杨府是一个特定的存在，在这一场域里培养造就了我们所熟知的英雄群像。"脉"是纵向的、历时的；

"场"是横向的、是共时性的，但二者又是彼此交融，相互作用的，共同构成了一个交叉连续的立体的功能体系。正因有杨府这一独特场域的存在，才使得杨家世代忠勇的血脉得以继承和延续；而杨家血脉与精神传统的一脉相承又反过来加强和巩固了杨府这一特定的场域。没有"脉"，就无所谓世代忠勇的杨家将谱系；而没有"场"，就没有了产生和孕育杨家"将"的环境与土壤。因此可以说，"脉"与"场"是"杨家将"这一特定英雄群像得以生发和承继的两个关键性因素，二者缺一不可。下面就试论析杨家将传说中所呈现的以"脉"与"场"为核心的家族、宗族观念。

一　"脉"：生命的延续和精神的传承及其他

（一）血脉——根基之脉

在杨家将传说中，血脉当为"脉"的第一层同时也是最本质的一层含义。家族宗族制度是以血缘关系为纽带建构起来的。没有血缘关系或者说没有相同的血脉基因，便无从谈起家族和宗族。因此，血脉就成为家族、宗族构建和认同的基础和首要因素。基于传统儒家思想的影响和现世的实用功利目的，在广大中国民众的观念中，让家族的血脉流传下去，家族后嗣能够繁衍不衰，完成一代又一代生命的创造，是每一个家族成员至高无上的神圣职责使命。同时，这也是天伦之乐的实际内容，尊祖敬宗、含饴弄孙、四世同堂等体现血脉流淌和延续的美好追求和理想慰藉着家庭、家族成员的精神，使他们眷恋不已。所谓"不孝有三，无后为大"，人们将家族血脉的续传当作最高的伦理道德标准来加以规范和要求。在杨家将传说中，杨家几代忠勇报国，如果我们将每一代的男性代表人物一一列出，便呈现出一条鲜明的脉络谱系：

杨衮——杨继业——杨六郎——杨宗保——杨文广——……

由此可以看出，尽管杨家几代都遭受着血染沙场、报国尽忠和

来自奸臣佞徒的打击陷害双重的夹击与威胁，但杨家却始终保持着
自己血脉或者说生命的延续与传承。虽说困难重重，杨家始终能够
把"根"留住。血缘亲情是杨家将家族群体具有高度凝聚力的内在
原因，外在体现为对家族荣誉的竭力维护。维系这一思想观念的正
是以血缘关系为主体的亲情"五缘"。在这种亲情文化的影响下，杨
家主仆、父子、兄弟、婆媳、妯娌之间实现了空前的家族凝聚力，
个人利益绝对服从集体利益，顾全大局、众志成城、上下一心、英
勇顽强，共同为国尽忠效力，以这种亲情文化建构起来的杨家将家
族文化成为广大民众所秉持和推崇的家族与宗族文化的典范和楷模。
传说无疑是广大民众真实生活和观念的映射与表达，人们对待自己
所喜爱拥戴和崇拜的英雄人物，有着充分的理由让这一伟大而神奇
的家族的血脉按照正常的家族宗族观念模式一代接一代地承传下去。
作为对家族制度的认可，在民众观念中，认祖归宗便是理所当然的
事情。流淌着家族的血液，负载着家族的基因，同时也是家族血脉
延续的标志的成员，只有在认祖归宗以后，其身份和地位才得以正
式确立，其名才正、其言乃顺。在《杨文宾认祖归宗》（228）这则
传说中，杨文宾是北国杨四郎的后代，"母亲生下他不长，爹娘都死
了，舅舅妗子就养着他"，后来随师父石盘洞洞主习武修行养道。有
一天他违背了师父的嘱咐摘下了石盘洞的七星宝剑险些酿成大祸。

　　石盘洞洞主也没责怪杨文宾，又说："这也是到了你认祖归
宗的时候了。"杨文宾听了个糊涂，问："师父，我哪来的祖哪
来的宗？打记事起，我就在石盘山石盘洞跟你读书练武，你要
是嫌我不听话，打我也沾，骂我也沾，千万别赶我走哇！""傻
孩子，不是师父赶你走，是你真到认祖归宗的时候了。你的老
家在东京汴梁天波杨府，佘老太君是你的老祖母，你爷爷是杨
四郎，是北国的驸马，你父亲叫杨宗耀，你叫杨文宾。"
　　杨文宾听了师父的话，才知道的自己是宋朝杨门的后代。
他跪下给师父磕了三个头，感谢他十六年的养育之恩。石盘洞

洞主把七星宝剑给了徒儿，送他下了山。

……

……杨文宾在营前跳下马，请守门的往里禀报："禀报祖母老奶奶，就是外头有人要归宗认祖。"佘太君听说了，下令把杨文宾接到营里。杨文宾赶忙施礼，跪倒在佘太君面前。

太君问："你是哪来的?"他说："我家住在北国，俺爷爷是杨延辉，俺的爹爹是杨宗耀。俺的师父是石盘山石盘洞的洞主，他叫俺认祖归宗来了。"佘太君听了高兴得不行，赶忙挽起了杨文宾。从这儿，杨家又多了一员虎将。①

在这则传说中，佘太君之所以听了杨文宾自述身世后"高兴得不行"，就是因为杨文宾是杨家的子孙，他的身体里面流淌着杨家的血脉，他的突然出现标志着杨家的根基又有了旺盛的生命力，杨家在"香火"、血脉的延续上又多了一个保障。对于这个从天而降的曾孙，佘太君自然是欢喜得不行。

杨家将传说中，有男将的认祖，同样也有女将归宗。"归宗"就是指某一女将在同一男将私下成亲后独自或随同丈夫回归婆家，成为杨门女将中的一员。"出嫁从夫"是传统的观念，通过归宗，"原先游离于男性家族结构之外的女子找到并确立了自己的位置，'归宗'是她们从社会生活（在杨家将故事里就是征战生活）向家庭生活的过渡"②。这些归宗的女将是使杨家血脉得以延续承传的根本保障，她们是杨府血脉流传链条上一个不可或缺的重要环节。笔者以为女将的"归宗"当有双重意义：一方面女将的归宗，使得杨家血脉能够一代一代接续下去；另一方面归宗意味着女将们加入到"杨家将"这一英雄群体序列。也就是说她们归宗后不仅仅承担了生育、

---

① 《耿村民间故事集》（第二集），河北省石家庄地区民间文学三套集成编委会、藁城县民间文学三套集成编委会，1987年，第125—127页。董彦娥讲述；时文鸽记录整理。

② 严优：《杨家将故事研究——以华北地区杨门女将故事为主》，硕士学位论文，北京师范大学，1999年，第17页。

教养杨家后代的家庭成员职能，而且同时继续担当着"杨门女将"的社会角色，成为杨家府中之一"将"。当杨门男将们为国捐躯或遭遇困境之时，业已融入杨府这一家族的女将便会再次以"杨家将"的社会角色出现，重披战袍，摘印挂帅。《杨宗英救母》（8）中的杜金娥，《穆桂英带孕胜辽军》（6）中的穆桂英等女将们的形象不仅是延续香火、传宗接代的杨家女眷，而更为重要的是她们都是杨府中骁勇善战的巾帼英雄，在传说中更多的是作为杨家这一显赫家族中的一员战将出现的。

（二）忠勇报国的家风——精神之脉

"家风，是指一个家族的传统风习而言，是家长或主要成员影响下自然形成、潜移默化的传统习惯和生活作风，通常在民俗中又称为'门风'。"① 这种家族内部的风习，往往世代传承，具有极大的稳定性。它是全家族代代相承、习以为常的共同生活样式。

俗话说："龙生龙，凤生凤，老鼠生来会打洞。"同样，杨家的子孙也是个个侠肝义胆，骁勇善战，精忠报国。杨家将代代延续，他们始终秉承着忠勇报国的家风。"脉"的另一层含义便是指杨家精神传统的一脉相承。在老百姓的观念中，杨家将的爱国主义精神是深入人心的，反映到传说当中，天波杨府的后代就应当个个都是英雄好汉。从杨继业到杨六郎再到杨宗保等，杨家将一代接一代前赴后继，忠勇报国，杨家家族的精神之脉继承发扬，从未中断过。

在中国几千年的宗法制社会里，几乎所有的名门望族都特别重视家风族风的培养和传承。我们从颜之推的《颜氏家训》中可见一斑，晋时的王、谢两大家族也有着某种独特的气质。不仅如此，普通民众的生活中对家风族风的继承与秉持也占据着十分重要的位置，尤其对于几千年来世世代代生活在他们所赖以生存并有着深厚情感的土地上的农民来说，勤俭持家，勤劳致富恐怕要算是最朴实的一种家风了。因此，在口承相传的杨家将传说中，广大民众自然会希

---

① 　乌丙安：《中国民俗学》（新版），辽宁大学出版社 2003 年版，第 160 页。

冀他们所崇拜的偶像能够一成不变，一脉相承地秉承杨家忠勇报国、骁勇善战的家风。当然实际上他们也是这样敷衍和创造的。中国的家族宗族体制为家风的孕育和培养提供了社会组织结构的条件基础，同样，一种家族的精神传统一旦形成又会反过来加强、巩固和维持这一家族的存在与承继。天波杨府便是如此，杨家与其精神传统是相辅相成的，没有天波杨府就没有忠勇报国这一悲壮家风的孕育和培养；而正因杨府家风潜移默化地陶冶和训练，才产生了七郎八虎、八姐九妹等一系列的杨家"将"，进而使得杨府这一维系国家安危、百姓苦乐的社会结构组织巩固维持下来。《火山王出世》（181）里的杨家祖先火山王杨衮是天波杨府家风的开创者，《杨继业头撞李陵碑》（1）中的杨继业、《杨六郎智胜辽军》（4）里的杨六郎、《杨文广的故事》（149）中的杨文广等均属于在杨府家风的熏陶训练下成长起来的杨家"将"形象。即使从小没有在杨府成长的杨文宾（228）和杨宗英（8），由于属于杨家的血脉，所以分别得到了石盘洞洞主和真人李天威两位仙人的帮助得以习武成才，最后成为杨家将序列中的一员。由此可以看出，在民众的观念中，只要是流淌着杨家血脉的后代肯定是武艺高超、骁勇善战、忠国爱民的英雄，因为他们的骨子里就带着杨家家风传统的因子。杨家家风得以一脉相承、代代发扬，恐怕作为杨家的后代本身就是最好的理由。

（三）龙脉——命运之脉

在杨家将传说中，杨家几代英雄儿女缘何为保宋室江山鞠躬尽瘁、前赴后继，民众用自己的思维方式和话语作了生动形象而又耐人寻味的解释。在笔者所收集到的杨家将口承传说文本资料中，有相当数量的篇目是解释"杨家咋成了'挂角臣'"的，我们可将其归纳为"赵家天子杨家将"型传说故事。诸如《赵家天子杨家将》（33，34）、《杨家咋成了"挂角臣"》（35，36）、《为什么赵家江山杨家保》（95）、《杨家将为啥赤心保宋》（139）、《为啥称杨家挂甲将军》（170）等，这种从"龙脉"的角度来解释杨家将命运的传说类型在笔者所收集的杨家将传说文本中数量最多。因此，"龙脉"——这条决定杨家将的命运之脉可以说是"脉"中非常独特的一层含义。寻"龙脉"体现了民众的风水观念及其信仰，于此，本书将在其他章节中加以重点论析，这里我们仍然回归到"脉"这条线索上来。杨家将传说作为民众口承的历史，自然有其自己的一套话语体系和诠释方式。对于杨家世世代代英雄辈出、保国保朝而且只保赵家江山，民众给出了自己的解释，追根溯源到了"龙脉"这条命运之脉上。下面这则《为什么赵家江山杨家保》（95）是一则典型的"赵家天子杨家将"型传说：

中国历史上的宋朝，是赵家坐江山，杨家保江山。要问为什么，民间流传着这样一个故事。

……

原来赵员外在看风水时就发现，这江里有一条大火龙，尾在山上，头在江底，龙口大张，谁要能把骨灰送入龙口，再世转生，就是真龙天子。他认定杨家水性好，又比较老实，此事非杨不成。……

……按照赵家选定的黄道吉日，杨家儿郎明带着赵家骨灰，暗带着自己家的骨灰，潜入江底，凭着自己的水性，几经周折，终于找见了大张着口的龙头。他们手捧赵家骨灰朝着龙口扔了进去，正准备扔自己家中的骨灰时，听见"咔嚓"一声龙口紧紧闭上了。据说这叫"真龙天子只吃一口"。杨家见龙口已闭，后悔莫及，只好把自己家的骨灰挂在龙角上。

龙吃了赵家的骨灰，就成了真龙天子，建立了宋朝，坐了天下，杨家的骨灰由于挂在了龙角上，又不能离去，后来就成了龙的"保驾官"。

从此，在宋王朝的历史上，就成了赵家江山杨家保。①

---

① 《长治市郊区民间故事集成》，长治市郊区《三套集成》编委会，1987年，第10—11页。韩六只讲述；韩树成搜集整理。

由于占据"龙脉"的阴差阳错，宋朝的历史就成了赵家江山杨家保。这样的故事虽然带有一定的宿命论思想，但却是传说对历史作出的符合民众心理和观念的"合理化"诠释。杨家的祖先没能很好地把握住占有龙脉的机会，本来"宋朝的江山应该是杨家的"（179），但是由于阴差阳错的某种原因，杨家未能把握住这条天子命的"龙脉"，而是冥冥之中选择了作为"挂角杨"的命运之脉。按照这条轨迹，才出现了世世代代忠勇报国的杨家这一显贵家族。至此，天波杨府一门忠烈之所以能够在血脉和精神上延续不衰，民众在传说里给出了终极性的命运诠释，从而将杨家将这一谱系脉络有机地溯源性地呈现出来，给了我们更大的想象空间。

二　"场"：家族与群体的合力及其社会心理分析

（一）天波杨府——一个特定的场域

天波杨府，从某种意义上可以说是一个四世同堂的大家庭，佘老太君便是能够享用这种天伦之乐的亲历者、体验者。提起"家"这个字眼，它在中国人的心目中是至高无上、难以割舍的，可以说，中国人竭其一生都是围绕着家而展开的，形成了一种特有的情结。在广大中国民众心中，家就成为一切，生于斯，长于斯，为斯而奔波劳碌。家庭是人们终生的情感寄托和归宿，穷困潦倒，遇到困难时，需要家庭和家族成员的帮助、安慰；显达亨通，人生快意时，更要恪尽义务和责任。在家庭成员的共勉互爱，家族的和睦和谐中，中国民众找到了人间的天堂。人们在"阖家欢乐"的温情中体味着人生的幸福、价值和意义。中国人的生活中时常充满了人情味，这与人们对家的热爱、眷恋与执着是分不开的。个人的成就是家族的荣耀，光宗耀祖在民间得到人们相当广泛的认同并为之不懈努力。

依据整体论的观点展开的对于人及家庭、家族的社会性、经济性、政治性和宗教性的研究，告诉我们这些方面相互之间浑然一体、密切结合、不可分割。中国人在说到"家"的时候，不是简单地在说家，时常还要将它与别的东西联系起来，如"忠"和"孝"。我们的"国家"观念中，"国"是以"家"作为基础和建构因子的，中国人不愿意对亲属关系和法权关系做明确的区分。因此，在中国家（族）的制度是结合了其他制度的复合体。林耀华研究指出，在凉山的彝族当中，阶级和等级制度与家支制度密切结合，成为一种难以切割的体系。由家族、氏族关系延伸出来的家支，既是血统制度，也是政治统治的制度。这个社会中，虽没有正式的国家，但家支起的作用与国家难以区分，它也是一种政治权力和权威体系。[①] 天波杨府，作为一个特定存在的场域，其构成及所发挥的效用也是一个相当复杂的复合体系，作为结合了其他制度的家族，"它也是一种政治权力和权威体系"。在这个独特的场域里面，"场"的作用被充分地显现出来。杨府里的每一个成员，从来到人世间就耳濡目染、潜移默化地受到家族传统和群体合力的熏陶、灌输和养育，在长期的日积月累的熏染力、感召力的作用下，他们的养成方式、价值取向、人生信仰等无不出现了趋同现象。所谓"近墨者黑，近朱者赤"，在满门忠烈这样一个特定的杨府背景环境和情境中，场域的作用无孔不入，弥漫在整个家族氛围中。承继杨家血脉的子孙自不必说，就连烧火丫头杨排风（252）、老总管家院杨洪（147）等一些杨府的卑微人物也个个是武艺高超、忠勇无敌，十分了得。

　　钱穆指出："中国人不必有教堂，而亦必须有一训练人心使其与大群接触相通之场所，此场所便为家庭。中国人乃在家庭里培养其良心，如父慈子孝兄友弟恭等是也。故中国人的家庭，实即中国人的教堂。"[②] 可以说，杨家将代代忠勇、英雄辈出与天波杨府这个特定的场域的存在是相辅相成的。正因为有了这个大家庭的存在，才提供了"训练人心使其与大群接触相通之场所"，而这个特定场域所产生的家庭与群体的合力不仅仅体现在对杨家子孙武艺的教授等"身"的训练上，更为重要的是"在家庭里培养其良心"即

---

① 参见林耀华《凉山彝家的巨变》，商务印书馆1995年版。
② 钱穆：《孔子与心教》，《思想与时代》第21期。

精神传统的感染和熏陶上。所有这些都是与中国民众所独有的家族、宗族观念相契合的。人们在传说着杨家将的故事，世代忠勇、精忠报国这种心理暗示本身就传达了他们对这种家族观念的认同意愿。

（二）群体——合力与间性

杨家将传说为我们塑造了忠勇报国的英雄群像。"杨家将"是一个特别的群体，在这一群体中，不论男的女的、老的少的，也不分尊贵的主人与卑贱的仆人、正宗的血统还是结义的兄弟，只要是属于"杨家将"这个群体，个个都是英雄。男儿是浴血沙场的好汉，女子不让须眉也是巾帼英烈，换句话说，也只有具备了侠肝义胆、武艺超群、为国为民效忠的潜质的人物才有可能成为杨家将中之一员。杨家将这个群体既包括有血缘或婚姻关系的家庭成员，也包括亲戚、朋友、结义兄弟、师徒等。由不同的社会角色构筑的杨家将群体形成一个纵横交织的社会人际关系网络，这个群体网络的各个单元或元素之间又相互作用，形成了一股巨大的合力，这股合力又反过来作用于其中的每一个成员。结义是民间传统的建立亲密关系的行为方式之一，它使人们重新确立了人际关系的亲疏距离。杨六郎与孟良、焦赞是结义兄弟（267·孟良和焦赞投军）。焦孟二人是两员能征善战、刚勇无畏的战将，通过与杨六郎结义，他们二人理所当然地加入到了"杨家将"群体的序列之中，成为杨六郎的左膀右臂，在杨家将传说中占据了相当的分量和位置。受群体合力的影响，杨府的烧火丫头杨排风也成了巾帼英雄、女中豪杰。《烟火棍》（252）中是这样描述的：

卸甲山乡白道峪大队北山的崖头上，插着一根圆形的空心铁棍。多少年来，谁也拔不动，传说那是杨排风的烟火棍。

当年，边关告急，六郎请兵增援。杨府的烧火丫头杨排风与孟良、焦赞比武夺魁后，又与敌兵交战获得全胜，名声大振。于是，杨元帅就派她把守白马关一带关口。排风使用的兵

器——烟火棍最厉害。一次，敌兵来犯，排风将棍抛出，顿时
燃起漫天大火。映红了天际，烧化了岩石，敌兵大败。为了庆
祝胜利，排风便将这根烟火棍插在崖头的长城边上了。①

可见，"物以类聚，人以群分"，"不是一家人，不进一家门"。
在杨家将群体合力的作用下，即便是一个微不足道的小丫头也能成
为统军挂帅的大将军。这恐怕就是民众对家族、宗族观念拓展之后
所形成的民间群体观的反映吧。

杨家将传说所反映的民间群体观念中，还有一种现象值得我们
深思，在此笔者将其称为"群体间性"。所谓群体间性是指特定的群
体与群体之间是有差异的，每个群体均有各自独立的群体形象和特
征，它们之间保持着一定的距离，或相近或相异甚至是截然对立的。
这种群体间性有时表现为群体为着共同的目标或理想而相近，如杨
家将与呼家将（119·呼家将）。呼家将同样也是为国为民满门英烈，
呼家与杨家在某种意义上是一种同盟关系，民间有"呼家兵杨家将"
之说，这是一种互文手法，即是说呼杨二家同是保家卫国的忠良。
群体间性在杨家将传说中主要表现为群体为着相反的目标或利益而
对立，如杨家和潘家。在民众的心目中，杨家是耿直忠诚，为国为
民的；而以潘仁美为代表的潘家则是奸诈叛国，陷害忠良的。二者
泾渭分明、水火不容，这种有着天壤之别的群体间性在《潘杨和》
（229）中得到了明显的体现：

　　我讲的这个故事叫潘杨和。潘杨两家自古是大仇人，怎么
　会和哩？

　　从前，在滹沱河北岸上有个潘杨村。这个村里，东头一百
　多户都姓杨，西头也有百十来户都姓潘，另外还有张王李赵十

---

　　①《北京密云民间故事》，北京市密云县文化馆编辑出版，1984年，第89页。孙志民搜
集整理。

几户人家。

　　东头杨家，说是宋朝天波杨府杨家的后代，西头姓潘的说是潘仁美的子孙，也不知道是真是假。潘杨两姓人家，就为老祖宗有冤仇，闹起别扭来。虽然住在一个村，红白事没有来往，过年过节不通礼节，修房盖屋谁也不给谁帮忙，赶集上店走个碰头，也是谁也不搭理谁。就连吃水，都不在一个井里，杨家吃东头井里水，潘家吃西头井里水。就这样，不知道别扭了多少年多少辈子。

　　……①

　　广大民众这种建立在正邪势不两立的民间群体意识基础之上所形成的家族观念恰恰是民众日常生活的真实写照。在中国的地方社会，有时候家族宗族所起到的社会秩序和法权关系的维持作用是相当广泛的。"潘杨两姓人家，就为老祖宗有冤仇，闹起别扭来"，对于群体性质差异的认同和维护往往是与家族、宗族制度结合在一起的，由这则故事可见一斑。

　　对一个像杨家将这样的群体而言，对内它形成一种群体合力，起到规范和模塑其内部成员的作用，同时这种合力对周围的个体和群体还有一种吸引力和向心力，从而形成一个以家族为核心同时弥漫辐射周边社会关系网络的特定场域。而对外它又保持着一种群体间性，以其自身独具的形象和特质区别于其他群体，同时这种间性又有着巨大的张力和惯性，在或相近或相异甚至对立的关系中彰显着群体特性。

　　（三）"场"的社会心理分析

　　运用社会心理学的相关理论我们可以从以下角度对杨家府这个特定的场域进行分析：

---

　　①　《耿村民间故事集》（第三集），河北省石家庄地区民间文学三套集成编委会、藁城县民间文学三套集成编委会，1987年，第264—268页。王仁礼讲述；杨志忠记录整理。

1. 从众

"从众（conformity）是指根据他人而做出的行为或信念的改变。"① 从众不仅仅是与其他人一样地行动，而是指个人受他人行动的影响，发自内心地对社区观念的持久尊重和敬仰。其判断标准的关键是：当个体脱离群体时，他的行为和信念是否仍保持不变。"真诚的、内在的从众行为叫做接纳（acceptance）。"② 笔者认为，对于杨府里的成员或杨家将这个群体而言，他们的行为在某种程度上便是从众心理的反映，并且当属较为深层的表现形式——接纳。因为"接纳是不仅在行动上，而且也在信念上与社会压力保持一致"③。透过杨家将传说，我们可以看到天波杨府文化圈创造出权威性的社会规范（家族传统）并使之代代相传，群体的心理暗示作用和社会传染效应在这里都得到了强化。在杨府这个有着强大模塑和熏染功能的特定场域里，杨府成员上至有嫡传血脉的主人下到奴仆家人出现从众的心理和行为是自然而然的事情。文化是生命最有力的塑造者，即时的环境（情境）力量也同样强有力，这都证明了社会背景的影响力。情境的力量或者说场域的力量体现了没有明文规定的规则的影响力，它指导着人们的行为。约定俗成的家族传统（也是一种社会规范）可以起到习惯法的作用，而在特定的场域里更加速强化了这种"俗"之所成。杨府成员迫于群体压力而从众而成其为"杨家将"，从众的行为和结果又反过来增强了杨府这一特定场域的力量，二者是辩证统一的。

在将帅云集的"杨家"这个场域中，权威的接近性与合法性、权威的机构性是两个不可忽视的影响从众的因素。权威在场会影响从众，当然权威首先必须被认为是合法的，个体成员对合法权威是服从并接纳的。杨府里从来不缺少权威，从杨老令公、佘老太君到

---

①　[美] 戴维·迈尔斯（David G. Myers）：《社会心理学》（第 8 版），侯玉波等译，人民邮电出版社 2006 年版，第 153 页。

②　同上。

③　同上书，第 167 页。

杨六郎再到杨宗保、穆桂英等，他们不止一次地为国为民立下汗马功劳，多次得到朝廷（皇帝）——最高权威的嘉奖，他们是理所当然的合法权威。因此，他们的行为事迹成为杨家子孙仿效的最好样板。权威的机构性或者说机构声望同样影响从众。在日常生活中也是如此，有机构作背景的权威更易发挥社会权力。"天波杨府"的威名和"杨家将"的声望，即便是敌人闻之也不禁胆战心惊，更不用说生活在其间的家族成员盛名之下出现从众的心理和行为了。此外，从众会受到群体特征的影响，杨家将这个群体所具有的一致性特征，诸如忠勇报国、武艺超群等必然影响杨府的从众者们。

想被群体接纳和免遭拒绝，莫顿·多伊奇（Morton Deutsch）和哈罗德·杰勒德（Htarold Gerard）称为规范影响（normative influence）是个体从众的原因之一。"规范影响是'与群体保持一致'以免受拒绝，得到人们的接纳，或者获得人们的赞赏。正如绝大多数人所认为的那样，遭到社会拒绝是令人痛苦的。如果我们偏离了群体规范，我们常常要付出情绪上的代价。"① 因此，人们在传说杨家将故事的过程中，自然也不愿意杨府出现一个特立独行的叛逆者。因为不论是传说中的人物还是现实生活中的叙事者，人们在情感上总是相通的。对于广大民众来说，天波杨府只能出现杨家将这一类型的人物，假如偏离了这条轨迹，通过"移情"，现实生活中的人们也势必付出"情绪上的代价"。

2. 群体影响

群体动力学家肖（Shaw）认为，所有的群体都有一个共同点：群体成员间存在互动。因此，他把群体（group）定义为两个或更多互动并相互影响的人。② 本书所使用的"群体"概念便是基于此种观点。由于群体成员间存在互动并相互影响，所以群体成员把自己群体中的人看作"我们"而不是"他们"。毋庸置疑，对于天波杨府这个

---

① ［美］戴维·迈尔斯（David G. Myers）：《社会心理学》（第8版），侯玉波等译，人民邮电出版社2006年版，第172页。

② 同上书，第209页。

特定场域中的"杨家将"英雄群体而言，他们之间是相互影响的互动
关系，这种互动和影响主要表现在夫与妻、父与子、师与徒、主与
仆、本官与家将等若干关系组合中。其实，我们这里所论及的杨府场
域本身就是一个由各种关系所编织而成的人际交往网络，处于其中的
每个成员之间都存在互动关系，影响他人并受他人影响，通过这种交
融互动，最终达到对此群体的认同和强化。由于他人在场能引发唤起
状态，而唤起能促进优势反应，这使得社会助长作用得以发挥。评价
顾忌是引起唤起的重要因素之一。中国民众普遍持这样的观念："老
子英雄儿好汉""强将手下无弱兵"。出于群体和社会的压力，杨府的
个体成员尤其看重别人是怎样评价自己的。为了让群体认同自己，个
体成员就需要去个体化（deindividuated），顺从并接纳群体规范，使
自己符合群体情境中的道德标准和价值取向。另外，一个群体不仅
能引发成员们的唤起状态，也能使他们的个体身份模糊化，这种对
个体个性化特征的遮蔽，使得人物形象出现类型化的模式。杨家将
传说里的英雄群像给我们的感觉是整体性的，尽管人物众多，但大
多可用武艺超群、侠肝义胆、忠国爱民、能征惯战等加以形容和
概括。

群体极化（group polarization）是指群体可以强化群体成员的观
点和倾向。① 在某特定场域的日常情境中，群体交流会强化观点。杨
家将英雄群体的形成、强化与承继一定程度上可以说是群体极化现
象。群体极化促成并强化了个体成员的价值取向与行为路径；而个
体成员实际行动的结果又反过来影响了群体极化的力度和规模。

某种程度上，传说是广大民众日常生活的映照和再表演。因此，
对杨家将传说中所体现出来的从众心理现象和群体影响进行分析，
对我们认知体验人们生活中的真实形态是有所裨益的。

费孝通指出："亲属制度研究要同时关注'亲子关系三角'的

---

① ［美］戴维·迈尔斯（David G. Myers）：《社会心理学》（第8版），侯玉波等译，人
民邮电出版社2006年版，第222页。

两条轴线——婚姻结合的两性关系轴线和家族繁衍的代际相传的轴线。这两条轴线就是交换理论和继嗣理论分别关系的,一种横向地看家与家、群体与群体、地方与地方通过两性的交往形成的关系,另一种是一个纵向的,看的是人和家庭自身的再生产和历史绵延。"① 如果把费先生的这段论述套用到本节的话,那么对于杨府这个大家庭而言,"人和家庭自身的再生产和历史绵延"可以谓之"脉";而杨家将这一群体所建构起来的交叉互动、相互影响的文化情境及其所具有的外展性张力便可称为"场"。"脉"为我们理解杨家将传说中所映射的家族宗族生活及其观念拓展了线索和通道;"场"又提供了解读的框架,纵向的"脉"与横向的"场"的有机结合最终给了我们巨大的立体的阐释平台和空间。

第二节　家事与国事：对立统一的民间集团观

受传统宗法制社会和儒家伦理道德体系的影响,在广大中国民众的思想观念和实际行为中,家与国成为既对立又统一的矛盾体。家是国的基础,是国的基本建构单位;而国又是家的根本保障,是家得以生存和延续的必要条件。国之于家或家族而言,犹如家族之于其中的每一位成员一样,起着不可替代的作用。然而,几千年来,普通的中国民众却始终秉持着"家本位"的思想,个人的毁誉总是与家族的实际利益捆绑在一起。即便是让多数中国人魂牵梦绕的"官本位"思想也是以"家本位"为依托和指向的。因为所谓的"兼济天下"的宏伟抱负与实践,其终极目的还是为了"封妻荫子""光宗耀祖"。

传统的儒家伦理道德规范要求：在家要尽孝,为国需尽忠。然而对每一位个体而言,要做到全忠全孝即既能够"独善其家"又能够"兼济天下"是不可能也不现实的事情。由此,家事与国事产生

---

① 王铭铭：《人类学是什么》,北京大学出版社 2002 年版,第 75 页。

矛盾和冲突便是难以避免的。不过，广大民众似乎总能找到解决问题的办法，在对立统一的家事与国事这一矛盾体中能够找到恰当的平衡点和结合部，做到相对的和谐。这一点在杨家将传说中得到了较好的体现。

一　对立统一：家国与国家

中国文化以家（族）为本位，注重个人的职责与义务。陈独秀指出："西洋民族以个人为本位，东洋民族，以家族为本位。"① 李大钊也说："……惟其定任于一所也、故其家族繁衍；……家族繁衍故行家族主义。"② 家族本位主义与宗法制的封建政体相得益彰，是封建时代的必然产物，更是其思想基础。中国的家族本位主义根源于一种同质的家长制家庭公社，其在几千年的承传过程中对广大民众的浸染可谓根深蒂固，影响至今。"由于几代同堂的大家庭实行'同居共财'的制度，各个家庭成员在经济上不独立，必须仰赖家庭的共同财产生活，家庭的命运也就是个人的命运。这样，就不能不以家族为本位。"③ 中国家庭本位的主要表现是把家庭看得比个人更重要，特别重视家庭成员之间的伦理关系，如父慈子孝、兄友弟悌、夫唱妇随之类。这些伦理关系的实质是对家庭各个成员应负的责任和应尽的义务加以规定。例如，父母对子女有抚育的责任，子女对父母有奉养的义务。

在中国大传统里，家族本位主义（家）则被引申发展为一种独特的社会本位主义（国）。传统儒家思想强调由己及人，所谓"老吾老以及人之老，幼吾幼以及人之幼""天下如一家中国如一人"，宋儒则更有"民胞物与""仁者与物浑然同体"之说。这种社会本位主义的特点是"把国家和社会视为一个大家族，因而主张将孝慈

---

① 陈独秀：《东西民族根本思想之差异》，《新青年》第 1 卷第 4 号。

② 李大钊：《东西文明根本之异点》，《言治季刊》1918 年 7 月。

③ 张岱年、程宜山：《中国文化与文化论争》，中国人民大学出版社 1998 年版，第 70—71 页。

友悌之类的家庭道德推广开来，用以处理个人与社会、个人与他人的关系"①。

　　广大民众在讲述杨家将传说时，其实已经融入了他们自己对家国关系的理解和认识。究竟是先家后国，还是先国后家，对民众们来说，实在没有强调的必要。因为家与国本来就是"剪不断，理还乱"的对立统一的矛盾体。在《八姐九妹为啥没出嫁》（7，59，85）、《八姐九妹有没有婆家》（227）、《杨八姐当尼姑》（253）、《杨八姐游春》（307，316）等传说故事中我们可窥其一斑。杨家或者说杨府里发生的一些事情，总是能够与朝廷（国）粘贴在一起。对杨家而言，有些家事即是国事，而有些国事又是家事，二者难舍难分。当然，当家事与国事发生矛盾冲突甚至对立时，杨家在调和二者关系的过程中是有所侧重的，但最终还是能够归于统一。以下面这则《八姐九妹为啥没出嫁》为例：

　　北宋真宗皇帝赵恒是好色之徒，清明节游春时看上杨府的八姐九妹。于是：

　　　　真宗皇帝见色着迷，急忙命令刘文晋去杨府提亲。哪想到，刘贼提亲未成，却挨了杨家二女一顿好打，讨了个没趣，滚了回来。

　　　　真宗皇帝听了刘文晋的一番话，又见他被打成那个样子，勃然大怒，传下圣旨，命太君上殿。

　　　　太君接旨，不敢怠慢，手扶龙头拐杖上了殿。她指着赵恒说："我杨家为保大宋江山出生入死，血染沙场，命丧黄泉，皇上听信奸臣，不顾江山，不管黎民，如今又欺到我太君头上来了。"刘文晋看见这般情景，皮笑肉不笑地劝道："这是万岁对你女儿的宠爱，您不要不识好歹！"佘太君冷笑一声说："刘大人，这样的宠爱我们杨家不稀罕。你不要凭着你女儿的一双绣

---

① 　张岱年、程宜山：《中国文化与文化论争》，中国人民大学出版社1998年版，第75页。

鞋，狗仗人势。我杨家马上马下，南征北战，东闯西杀，为大宋江山，为黎民百姓效犬马之劳，没有做娘娘千岁的那个福分。"真宗皇帝猛地站起，拍案问道："难道为保江山，你女儿就不出嫁了吗？"这一问，问得佘太君气上加气："万岁，女大当嫁，这是正理。我杨家之女自然要出嫁，只是现在还小。"真宗皇帝急忙问："但等多大？"佘太君知道宋真宗昏庸无能，怕把女儿送入虎口，于是咬咬牙，狠狠心，说："八十！"

结果，八姐九妹都没有能活到八十岁，因此一生未嫁。①

皇帝娶妃纳妾，从某种意义上说，既是帝王后宫的家事，又是国事。因为作为万万人之上的帝王们实行的是"家天下"的封建帝制统治，于此，家与国二者本身就是二位一体的。所以"真宗皇帝见色着迷，急忙命令刘文晋去杨府提亲"这种做法，在民众观念中对于杨家而言，皇帝就将国事变成了家事。其实，拥有至高无上特权的皇帝是不必按民间的程序去提亲的，只需一道圣旨即可。但是提亲不成之后，真宗皇帝"勃然大怒，传下圣旨，命太君上殿"。这样，皇帝又将家事变成了国事。对杨家来说也是如此，本来拒亲亦是自然情理之家事，但拒绝的对象太特殊，是其直接尽忠的皇帝。由此杨府里像女儿的婚嫁这样的家事必然上升为国事。"佘太君冷笑一声说：'刘大人，这样的宠爱我们杨家不稀罕。你不要凭着你女儿的一双绣鞋，狗仗人势。'"显然，这里家与国又天然地结合在了一起。奸臣刘文晋正是通过与皇帝间的姻亲这种家事关系，才取得了政治上的地位和特权。同样，对于杨家而言，也有家事与国事相对立的一面："杨家马上马下，南征北战，东闯西杀，为大宋江山（国），为黎民百姓（国）效犬马之劳，没有做娘娘千岁的那个福分（家）。"可见，为大宋江山和黎民百姓效犬马之劳对于杨家是理所

---

① 《中国民间故事集成·山西卷》，中国 ISBN 中心，1999 年，第 79—80 页。乔功讲述；石俊文采录。

当然的国事；然而至于女儿是否要做"娘娘千岁"应该是杨家自己的家事。不过在另一层面上则又是国事，毕竟所选择的项只有两个：是或否做"娘娘千岁"。杨家偏偏选择了后者，不做"娘娘千岁"的后果就是违背圣意或圣旨。由此，家事与国事之间就产生了严重的对立和冲突。"佘太君知道宋真宗昏庸无能，怕把女儿送入虎口，于是咬咬牙，狠狠心说：'八十！'，"这种解决办法，恰恰又很好地体现了家事与国事的统一。于国来说，为保江山（国事），八姐九妹可以置婚嫁于不顾；于家而言，"怕把女儿送入虎口"（家事），宁肯不嫁，也不愿嫁给一个昏君。如此解决问题于国于家都不失为一种妥帖的办法。

　　由此可见，在杨家将传说中，杨家的家事似乎总与朝廷的国事纠缠黏附在一起，总是那么难以明晰其间的关系，二者之间既对立又统一，构成一个复合的矛盾体。这也恰恰映射出广大中国民众普遍的思想观念和文化心理：所谓国，即大家也，其本质是家拓展延伸后的表现形式。其实大家（国家）也好，小家（家庭/家族）也罢，都是广大中国民众"家本位"思想的真实映照和突出体现。不管是以家为基础的家国观念，还是以国为前提的国家意识，对中国民众来说是不必作出明确区分的，原因就在于二者二位一体的同构性质。

　　在另一则异文《八姐九妹有没有婆家》（227）里，民众对八姐九妹没有嫁人的原因给出了另一种解释，笔者不再赘述。这里重点论析的仍然是对立统一的家国观念。

　　……

　　佘太君八十大寿时，把守三关的大帅杨六郎，和两员大将陈林、柴干偷偷回到天波杨府，为母亲庆寿。佘太君非常高兴，可觉着儿子私自离关，有灭门之罪。当她一见陈林、柴干，高兴得早把这烦恼事忘了，心想，八姐九妹还没有婆家，要不叫他俩寻了。她把想法跟他俩一说，他俩忙跪下说："盟娘，使不哩！我与杨大哥是生死兄弟，哪能有娶妹妹的事儿？"

杨六郎故意问陈林："你姓嘛？"

陈林说："我姓陈。"

杨六郎又问柴干："你哩？"

柴干说："我姓柴。"

六郎说："对呀，咱们的姓都不一样，这有嘛事？"

他俩说："大哥，这门亲事，我们死也不应！"

佘太君笑了笑说："我觉着你俩是国家栋梁，又是俺杨家的左膀右臂，我替你俩定了，赶明成亲。"说完就走了。

⋯⋯①

　　佘太君过八十大寿，原本是杨府里的家事；把守三关对杨六郎和杨家来说是头等重要的国事。然而，杨六郎却冒着"灭门之罪"私自离关为母亲庆寿。我们不能说杨六郎徇私枉公，因为对他而言，既要为国尽忠又要在家尽孝，做到忠孝两全。这是他所身处的尊奉儒家伦理道德体系的社会熏陶和浸染的结果。社会规范、伦理秩序等要求他这么做。同样，我们亦不难看出家事与国事相对立相冲突的一面。因为全忠全孝只是一种理想的终极人文关怀模式，在现实中是难以或者说不可能实现的。但同时我们又看到了矛盾体的另一个侧面即统一的一面。佘太君觉着陈林、柴干是"国家栋梁"（国），又是"俺杨家的左膀右臂"（家），于是便想招为杨家的女婿，"赶明成亲"（家与国的统一）。这样，佘太君将八姐九妹许配给陈、柴二人实际上是既利国又益家，将家事与国事完美地结合在一起，和谐而有机地统一起来。

　　《杨八姐当尼姑》（253）中，"杨八姐游春被宋王看中，佘老太君拒婚后，惹怒了宋王。昏庸无道的宋王传旨：不许杨八姐出嫁"。这里显然又是将家事当成了国事且二者对立起来。"杨八姐思前瞻后，毅然决

　　① 《耿村民间故事集》（第二集），河北省石家庄地区民间文学三套集成编委会、藁城县民间文学三套集成编委会，1987年，第124页。靳景祥讲述；靳春利记录整理。

定：隐居深山，落发为尼，带徒传艺，以表尽忠报国之心，"虽是无奈之举，但仍体现出了家事与国事的调和统一。不嫁昏王（家）与尽忠报国（国）之间只能找出这种折中的办法来解决，所以"佘太君与众家嫂嫂虽然舍不得，但出于无奈，只好支持八姐的刚烈行为"①。

在《天波府前的风波》（125）这则传说中，杨家围绕着拆留"清风无佞天波滴水楼"这一事件，同样展开了家事国事二位一体的斗争。谢金吾上奏要求拆天波楼，既是"欺侮杨家"，又是对杨家显赫功业的无视与亵渎，同时也是对先帝圣旨的违抗。那么杨家的家事实即朝廷的重大国事。在八王赵德芳的力保和主持正义下，杨家保天波府成功，"就这样，大家为杨家出了气（家），又保住了过天波府的规矩（国）"②。

杨家将这一英雄群体是忠臣良将，由于其特殊身份，他们在处理"尽忠"与"尽孝"即国事与家事的关系上遇到了难以避免的矛盾。民众在讲述杨家将传说时体察到了这一对立统一的矛盾。在像中国这样一个强调"中庸""和谐"的国度里，广大民众在生活实践的层面上是有自己的一套生活艺术和生存智慧的。在家事与国事之间，在"忠"与"孝"两个维度上，人们总能找到一个契合点及与之相对应的平衡机制。我们可用下面的图示来简略表达家事与国事间对立统一的关系：

①《北京密云民间故事》，北京市密云县文化馆编辑出版，1984 年，第 90 页，孟凡来搜集整理。

②《开封民间故事集成》，开封民间文学集成编委会，中州古籍出版社 1993 年版，第 61 页，任玉禄采录。

　　对立统一的家国/国家观念在杨家将传说中反复呈现，足以说明在广大民众的思想意识中，"家本位""家国二位一体"等观念占据着十分重要的位置及其深重影响。

二　二位一体：家与国的同构性

　　中国传统文化呈现出以宗法制度为载体的家国同构的文化体制特征。中国古代所谓的"家"，主要有两个内涵。其一，是指个体家庭，它是构成社会的基本细胞。《礼记·礼运》中说"父子笃，兄弟睦，夫妇和而家肥"，这里的"家"即指个体家庭。其二，"家"的第二种内涵与"国"具有同构性。"国"在古代不仅指统一的"国家"，还指诸侯、卿大夫或他们的封地。如《论语·季氏》："丘也闻有国有家者，不患贫而患不均，不患寡而患不安。"这里的"国"指诸侯，"家"指士大夫的家族。又《孟子·离娄上》："国之所以废兴存亡者亦然。"赵岐注："国，谓公侯之国。"《列女传辩通》亦云："国，诸侯也。""家"与"国"的这种同质性和一致性，是中国古代社会家国同构特点的基础。黑格尔凭着对中国文化的有限了解竟敏锐地体察道："中国纯粹建筑在这样一种道德的结合上，国家的特性便是客观的'家庭孝敬'。中国人把自己看作是属于他们家庭的，而同时又是国家的儿女。在家庭之内，他们不是人格，因为他们在里面生活的那个团结的单位，乃是血统关系和天然义务。在国家之内，他们一样缺少独立的人格，因为国家内大家长的关系最为显著，皇帝犹如严父，为政府的基础，治理国家的一切部门。"[①] 法国启蒙思想家孟德斯鸠曾说："这个帝国的构成，是以治家的思想为基础的。"[②] 杨家将传说中，杨家世代为国捐躯的英勇献身精神，就是深深扎根于家国同构的深厚文化根基之上。

　　杨家将传说中，宋朝与敌国的斗争，基本上就等同于杨家将与敌国元帅的斗争，两国间的征战常常呈现为两家（族）交战。严优

[①]　黑格尔：《历史哲学》，王太庆译，生活·读书·新知三联书店1956年版。
[②]　孟德斯鸠：《论法的精神》，孙立坚译，陕西人民出版社2001年版。

指出："这是因为，在民众思维中，家庭——家族——国家这三个概念是一体化的，而且'国家'一词本身，就表明'家'与'国'具有同构性，民众倾向于以家拟国。"① 笔者对此观点基本同意。从国家的起源与发展的角度来看，传统意义上的国即"家天下"的表现形式而已。人的社会首先是根据人和他人之间的两性关系和血缘关系（家庭/家族）的远近来构成的，根据地缘关系来构成的区域性社会，是后来的产物，而我们今天经常面对的以国家的组织为核心的社会形态，它的历史只有五千年左右。"随着国家的兴起，这些（指血亲——姻亲和地缘，笔者注）关系被纳入到法权和礼仪的体系中，成为正式的社会规范和所有权关系的组成部分。"② 恩格斯在《家庭、私有制和国家的起源》一书中科学地揭示了家庭的本质和演变的基本规律及家庭与国家的起源间的关系，从而有力地佐证了社会发展中家与国这二者二位一体的同构性关系。对于中国传统社会而言，这一特性尤其明显。家长宗法制家庭这一"中国形式"所具有的两个特点：一是把非自由人（家奴等）包括在家庭以内；二是父权，显然是构成中国几千年封建政体的两个关键性因素。正是基于这种家国一体的传统观念，广大民众在创作和讲述杨家将传说的过程中倾向于以家拟国。因此，家与国的同构性特征亦有所呈现。下面这则传说《南北议和》讲述了宋辽两国的议和过程：

……

北国的萧太后是女皇上。……她有两下子，野心大了点。她进攻中原呢。……当然，北国的人武术高，善骑。

宋朝的疆土太大了，疆土大了人才就多。你小国想吞并大国，那不是轻易的，所以年年征战。

后来议和，宋朝……叫佘太君代替皇上，去跟萧太后讲和。

① 严优：《杨家将故事研究——以华北地区杨门女将故事为主》，硕士学位论文，北京师范大学，1999年，第41页。
② 王铭铭：《人类学是什么》，北京大学出版社2002年版，第69页。

在边界上谈判。

　　她们俩其实还是亲家。萧太后俩闺女，跟着杨四郎一个，跟着杨八郎一个。萧太后不是对佘太君说了吗："这个闺女我交给你了。"佘太君说："这个儿我交给你了。"萧太后的两个公主后来有一个到杨家，一个还在北国。
　　……①

　　这则传说中，由于杨四郎、杨八郎入赘北国成为萧太后的两个女婿，佘太君和萧太后成了有姻缘关系的亲家。杨家是宋朝保家卫国的脊梁和中流砥柱，而萧太后又是"女皇上"，佘、萧二人同为女中豪杰。宋辽两国的关系变成了杨家与以萧太后为代表的辽国皇室的关系并进而简化为佘太君和萧太后的关系。庄重严肃、决定两国命运走向的政治谈判，变成了两个老太太拉家常。两个亲家相互承认通好，便意味着宋辽两国正式修好。之所以如此，固然与民众的戏说附会有关，但更为重要的恐怕是广大民众的思想意识中根深蒂固的家国同质同构、二位一体的传统观念在起作用。对于像杨家将这一权威群体而言，人们普遍相信他们足以带动或左右两个利益集团间关系的发展和走向。宋王朝的国事和杨家府的家事在本质上是一体的、一致的。推而广之，广大民众无论在仪式上抑或实践中所倡导的"舍小家顾大家""穷则独善其身，达则兼济天下"等信条，也是基于这样一种家/国二位一体的同构性机制和观念。

　　在《大刀王怀女》（266）中，王怀女甚至这样对杨六郎说："我追你不是为了给你当媳妇，为的是跟你上前敌去打仗，替我爹报仇！今天咱们把话说明白，你带也得带，不带也得带！"②"上前敌打仗"本来是为国尽忠效力，然而其终极目的却是"替我（王怀女）爹报仇"。杀父

---

　　①　严优：《杨家将故事研究——以华北地区杨门女将故事为主》，硕士学位论文，北京师范大学，1999年，第42页。赵连喜讲述；严优搜集整理。
　　②　赵云雁搜集整理《穆桂英大战桃花漫》，中国民间文艺出版社1986年版，第21页。马玉茹讲述；赵云雁搜集整理。

之仇本是属于家仇家事，这里却将它与国恨结合在一起。王怀女通过给
杨六郎"当媳妇"此种家事途径来达到上前敌打仗为爹报仇这种公私兼
顾、家仇国恨或者说家事国事一体的理想目的。这种由家到国/家，最
后之于家的行为模式，很能说明民众们家/国同构的观念和心理。

《萧太后的传说》（205）这则传说恐怕要算家国二位一体同构观念
的最好呈现了。因为在这里民众已经把宋辽两国的故事直接演化转变为
杨家内部上演的一出悲喜交加的闹剧。

　　……

　　那么她（萧太后）究竟是何人所生……原来她竟是佘太君
所生，杨继业之女。

　　相传佘太君在生第一胎时，夫妻二人做了一个同样的梦，梦见
一个白发仙翁告诉他们，这第一胎是双胞胎，是一条真龙和一条假
龙，但二者只能留其一，要想双得必然两失，而且会招来大祸，因
此，必须留一个，弃一个，切记切记！梦醒后二人一说，都很惊
疑，谁知说话间便要分娩，生下后竟是一男一女，男孩左臂有一条
龙纹，女孩右臂有一条龙纹。二人一见果符梦兆，就商量留男还是
留女，回想梦中所示，真龙一定是男的，假龙一定是女的，于是便
忍痛把女孩包好，扔在了河边。可他们哪里知道恰恰相反，扔的竟
是后来执政多年的真龙，而留下的假扮宋王赴金沙滩双龙会被刺身
死的杨大郎，竟是一条假龙呢！

　　金沙滩双龙会，辽宋两家一场血战，只杀的杨家将死的死，亡
的亡，只剩下一个杨六郎。四郎延辉和八郎延顺被擒，二人改名换
姓，竟被萧太后招为驸马。直到四郎探母才弄清了他们二人真实姓
名……这就是人们传说中的《八郎探母南北和》，无怪人们还有这
样的议论："杨家将，不说理儿，舅舅娶了外甥女儿。"①

---

①　朱彦华等主编：《中国民间文学集成·承德地区故事卷》（上），中国民间文艺出版社 1989
年版，第 139—140 页。史再生讲述；王韫华记录整理。

　　读罢这则传说，的确让人觉得有些匪夷所思、啼笑皆非。然而，这就是民间民众观念的映射和表达。在此，已经没有必要再详加说明，因为家事就是国事，国事就是家事。正史中所谓的政治风云、军事斗争等在广大民众那里已经演化为一个家庭（族）的生活遭际史。家与国的同构性观念已表达得无以复加。

　　《自家人不认自家人》（171）中呈现了同样的文化心理和观念：

　　　　北宋时期，北国辽邦屡屡侵宋，宋王每次都派杨家将挂帅出征。可有谁知道，杨家与辽王宗室还是血缘骨亲哩……

　　佘赛花随杨继业镇守三关时，早产生下个"血红滚圆的肉蛋蛋"，扔到河里后被一打鱼老汉捞起，"发现里边是个活眉大眼的小女孩"，长大后被辽王选进宫中，这就是后来的萧太后。

　　　　……

　　　　萧太后执政后，连年南下征杀，和宋朝抢地盘，争财富。宋王总是派杨家一马当先，抗击辽兵。这样，连年久战疆场，总免不了双方你死我亡，互伤元气。论说，杨家还是萧太后的正根娘家哩。所以，民间有这样一首民谣流传：杨家将，杀辽兵，自家人不认自家人。①

　　这则传说中自然包含有随着历史进程的推移人们对中华民族共同体的理解和认同，以及对历史的记忆和反思。但同样表现了家国二位一体的同构性特征。斗转星移，时过境迁，当代民众仍然以自己特有的理解与方式诠释着他们记忆中的历史。将宋辽间国与国的关系演化为杨家与辽王室间家与家甚至说是同一家族内部成员间的

---

　　① 杜学德主编：《中国民间文学集成·邯郸市故事卷》（上），中国民间文艺出版社 1989 年版，第 146—147 页。李苗氏讲述；高何元记录整理。

微妙关系，这让我们更好地理解了民众们所秉持的家国同质同构、二位一体的传统观念及其文化心理。

三　各为其主：民间集团观

杨家将传说在传统意义上仍然主要是金戈铁马的征战故事，但由于其受时代话语情境的影响，民众在讲述该类传说时显然已加入了新的时代因子，融入了他们自己对生活的理解和思考。传说中，宋朝与以辽为主的其他统治集团间为了各自的利益而发动战争，互为敌人。但是，敌人并不等于坏人。征战的双方为敌，只表明集团之间交恶。集团之间的关系是可以转变的，征战的双方亦可以化敌为友。在当代民众的心目中，历史上的民族矛盾、军事斗争、政治生活等因素已经淡化，杨家将传说也不再是民族斗争的教科书。其实当下民众传说杨家将的征战故事并且喜闻乐道之，其主要功用在于娱乐性、消遣性，人们真正渴望、向往和珍惜的仍然是和平而厌恶真正的战争。民众希望集团之间的关系是井水不犯河水、相安勿扰。

传说中杨家将的敌对形象发生了明显的变化，由传统演义小说中的窝囊、野蛮、骄横变得威风、厉害、足智多谋。宋辽两国间开战，表现的是不同利益集团之间的矛盾和冲突。民众认为不同的集团有不同的利益，他们之间为了各自的利益和统治需要而争斗，是可以理解的。"敌人"是一个对阵营的判断，是一个相对的概念，而"坏人"还涉及对品质的判断。杨家将与韩昌等打仗，是"两国交兵，各为其主"，征战双方不是因为个人恩怨而敌对，他们分别代表了各自集团的利益。当集团之间的关系能够取得一致时，征战的双方将化敌为友。与对内奸的态度相比，民众更倾向于原谅和宽容外敌，因为外敌当中也不乏佼佼者。以《韩昌复仇》（113）为例：

> 宋朝时，萧太后的驸马韩昌是杞县高阳乡磨寨村人。
> 据说，韩昌幼年丧父，他和母亲相依为命，苦难度日。由

于韩昌是个驼背，便定亲定了一个秃头麻脸的丑姑娘。宋朝天子自登基之后，一直没有选妃纳妾。有一天他做了一个梦，梦中一白发老道对他说，杞县有一美人，万岁何不纳为贵妃。钦宗问及姓名，那道人说："灵芝出在粪堆上。"说毕无影。钦宗醒来，当即派大臣四处查选。……

由于韩昌的未婚妻爬到粪堆上看热闹，正应了"灵芝出在粪堆上"的神谕，于是被选进宫中。

　　……谁知道一洗澡，丑小鸭竟变成了白天鹅，又麻又秃的丑八怪竟奇迹般出脱成一个满头青丝、貌若天仙的美人。……

　　再说韩昌，自妻子被选走后，心中十分恼恨宋钦宗。后又听说妻子出脱得如何美丽被封为正宫，更是恨之入骨。

　　这天，他躺在床上生气，一时火起，双腿一蹬，大吼一声。就听见呼啦一下，床头的箔篱①竟被他蹬倒。驼背也一下子伸直啦。他腾地从床上跳起来，发疯似的在屋里乱踢乱打，将个屋子打得稀烂。而后，就离家出走，四处拜师习武，终于学得了一身的武功，便下山报仇。后投靠了萧太后，多次侵犯中原，要捉拿宋钦宗，报夺妻之恨。②

这则传说中至少包含了"梦中授意"和"神奇变形"两个母题，在此姑且不作论述。韩昌无疑是杨家将传说体系中一个十分重要的人物，他是这则传说的主人公，与传统演义小说中的反面形象大相径庭。他在这里是一个普普通通充满人情味的形象，民众用自己特有的话语模式来诠释其农家过日子般的日常生活，将他看作一个普通的凡人。这里人们将宋辽两个统治集团间的"国仇"解释成

---

　　① 分开这间与那间房子的简易隔墙，常用高粱秆或木板等。（原文注）

　　② 《河南民间文学集成·杞县故事卷》，中国民间文学集成河南杞县卷编委会编，中原农民出版社1990年版，第36—37页。侯传学口述；赵玉莲搜集。

为韩昌个人的"家恨",其大兴兵戈只为"报夺妻之恨",并且责任也不在他,只因宋朝天子夺其所爱,严肃的政治变成为家长里短式的生活史。我们对民众"口传的历史"(传说)中涵括的意蕴和实质可见其一斑,颇值得我们深思和体味。其实我们能够读出其中的一些潜台词:韩昌不是坏人,只是一个普通的老百姓,只因受统治者的迫害而立志报仇,既然投靠萧太后就要对其主尽忠负责,无可厚非。至于侵犯中原报夺妻之恨,自然亦在情理之中,是可以谅解甚至同情的。当然,这里同样体现了上文所论及的家国二位一体的观念和心理。韩昌所为既是家事(报夺妻之恨)又是国事(侵犯中原),二者同质同构,结合紧密,不可分割。

民间的这种集团观念还表现在对敌对方形象的描述上发生了明显的变化。如对辽主萧太后这一形象的理解与描画跟历史演义小说相比就有了巨大差异,我们不妨作个对比:《杨家将演义》中这样描写萧太后在一次交战中的表现:

……宋兵长驱而来……

耶律学古见势崩摧,走入营中报萧后曰:"娘娘速走!宋兵英勇,四国将帅擒剿已尽。"萧后听罢,惊得心胆飞裂,撤营单骑逃走。①

当宋军攻入辽京:

幽州城中,四下鼎沸。……萧太后(无处可逃)……径走入后殿,解下戏龙绦,自缢而死。……

大辽郡邑闻幽州已破,望风归附。②

在小说里,作为一国之主的萧太后,被紧急军情吓得"心胆飞裂",甚至最后"自缢而死",可见猥琐之极。作者完全是将其作为

---

① （明）熊大木编、裴效维校订:《杨家将演义》,宝文堂书店1985年版,第219页。
② 同上书,第223—224页。

一个反面人物形象来加以刻画的。

但在许多当代的杨家将传说中，萧太后变得威风八面、有勇有谋，且是一位贤明的女君主。且看《司马迷魂》（142）这则传说所描述的：

> ……
>
> 相传，北宋真宗皇帝年间，北方的辽国兵强马壮，大将肖银宗①率领几十万大军杀向中原。辽兵的马蹄很快就踏上了黄河北岸……
>
> 肖银宗在黄河北岸布下重兵……宋、辽两军形成了对垒局面。
>
> ……
>
> ……肖银宗佯装退兵，在司马村一带摆下迷魂大阵……肖银宗见阴谋败露，好不气恼，便督兵仓促迎战，双方直杀得天暗地昏，黄河水都变红了。最后，肖银宗战得只剩下身边几个卫士……
>
> 可是，说来真奇怪了，自从肖银宗摆过迷魂大阵以后，司马村一带的方向错乱了。"司马迷魂"也就传开了。现在，司马村的东头，有一黄沙坑，据说是肖银宗扎中军帐的地方；村的西头有棵半活半枯的古槐，因当年肖银宗拴过战马，所以叫"拴马槐"，算来它该有九百多岁了吧。②

这则传说中，萧太后虽仍作为杨家将敌对面的形象出现，但她有勇有谋、敢打敢拼，不再临阵脱逃。而且，她布下的迷魂阵威力

---

①　肖银宗是萧太后（萧太后）在杨家将传说里的一个异名，也作肖银忠、萧桂英等。萧太后摆迷魂阵的传说有许多异文，这是其中之一。在此肖银宗被说成是辽国男将，但参考其他异文（144，145，146 等），可认定"肖银宗"就是萧太后。另外，杨六郎在传说中也有很多异名，如杨景、杨延景、杨延昭、杨延朗等。这是民间传说的显著特点之一。

②　《中国民间故事集成·河南新乡县卷》，新乡县民间文学集成领导小组，1989 年，第85—86 页。孟令云讲述；郭华翔整理。

无穷，至今仍影响着后世村庄的方位及人们的日常生活。人们甚至将她的事迹与地方风物相结合来加以命名，以示纪念。随着战争年代的远去以及人们思想观念的变化，人们已能较为客观公正地对待不同的利益集团，民众能够站在历史上曾是敌对方的立场上来考虑问题。杨家将传说提供给他们的，更多的是放松自己、点缀生活的愉悦和消遣话题，而非声讨异己的题材。

在《萧太后的传说》（205）中，人们更是对萧太后的睿智英明赞赏有加：

> ……
>
> ……萧桂英垂帘听政，而这位萧氏太后不仅文武全才，而且知人善任，把有经纶之才的汉人韩德让委以相位，控制内阁大权深信不疑，遂把辽国治理到国富民强。她竟以睿智之名载入史册。
>
> ……
>
> ……由于萧太后明智，在八郎探母后，愿意弥兵议和，遂使契丹族和汉族实现了民族大团结……①

这里人们对贤明的萧后的赞誉与对宋君的昏庸无道、骄奢淫逸的抨击形成了鲜明的对比。人们已经意识到，宋辽虽分属两个不同的利益集团，但不能因集团的敌对而否定其中的个人。"敌人"不等于"坏人"，敌人中亦有品德高尚和开明仁义之士。出于"各为其主"和维护本集团利益的缘故，集团间的交恶是难以避免的，绝不能因此而否定对立集团中的一切人物及其行为事迹。民众甚至在《神箭台》（42）传说中为辽国发动战争的缘由进行了辩护："……辽地一向贫瘠荒凉，人民生活困苦。我们向中原靠拢，就是想让我

---

① 朱彦华等主编：《中国民间文学集成·承德地区故事卷》（上），中国民间文艺出版社1989年版，第139—140页。史再生讲述；王韫华记录整理。

们那里百姓也能过上像中原人那样富足的日月哩！如果都退回去，那我们不是还得过穷困潦倒岁月吗！……"① 在民众心目中，辽国发起战争的缘由如是这般，体现出了人们重新的思考和深切的理想。这种人文关怀模式，实足难能可贵！

《明镜石》（37）传说中民众已经发出了如此感慨："宋朝辽邦均为中国之人，何苦为一个昏庸的宋君，而自残轻生！"② 民众对记忆中的历史在时代语境下已有了全新的理解和阐释。

各为其主的民间集团观在《四郎盗宝》（123）和《龙须凤发》（124）两则传说中体现得尤为明显。传说中的杨四郎既是杨家诸将之一，又是"北国女朝廷"的女婿。这种特殊的双重身份使得他成为联结两个利益集团的纽带。"身在辽营心在宋"的杨四郎于"家"的某种层面来讲，自然属于"北国女朝廷"，因为他是"女朝廷丈母娘"的女婿，是驸马爷，有婚姻（姻亲）关系对之进行界定；而于"国"而言，他既是大宋的臣民，又是杨家之一战将，既有尽忠的大义，又有尽孝的伦理义务。虽说杨四郎夹在两个集团之间，但关键时刻还是"各为其主"，并且这里囊括了忠孝两重意义。所以当其弟杨六郎中暗镖受伤后，杨四郎义不容辞地担负起了施计盗解药的重任。他的行为其实是既对立又统一的，即为了有血亲关系的"家"而欺骗（还说不上背叛）了有姻亲关系的"家"，显然，这两个家分属于两个不同利益的集团。集团间的对立不等于其内部成员间也互相对立，他们之间是有共同一致的利益及由此衍生出的奇妙关系网络的。基于此，杨四郎、杨八郎才极富传奇色彩地成为北国的女婿，尽管他们充当着"间谍"的角色，受各为其主的民间集团观等文化心理的影响，民众对其行为是可以认同并接受的。

总之，透过杨家将传说，我们可以洞察广大中国民众意识中对

---

① 《雁北民间故事集成》，山西省雁北地区民间文学集成办公室，1988 年，第 14 页。马上德讲述；谢庆荣搜集整理。

② 《雁北民间故事集成》，山西省雁北地区民间文学集成办公室，1988 年，第 2 页。陈殿耀讲述；谢庆荣搜集整理。

家与国及其相互关系的理解和对之的处理方式。在家事与国事的对立统一中体现着家与国二位一体的同构性特征，在此基础上又衍生出各为其主、井水河水不相犯等民间集团观念。

第三节　婚姻与结义：民间道德伦理秩序的编织与建构

"民间传说是劳动人民创作的与一定的历史人物、历史事件和地方古迹、自然风物、社会习俗有关的故事。"[①] 作为民众"口传的历史"的传说更是把极为广泛的社会生活质素和因子依托在特定的历史人物、事件或人工物、自然物之上，从而产生出虚构的生活气息浓厚的故事。杨家将传说同样如此，它涉及民众日常生活的各个方面，具有极其广泛的社会内容和意义。家庭、婚姻、民间的结社以及其他方方面面的风俗习惯等素材，都被杨家将传说采用并进而进行艺术加工。这就使得其具有丰富的社会性，其故事广泛涉及民众的日常生活和传统审美观点等民俗文化内容。因此，作为民间道德伦理秩序的编织与建构的重要手段的婚姻与结义及其文化观念在杨家将传说中亦得到了较好的映射和呈现。

一　婚姻：社会地位和家庭身份的双重确立与认同

婚姻是维系人类自身繁衍和社会延续的最基本的制度和行为，是构成家族、产生亲族的基础。构成传统社会的基本单位是家族，而家族的构成、发展与延续，亲族之间社会关系的构成与扩展，都源于婚姻。婚礼的举行及人们对婚姻事实的认可，将明确标志着一个人进入了建立个体家庭、融入并参与发展家族的重要阶段。同时，婚姻对个人社会地位和家庭身份具有双重的确立与认同功能，对民间道德伦理秩序亦起到了强化和规范作用。姻亲关系在传统中国的各种社会关系中占据着举足轻重的地位，可以说与血缘——亲族关系并驾齐驱。中

---

① 钟敬文主编：《民间文学概论》，上海文艺出版社 1998 年版，第 183 页。

国民众对婚姻的认识，在不忽略其生物性的前提下（如《孟子·告子章句上》云："食、色，性也，"古人也认为两性间的结合是天经地义之事），更重视其社会性的因素。在中国传统社会里，婚姻（男女两性间的结合）必须得到社会文化的认可，包括社会习俗和法律的认可。与之相应，婚姻事实一旦被社会承认和接受，姻亲关系一旦确立，那么婚姻便可增进不同群体之间的联合与协作。

许烺光研究指出："中国的家庭、宗族培育出了中国人以情境为中心和相互依赖的行为模式……以情境为中心的特征是存在一种持久的、把亲属联结在家庭和宗族上的血缘纽带，伦理道德的基本核心是孝……。"① 由此我们可以说，中国式的婚姻正是产生并维持这条"持久的、把亲属联结在家庭和宗族上的'血缘纽带'"的前提和基础，是其必要条件。因为在广大民众的观念和实际行为中，没有婚姻就无所谓"孝"。"不孝有三，无后为大"，没有婚姻就不可能有传统意义上的"后"，而"无后"却是最大的"不孝"。可见，婚姻在传统中国社会的道德伦理秩序的建构与强化过程中起着不可替代的作用，这也正是人们提出"男大当婚，女大当嫁"这一迫切要求的现实基础。

传统中国社会的亲属体系的主轴是父子，父子轴的生成、巩固是与父权制、家长制的家族、宗族体系相契合的。杨家将传说中的女将归宗行为表明民众对父系家族的认同和强化。同时，"归宗也是媳妇对自己新身份的求证和确认。经过这一仪式，媳妇进入了大家庭的伦理秩序，进而拥有了对家族事务的主妇权"②。其实，婚礼后的归宗不仅仅意味着夫家的家族宗族对事实婚姻的认可，对"媳妇"家庭身份的认同，而且更为重要的是对其社会地位的确立和规定。俗话说："嫁鸡随鸡，嫁狗随狗""女怕选错郎""夫唱妇随"等，

---

① 夏建中：《文化人类学理论学派——文化研究的历史》，中国人民大学出版社1997年版，第206页。

② 严优：《杨家将故事研究——以华北地区杨门女将故事为主》，硕士学位论文，北京师范大学，1999年，第26页。

意即在传统儒家伦理道德语境下，婚姻事实一经认可，同时也意味着女性与夫家相应的社会地位的确立和接受。在父权夫权制的封建宗法制社会传统里，未出嫁的闺女是没有真正的社会地位的，只有出嫁从夫、在夫家获得其家庭成员身份并得到认可，其名方正、其言乃顺。我们不妨来看下面这则传说故事《潘杨和》（229）中是如何呈现上述观念的：

潘杨村的杨敬和潘贵相爱，不料杨敬被"东走西窜游手好闲不正经"的高五杀害，查出真凶后：

> 杨成见县官捉到了凶手，就办妹子的丧事，这时觉得埋个闺女坟不好，就派人给他的死妹子找个死人婆家。
>
> 潘贵被放出来，听说杨家给杨敬找死人婆家，就托人给他说死人。乡亲们都觉得这事奇怪。其实杨敬活着时，两个人在地里做活，互相看上了，还私定了终身，两个人早商量好了，到时候家里人要不答应，二人就跑出去了。如今杨敬为他被人害死了，他想到二人的恩爱，要娶这个死鬼。潘家的长辈们先是不让，后来见潘贵说，要不让他娶杨敬，他就上吊死了。老辈的人们见孩子愿意，又怕去死就答应了。
>
> 这头杨成见潘家讲情义，死人也要娶过去，心里喜欢，又觉得潘家处事好，就答应了。
>
> 活人和死人成亲，这事虽说稀罕，潘杨两家一来往，大家坐到一起一说话，老辈们的冤仇不提了，潘杨两家和顺了，这个故事也就流传了下来。①

上面这段引文为我们呈现了一种十分独特而神秘的婚姻形态——冥婚。《周礼·地官·媒氏》有关于"禁迁葬者与嫁殇者"的记载。所谓

---

① 《耿村民间故事集》（第三集），河北省石家庄地区民间文学三套集成编委会、藁城县民间文学三套集成编委会，1987年，第267—268页。王仁礼讲述；杨志忠记录整理。

"嫁殇"，即冥婚，也就是由双方家长做主，将两家已死的男女结为"鬼夫妻"。这种婚姻形态尽管荒唐，但在中国古代甚至当代（如中国台湾地区），无论是上层统治者，还是中下层民众之中，这一婚姻旧俗未曾绝迹。因为它可以给双方家长以某种心理安慰，更是对已故男女双方社会地位和家庭身份的认同。从大众心理学的角度看，这是活着的人为死者完成生前未曾做到或遂愿的事情，借慰人以自慰。传统伦理观念中于男子要求"成家立业"，将"成家"置于"立业"之前；于女子要求做个"贤妻良母"。显然，这两种理想的修身为人模式的前提都是基于婚姻的。唯其成婚方能成家，唯其取得夫家的成员身份、纳入男方家族宗族的道德伦理体系之中，方有成为"贤妻良母"的可能。从这则故事的发展及结局看，民众对"冥婚"这种婚姻形态并未持批判或否定的态度，反而因之促成了两大积怨很深的家族和解。可见，民众对此行为是能够理解并接受的。大概人们在情感上总是相通的，心理上总是需要平衡，精神上总是需要慰藉。

当然，潘贵娶已故的杨敬为妻，"要娶这个死鬼"，还不能算是完全意义上的"冥婚"，因为潘贵是作为活人娶死人的。这里当属冥婚的一种变异的新类型——"娶鬼女"。这种婚俗形式是以男方为活人与女方为死人联姻为特点的。我们也不应忽略其难能可贵的一面——"二人的恩爱"，因为这桩婚姻之所以能够成功，并非双方家长的操控，而是出于潘贵的自愿与执着。那么，杨成为什么要"给他的死妹子找个死人婆家"呢？问题的症结恐怕还是在于"觉得埋个闺女坟不好"。时至今日，在广大农村地区的传统丧葬习俗里，未出嫁的"闺女"不幸身亡是不能入祖坟（林）的。在笔者的家乡鲁南地区的滕州境内，如果有"闺女"不幸身亡，她的家人只能将"闺女坟"安在自家田地或者其他一些蛮荒之地，是绝对不允许入家族的祖坟（鲁南地区称作"林"）的。为什么未出嫁的闺女会遭此不公正的待遇或者说如此凄凉的处境？究其原因还得回到婚姻对女方社会地位和家庭身份的确立与认同的功用上。"闺女"与"媳妇"显然是两个内涵与外延都不尽相同的概念，而这两个家庭或社会角色的分水岭就是婚姻（结婚与否）。未婚的就是闺女；已婚的就是媳妇，未婚的没有正式的社会地位；已婚的取得了与夫家相应的社会地位，未婚的虽然也能作为儿女获得家庭成员的身份，但却不能被完全纳入社会交往的关系网络和伦理道德体系当中；已婚的在取得其家庭主妇权之后，理所当然、名正言顺地享有家庭身份所赋予的权利和义务。差别如此之大，固然与民众受传统儒家道德伦理的教养和熏染因袭有关，但"冰冻三尺非一日之寒"，这种观念的影响极其深远深重，即便今天它还在影响着人们的生活，也许这就是文化语境或者说习俗惯制巨大的模塑力和影响力的体现吧。

这里还可以再举一例：在鲁南地区，如果家里的父母长辈得了不治之症，人们一般会让自己的儿女尽快尽早、赶在长辈去世前完婚。其目的，一来是为了"冲喜"，借喜事来冲击一下厄运，以期好转；二者还是基于"养儿防老"，让儿女"养老送终"的观念和心理。但是理想的"养老送终"是有条件的，那就是儿子是已"成家立业"的儿子，女儿是已为人妻母的女儿。尤其是未出嫁的女儿，作为一个没有完全充分地得到社会认可和取得家庭身份的"闺女"来"养老送终"是不完美的，是有缺憾的。唯其纳入整个社会伦理道德体系和社会交际网络之中后，才让人觉得心安理得，没有遗憾。由此可以看出，婚姻在个人的社会地位和家庭身份的双重确立与认同过程中起着至关重要的作用。

通过婚姻来达到社会地位和家庭身份尤其是社会地位和声誉的确立与认可，在杨家女将的身上体现得尤为突出明显。在《穆桂英招亲》（71）中，"宗保终被武艺高强而又美貌真情的桂英所感动，当夜在穆柯寨招亲。接着，穆桂英带着降龙木，随夫归宋，奔赴边关，勇破天门阵，猛杀辽将白天佐，巾帼英雄威震辽邦"①。可见，穆桂英正是通过婚姻途径，不仅跻身天波杨府，成为其家族中之一

---

① 《浑源县民间文学集成》，山西省浑源县文联，1986年，第146—147页。冯淑丽搜集整理。

分子，获得了杨家佘老太君的"孙媳妇"这个家庭成员身份，而且还成为杨门之一女战将，成为威震辽邦的巾帼英雄，给她带来了"杨家将"的社会地位和美誉。"随夫"和"巾帼英雄"恰恰契合了家庭身份和社会地位这两个维度的要求。《杨六郎成亲》（3）中同样呈现了这一主题："杨六郎没奈何，认了。他们在黑虎山拜堂成亲。随后她俩（指王怀女和其丫鬟锦毛狮子——笔者注）随六郎到边关解围救驾。王怀女杀了萧天佑，破了天门阵，屡建奇功。"① 王怀女与杨六郎成婚，对她来说，具有成为杨家家庭成员和为国杀敌建功的双重意义。没有这桩婚事，王怀女就不可能获取"杨家将"和"天波杨府"盛名之下的社会地位和家族成员身份。由此可知，婚姻正是获取、求证新身份和融入并确立新地位以及参与新的社会交际网络和伦理道德秩序体系的前提条件和有效途径。

二　结义：血缘关系的延伸与交际网络的构建

结义，又称结盟，俗称"拜把子""结拜""拜仁兄弟""拜把兄弟"等，"是基于共同命运和利益结成的小集团"②。结义实际上可以看作小规模的结社，其自古以来都采取盟誓的信仰仪式，用誓言对结义关系及行为进行强化、约束和规范。乌丙安指出，我国广大民众之所以采用此种民俗形式的结义，其目的之一在于"为了谋求生活上、道义上的亲密交往和互助，把一般的不同宗姓的社交往来关系增进为兄弟般亲缘关系"③。结义的习俗惯制及行为重在一个"义"字上。在我国传统文化中，人际交往的最高德范即是儒家倡导的"仁、义、礼、智、信"。朋友相交，人们最为推崇的是义气。《四书集注·论语·乡党》云："朋友，以义合者"，即强调朋友相交要以义为重。如在我国民间流传甚广的"路遥知马力"故事，便

---

① 《中国民间故事集成·山西卷》，中国 ISBN 中心，1999 年，第 75 页。贾全忠讲述；王玉平采录。

② 乌丙安：《中国民俗学》（新版），辽宁大学出版社 2003 年版，第 187 页。

③ 同上书，第 188 页。

呈现了民众思想观念中一种以"义"为核心的理想的人际交往模式。故事中"路遥"与"马力"两个主人公的矛盾冲突都围绕着一个"义"字。"故事中人格的高低贵贱，行为的褒贬是非，无一不以'义'的道德标尺进行衡量与评判。"① 在民间所认同的此种理想的人际交往模式中，"义"是高于一切的，为朋友应当在所不辞，"重义""讲义""守义""扬义"当是朋友间关系得以维系和稳固的前提与基础；当然，也是结义的先决条件，因为所谓的结义，"结"的便是"义"，倘若无"义"（道德规范），那就没有"结"（行为指向）的必要了。而民间又将"结义"称作"结金兰"；"义结金兰"更是点睛之语，它一语中的地指出了"义"在结义过程中的关键作用。"金兰"即指友情契合，《周易·系辞上》："二人同心，其利断金；同心之言，其臭如兰。"可见，所谓"义"结"金兰"，即是说唯有"义"字当先，才能结成"金兰"之好，而只有以"义"建构和维系的情谊方能契合到"断金""如兰"的理想境界。众所周知，"仁"和"义"是传统儒家伦理道德体系中的两个核心范畴。"三国"传说故事中的刘、关、张"桃园三结义"堪称结义的典范。民间对结义的观念和行为是普遍推崇的，时至今日，在鲁南地区，结义（当地俗称"拜仁兄弟"）之风依然盛行。结义的誓言中常常表明和强调"有官同做，有马同骑""有福同享，有难同当"或"为朋友两肋插刀"等意愿。以分享快乐、分担忧愁的"义气"维系彼此关系。"义"有大小之分，之于国可谓民族大义；之于结义的小团体、小集团的内部可谓兄弟间的仁义之情。在民间把"不能同年同月同日生，但愿同年同月同日死"的"生死之交"作为"义"字所标志的最高理想模式。因此，在民间一般的结义行为多是建筑在共同生活或集团利益和道义相助以及素朴的仁义观念基础上的。结义在一定程度上，又可看作民众对血缘关系的延伸和拓展，它对人际

---

① 江帆：《民间叙事中的交友范型——俗语故事"路遥知马力"解析》，《山西师范大学学报》2001 年第 4 期。

交往关系网络的构建起着十分重要的作用。中国传统乡土社会中，人们十分重视结义兄弟这层关系，其重视程度往往在其他层面的关系（如地缘、业缘关系等）之上。

《孟良和焦赞投军》（267）这则传说讲述了杨六郎、孟良和焦赞三人结拜的过程：

> ……
>
> 杨六郎说："以后咱们一块杀辽兵，眼下咱们三人结拜成兄弟如何？"
>
> 孟良和焦赞都巴不得的，忙说："杨元帅瞧得起我俩，我俩自然乐意！"
>
> 于是，三个人相互八拜，又对天盟誓。杨六郎年长为大哥，孟良排老二，焦赞排老三。杨六郎说："以后咱们仨人便是亲如骨肉的兄弟，要同生死共患难，有福咱们同享，有罪咱们同受，要死也死在一块。"
>
> 孟良和焦赞拍着胸脯说："大哥尽管放心，小弟决不负心！"
>
> 杨六郎让他俩回去收拾一下。孟良把柴背回家，焦赞把羊赶回家，然后又都回来找杨六郎，三个人一块上边关杀敌去了。这以后，孟良和焦赞便成了杨六郎的左膀右臂，孟良还用他那砍柴的大板斧，焦赞还使他赶羊用的竹节钢鞭，俩人都立下了不少的战功。人们常说不打不成交，这孟良和焦赞打出了交情，以后俩人干什么都摽在一块儿。[①]

这则传说典型地呈现了民间结义的行为方式及其文化观念。"相互八拜"和"对天盟誓"是结义仪式的常规模式。"同生死共患难，有福咱们同享，有罪咱们同受，要死也死在一块"恰恰体现了结义

---

① 赵云雁搜集整理：《穆桂英大战桃花漫》，中国民间文艺出版社1986年版，第30—31页。孟庆河讲述；赵云雁搜集整理。

的终极目的即通过结义的方式来达到"亲如骨肉的兄弟"这种理想的亲密的近似血缘手足的关系。杨、孟、焦三人本来是没有任何交情的陌路人，而他们却通过结义行为达成了亲如骨肉的兄弟般的亲密关系。正是基于一个"义"字，血缘关系得以拓展和延伸，从而为社会交际网络的构建奠定了坚实的基础。所以"这以后，孟良和焦赞便成了杨六郎的左膀右臂"，焦、孟二人通过结义的方式被纳入"杨家将"这一特定的英雄群体。在这一由英雄好汉、忠臣良将组成的群体网络中，亦势必形成一个相对独立而稳定的道德伦理体系。这一道德伦理体系规范和制约着其内部成员的观念和行动。在《八姐九妹有没有婆家》（227）中，当佘太君提出要将八姐九妹许给陈林、柴干时，"他俩忙跪下说：'盟娘，使不哩！我与杨大哥是生死兄弟，哪能有娶妹妹的事儿？'"① 虽然陈、柴二人与杨家没有任何血缘关系，但在他二人的观念意识里，既然已与杨六郎结拜为兄弟，就应当不是手足胜似手足；既然称杨六郎为大哥，那么与八姐九妹就是兄妹的关系，如果与之结婚，那就触犯了乱伦的禁忌，按照传统儒家的道德伦理要求是绝对不允许的。因为如果那样做了，就违背了作为结义兄弟的最基本的道义标准：既不"仁"，也不"义"。这恐怕是对一个人最大的羞辱与讽刺了，这种潜在的伦理道德评价对中国人来讲是最可怕和难以接受的。"不仁不义""背信弃义""忘恩负义"等民间对"义"的价值评判是从根本上（无论人品还是处世准则）对一个人的否定与批判。所以柴、陈二人才不假思索地回绝了佘太君的要求，这在广大民众看来，是既合"情"又合"理"的，毕竟人们不愿意付出"情绪上的代价"，背上违反正统伦理道德的感情包袱和心理负担。

前文已论及，在传统的"义结金兰"的文化观念中，人们往往将"生死之交"或"为朋友两肋插刀"的燕赵悲歌式行径作为"义"字

---

① 《耿村民间故事集》（第二集），河北省石家庄地区民间文学三套集成编委会、藁城县民间文学三套集成编委会，1987年，第124页。靳景祥讲述；靳春利记录整理。

所标榜的终极人文关怀模式。基于或为了讲义气，人们可以为朋友献出最宝贵的生命，可以说已将"义"的崇高与伟大推向了极致，到了无以复加的程度。杨家将剧目中有《脱骨计》这一剧目，故事梗概如下：孟良、焦赞杀死谢金吾，潘洪污杨六郎主使，宋太宗怒欲斩杨；八贤王求赦，改为流配交趾。潘再进谗，奉旨赴交趾斩杨；与六郎长相极为相似且为结义兄弟的任堂惠代死。……①在这个故事里，焦、孟二人之所以杀死谢金吾，是因为谢金吾进谗请皇上拆掉天波滴水楼，作为杨六郎的结义兄弟，他俩义不容辞地要为杨家打抱不平，"为朋友两肋插刀"在所不惜。同样与六郎有八拜之交的任堂惠更是"义气用事"，在生与死的紧要关头，毅然决然地为结义兄长代死，将"义"字用自己宝贵的生命彰显、印证出来，可谓义薄云天、达到极致。结义准则里的"生死之交"标准展露、呈现无遗。

"仁"与"义"往往是紧密结合在一起、不可分割的。结义的成员相互之间在鲁南地区俗称"仁兄弟"，可见人们总是将"义"与"仁"粘连起来，将这两个理想的伦理道德标准和人际交往原则共同用来规范、塑造结义的小集团。所谓"结义"之"义"的蕴含和范畴里，不仅有义薄云天、气壮山河的大无畏奉献精神，它还涉及人们日常生活中的人际交往标准。人们常言："君子之交淡如水，小人之交甘若醴"，说的是理想人格——"君子"的为人处世和交往之道，显然与"仁"的要求相符。而在杨家将传说中，对以"义"为根基的结义群体的内部成员间的交往也提出了同样的参考坐标和道德要求。这种理念在《佘太君赞寿礼》（127）中有所呈现：故事讲佘太君过五十大寿，上至当今万岁，下至兵卒黎民，都上门给佘太君送寿礼。寿礼琳琅满目、数不胜数，可唯独不见杨老令公的结拜兄弟兼两员大将——焦赞和孟良前来。②

---

① 《杨家将剧目简介》，载（明）熊大木编、裴效维校订《杨家将演义》附录，宝文堂书店 1985 年版，第 364—365 页。

② 这则传说里，焦、孟二人又变成了杨老令公的结拜兄弟，这正是民间传说的变异性特征之体现。文中虽未挑明此种结义关系，但参考上下文我们仍能体味出来。

　　佘太君正思疑不定，家人大声来报："焦赞孟良两位将军到！"佘太君大喜，忙在儿子六郎的搀扶下，颤巍巍迎到门口。别的宾客来贺，只是六郎出迎；焦孟两位将军一到，老太君亲迎出门，足见杨家对焦赞孟良两将的看重。

　　焦赞、孟良见过佘太君，行过大礼，说了几句祝贺的话，便命抬进寿礼。满座宾朋见佘太君如此看重两位将军，都要看看两人送上什么样的稀世重礼。

　　……

　　上菜开宴，佘太君关照六郎道："我老太婆今日喜庆开心，用焦孟两位将军送来的仙酒佳酿贺寿待客！"

　　焦赞、孟良同吃一大惊：一个红脸更红，一个黑脸更黑。他俩本就不乐意佘太君大寿大宴，送的"寿礼"是他俩商议了定的：两坛寻常百姓家的清凉井水……

　　……

　　"好酒！"佘太君一碗寿酒，一饮而尽，举着空碗大声夸赞。

　　"好——酒！"过了一会，厅堂里才掌声如雷。

　　杨六郎从"酒"中体味出了两位老将军的一片苦心，倍加钦敬焦赞、孟良。他快步走到后堂，从穆桂英手上接过笔，在绢上龙飞凤舞，写下了两行大字。然后亲自挂贴到大厅朝南的粉墙中央。

　　宴席正欢的满座宾朋，一齐举目，只见绢上十四个大字酣畅淋漓，赫然醒目：

　　君子相交淡如水，

　　点点滴滴铭心头。[1]

---

　　[1] 《开封民间故事集成》，开封民间文学集成编委会编，中州古籍出版社1993年版，第63—64页。王绿君讲述；万叶树采录。

由此，我们可以看出：对于结义的兄弟间的交往，民众们所希冀和要求的是"君子相交"。传说中，佘太君对焦、孟二人所送的寿礼赞誉有加，杨六郎更是以"画龙点睛"之笔道出其中真谛，原因就在于作为结义兄弟，焦孟二人在紧要关头（战场上）对杨氏一门忠心赤胆、舍生忘死，真正做到了仁至义尽。而在日常的生活中是大可不必拘于小节或者说虚伪应酬的。这才是"义"的真谛，是结义的目的之所在，民众期望通过结义来构筑理想的人际交往模式。

淡如水的君子之交和重于山的义气相助形成了鲜明的对比，其实"仁"与"义"这两种伦理道德规范对我们来说是颇有启迪和教育意义的。这两个基于传统的质素和因子，对构建"中庸和谐"的现代社会亦有相当的裨益。

在《点将槐》这则传说中：

> ……杨排风知道焦、孟二将是杨延昭的把兄弟，佘太君的义子，就是穆桂英私下也得叫他俩一声叔叔，便恭恭敬敬向二人施了一礼："排风才学疏浅，还望二位将军指教！"……①

这里，正因为"杨排风知道焦、孟二将是杨延昭的把兄弟"，所以对他俩恭敬有加。可见，有了"把兄弟"这层关系后，焦、孟二人已完全纳入杨家的道德伦理体系当中，享有与之相应的家族、社会地位。

可见，结义行为不仅仅起到了延续、拓展血缘关系的功用，有时人们甚至在"义"的感召、呼唤下做出超越手足亲情的道德伦理所要求的举动来。传统乡土社会中及至当下，结义在人际关系网络的构建与强化过程中，其所发挥的规范、引导和模塑功能仍异常突出。婚姻与结义无论在社会地位、人际交往还是个人身份定位、伦

---

① 《河南民间故事集》，中国民间文艺研究会河南分会、河南大学中文系编，中国民间文艺出版社1985年版，第113页。李程远搜集整理。

理道德规范的编织与建构中都是两个关键性因素，起着不可替代的作用。

三 婚姻与结义习俗及其文化观念

通过透析杨家将传说，笔者已论述了婚姻与结义在民间伦理道德秩序的编织与构建过程中所发挥的重要作用。其实关于婚姻与结义的一些习俗惯制及其文化观念在传说里亦得到了很好的呈现，下面我们就试窥其一斑：

（一）父母之命，媒妁之言

在择偶方式上，"父母之命，媒妁之言"是传统社会中正统的婚姻程式，男女双方本人几乎没有经过自由恋爱而决定婚姻的权利。作为"终身大事"的婚姻，即便是当今社会，在很大程度上要受到家庭、家族及其他社会关系的制约。受儒家伦理道德氛围浸染的广大民众，在传统观念中仍秉持或延续着经"父母之命，媒妁之言"程序之后的"明媒正娶"，唯其如此，才算是名正言顺、适得其所。因此，在一般农村、城镇，普通民众皆重视婚礼程序的完整进行，这实际上反映出"男娶女嫁"、婚后从夫居而建立新家庭的一整套社会文化规范。

《大刀王怀女》（266）中有这样一段情节：

> 几年过去，王怀女把武艺练出来了，又吵着闹着要去投军杀敌。王太君说："女儿要听娘的话，等你的丈夫来了，我把你交给他，再上前敌也不晚。"王怀女一听愣住了，问："娘，我的丈夫是谁呀？咋压根儿也没听您念叨过呀？"王太君说："孩子，你的丈夫就是杨六郎啊，这还是你小的时候，我在前敌同佘太君订下的。"①

---

① 赵云雁搜集整理：《穆桂英大战桃花漫》，中国民间文艺出版社1986年版，第18页。马玉茹讲述；赵云雁搜集整理。

　　杨六郎与王怀女的婚姻便是典型的遵照"父母之命"的程式。虽然二人还不曾相识，但既然生身父母已为自己订下这桩婚事，王怀女便理所当然地接受了。对她而言，遵照父母之命、接受这桩婚事是合情合理、光明正大且名正言顺的，因为它完全符合传统儒家正统的伦理道德规范。

　　在《刘金定招亲》（165）传说里，"刘金定长得奇丑，二十几岁了，还没有订下婚事。……百姓也很同情"。后来占山为王的她"一见高君保便顿生爱慕之情……看来这终身大事，当定在今日。……想到这里，刘金定起身走开，便派人说媒来了"①。这里传达了民众们一个饶有趣味的文化观念：强行逼婚也得明媒正娶。所以尽管她掌握着生杀高君保的大权，但仍然不忘名正言顺的正统婚姻程序——"媒妁之言"，专门派了个媒人去说媒。刘金定自幼丧母，虽不能有"父母之命"，但依然想借"媒妁之言"来达成终身大事。

　　至于说杨家将传说里杨六郎与柴郡主的婚姻，则更是这种婚姻程式的鲜明体现。因为他们是奉旨完婚的，而在民众心目中，"皇帝"恐怕要算是最具权威也是最大的"家长"了。有些异文说六郎和柴郡主是由八贤王做主成亲的，这里八贤王显然充当了家长和媒人的双重角色。

　　民众在讲述这些传说时，也是自然而然，因为在他们的观念意识里"父母之命，媒妁之言"的正统模式是根深蒂固、影响深重的。

　　（二）门当户对，指腹为婚

　　"门当户对"是一种理想的择偶标准，尽管它反映出社会等级地位观念，但在现实生活中，人们往往将其作为择偶或联姻的重要参考坐标。因为在广大民众实际的日常生活中，缔结婚姻的夫妻双方及其各自的家庭、家族、宗族等社会关系结构，如果"门不当，户不对"的话，就会给彼此间的生活、社交等带来诸多的不便和困难。

---

　　① 参见陈永省主编《河南民间文学集成·信阳地区故事卷》，中原农民出版社1992年版，第32—35页。李勇、陈正国等讲述；张楚北、张书中采录。

在中国这样一个无论是在调和家庭内部的关系还是构筑社会交际网络中都十分重视中庸、和谐的国度里，人们在择偶时，首先考虑"门当户对"这一重要因素，恐怕要算是实用主义心理的映射和较为明智的举措了。

"指腹婚"又俗称"胎婚"，是两个门户相当的人家，当主妇同时有孕时，由家长指腹为未出世的孩子（倘所生恰好一男一女）订婚。乌丙安指出："其特点是：两家女主人同时有孕，指腹相约，产后如一男一女，结为夫妻，是家长制为子女包办预订婚约的变态形式。"① 指腹婚源于六朝，这种以严格的门阀观念为基础的婚姻俗制，在中国封建社会曾相当流行。从六朝的史籍中可找到许多这种婚俗的例证。《南史》载：韦放与张率为彼此子女指腹为婚；《北史》载：崔浩为王慧龙妻与卢遐妻指腹为婚。六朝时期门第观念十分严重，为保证两家门第规格对等关系的延续，才兴起了这种畸形的预约包办婚。指腹婚多流行于上层官宦人家，民间不多见。但从杨家将传说中，我们可以透析出民众对此种婚姻形态是默许的，并未对之加以批判或否定。先来看下面这则传说《杨六郎成亲》（3）：

> ……
>
> 传说，团圆山的山腰里，有个王家畔村，宋朝年间，河东四大令公之一的大刀王怀，就是这个村里的。王怀和杨继业同时在河东刘王殿下为臣，两人相交甚厚。一天，佘太君过生日，王怀夫妻俩过府祝寿，王夫人、佘太君都身怀有孕，两家约下，同生男的，结为弟兄，同生女的，结为姐妹，要是一男一女，就结为夫妻。后来，杨府生下六郎延景，王府生下千金兰英，人们都叫她王怀女。两家交换生辰，择了日子，订了亲事……
>
> ……②

---

① 乌丙安：《中国民俗学》（新版），辽宁大学出版社 2003 年版，第 258 页。
② 《中国民间故事集成·山西卷》，中国 ISBN 中心，1999 年，第 74 页。贾全忠讲述；王玉平采录。

　　杨家的媳妇，大多是出自与杨家门户相当的家庭。"王怀和杨继业同在河东刘王殿下为臣，两人相交甚厚，"当是两家为儿女指腹为婚的基础和前提。正因王家和杨家两大家族门户相当并且想要将这种门第规格的对等关系延续保持下去，再加之私人间深厚的相交，才为杨六郎与王怀女之间婚姻的缔结提供了可能。"两家约下，同生男的，结为弟兄，同生女的，结为姐妹，要是一男一女，就结为夫妻。"这里更是将婚姻与结义的交际功能凸显无遗。两家的后代，要么成为白头偕老的夫妻，要么成为义结金兰的兄弟或姐妹，有了这两种"社会契约"的规范和保证，何愁王、杨两家世代不友好呢？由此也可以佐证婚姻与结义在社交关系网络的构建和伦理道德秩序的编织过程中所起的作用当是极其重要的。

　　在传说《杨业成婚七星庙》中，"门当户对"和"指腹为婚"母题亦有所呈现：

　　　　……

　　　　据说五代时期，杨业的父亲火山王与佘赛花的父亲佘王指腹为婚。后来，火山王不幸早夭，佘王就有心悔婚，想把女儿另许高门……
　　　　……①

　　"火山王"与"佘王"同为两位王爷，其门当，其户对，为儿女指腹为婚，情理之中。然而，这则故事里还有一个"悔婚"母题，佘王为什么要悔婚呢？原因在于"火山王不幸早夭"，这就意味着原先"门当户对"的对等平衡关系被打破了，"婚姻"这一筹码用之于杨家已不合算，欲通过此桩婚事来达到构建社会交际网络的目的

---

　　① 《岢岚县民间故事集成》，岢岚县民间文学三套集成编委会编印，1987年，第43页。冯贵生搜集整理。

宣告破产，所以佘王就"想把女儿另许高门"。

可见，"门当户对"与"指腹为婚"往往是结合在一起的，"门当户对"是"指腹为婚"的前提和基础；而"指腹为婚"又反过来巩固和强化"门当户对"的对等关系和平衡机制，二者密不可分。

（三）不打不成亲：另类自由恋爱方式

杨家的媳妇大多是与丈夫"打斗成亲"的，如杜金娥、穆桂英、王怀女等。"打斗成亲"与"父母之命，媒妁之言"或"指腹为婚"等强制性婚姻形态相比，应该是一种较为自由和浪漫的婚恋方式。杨家将传说中的婚恋主题类型大多呈现这样一种模式：

慕名已久　──→　一见钟情　──→　巧计逼婚　──→　终成眷属
（女追慕男）　　（男长得帅）　　（不打不成）　　（如愿以偿）

杨门的媳妇们要想如愿以偿，与心仪的郎君终成眷属，加入杨门女将的序列，大多要经过"不打不成亲"这一环节。《佘太君招亲》（12）中，佘赛花占山为王，杨继业征山寨，与佘赛花大战三天三夜，不分胜负。佘赛花看上杨继业，想活捉他。杨继业战败逃到山顶一小庙，最后二人在庙中山盟海誓，喜结良缘。①

《杨六郎成亲》（3）中，"王怀女一见六郎不但不认，还要厮杀，心想：你要打也好，就让你看看我的手段。……混战中，杨六郎的银枪，挡不住王怀女的大刀，王怀女手下留情，没要他的命。……杨六郎没奈何，认了。他们在黑虎山拜堂成亲。……"②

《穆桂英招亲》（71）中，杨宗保向穆桂英讨要降龙木时，"桂英微微一笑：'要献降龙木不难，就是……就是不知手中银枪答应不答应'"。于是，穆柯寨前，两条银枪，你来我往斗了起来。后来，"穆桂英见天色不早，卖个破绽，回马探身，轻轻地将宗保提下马，

---

① 参见《中国民间故事集成·陕西卷》，中国 ISBN 中心，1996 年，第 109—110 页。白仓讲述；杨文岩采录。

② 《中国民间故事集成·山西卷》，中国 ISBN 中心，1999 年，第 75 页。贾全忠讲述；王玉平采录。

擒回山寨"。最后的结果是："当夜在穆柯寨招亲。"①

　　广大民众对杨家将传说里男女打斗成亲这一情节单元或类型是喜闻乐道、情有独钟的。大概因为它与传统的公子小姐、才子佳人式的婚恋故事大相径庭，反其道而行之反增其情趣和吸引力的缘故吧。对于杨家将群体而言，其内部成员个个武艺高超、骁勇善战，所谓"不是一家人不进一家门"，在传说中，杨门女将的武艺往往比男将还要高超神奇。大凡民众皆有猎奇心理：杨家个个如此神武，如果让他们自己比试一下，结果会当如何呢？笔者以为"不打不成亲"这一另类特异的故事母题，让男女主人公在结为连理之前切磋一下，恰恰满足了人们的猎奇心理和审美需求。由"打"而"识"而"亲"的轨迹和模式，却乎是独特而另类的自由恋爱方式。这里暂时将强制性的"父母之命"等因素忽略掉，而完全取决于主人公个人的喜好和情感需要，体现了人本主义精神和人文关爱情怀，尊重个体选择、强调个人的主观意愿和能动性，实足难能可贵！

　　（四）不打不成交：结义的前奏模式

　　"不打不成交"这一母题，无论在民间叙事还是在小说等文学创作中，都属于常见的情节单元或类型。在杨家将传说里，它往往是作为结义的前奏模式而被呈现出来的。通过"打"，彼此之间都体察意识到对方亦是身手不凡、率直侠义的英雄好汉，遂产生敬慕和怜惜之情，进而成交结义为好兄弟。可见"打"应是"成交"的前提，人们常说"英雄相惜""得一知己足矣"，侠肝义胆之士正是通过"过招"而"打"出交情来。如果说在杨家将传说中"不打不成亲"是完成婚姻必须经历的程序的话，那么"不打不成交"便是结义的序曲和前奏。这种由不平衡——平衡——和谐的历程和模式，正是作为民间口承叙事样式之一的传说能够引人入胜、造成"一波三折"的故事情节的必要手段和叙事技巧与艺术智慧的体现。且看

————————————

　　①　参见《浑源县民间文学集成》，山西省浑源县文联，1986年，第146—147页。冯淑丽搜集整理。

《孟良和焦赞投军》（267）中焦、孟二人是如何以"不打不成交"作为"楔子"来引出"结义"正剧的：

　　孟良和焦赞家里都很穷，孟良是个砍柴的，焦赞是个放羊的……

　　　　……

　　这一天，孟良正在树上砍柴，他大板斧一抡，胳膊粗的树杈，咔的一斧就耍下来，咔咔，一斧一个，很快地上就落了一大片树枝。这天焦赞也又来放羊，那群羊唰唰地啃草，不大一会儿便把地上的一片青草啃光了，就跑过去吃孟良砍下来的树枝，你争我抢。孟良在树上一看急了，嗖地跳下来，双手叉腰，着急白脸地嚷：

　　"我说放羊的！你咋让羊吃我的树枝？"

　　焦赞忙把羊轰开，说："羊吃点树枝算个啥？"

　　孟良一听火了："你这红脸小子这么不说理？"

　　焦赞一听也火了："你这黑脸小子这么混？"

　　俩人越说越岔，便你一句我一句地骂起来，谁也不怕谁。骂了好一会儿，孟良憋不住劲了，把板斧一扔，说道：

　　"动嘴不算能个，有本事咱俩比比力气？"

　　焦赞也不在乎，把钢鞭往地上一扔，说道："比就比，你说咋来？"

　　"摔跤！"

　　"摔就摔！"

　　"你要是赢了，你把我的树枝背去！"

　　"你要是赢了，你把我的羊轰走！"

　　"真的？"

　　"真的！"

　　"一言为定？"

　　"一言为定！"

　　"拉钩！"

　　俩人拉了钩，随后便支起架子摔起来，支扭了老半天，谁也摔不倒谁。孟良沉不住气了，跳到一边说："有能耐咱俩动家伙？"焦赞也不示弱："动就动，谁怕了谁孬种！"

　　于是，俩人一个拾起大板斧，一个操起竹节钢鞭，又对打起来⋯⋯

后来二人在杨六郎撮合下，三人结拜为兄弟，焦、孟二将成了杨六郎的左膀右臂：

　　人们常说不打不成交，这孟良和焦赞打出了交情，以后俩人干什么都摽在一块儿。①

　　在上述这段极富村野生活气息的传说故事中，焦、孟二人其实并无深仇大恨，二人之所以打斗，"其实只为一点小事"，因此当杨六郎问及二人因何厮打，他俩反而"都不好意思起来"。民间是十分珍视"打"出来的交情的，并喜好津津乐道之。一旦"打"过，尤其是"成交"之后，英雄相怜相惜相顾相应之情便油然而生，所以"这孟良和焦赞打出了交情，以后俩人干什么都摽在一块儿"。

　　《焦赞孟良寨的传说》（115）更是为我们展现了焦、孟二人由"打"到"神交"的过程：

　　⋯⋯

　　当时，孟良在孟家寨（今扛寨）称山大王，也修了寨城。焦赞在焦赞寨（今四面山）称山大王，也修了寨城。起初他俩并不相识，为争山头，便经常相互决斗；有时两人也相约比试比试本领。⋯⋯

---

　　①　赵云雁搜集整理：《穆桂英大战桃花漫》，中国民间文艺出版社1986年版，第28—31页。孟庆河讲述；赵云雁搜集整理。

……

……孟良这才觉得自己终不是对手，心想："焦赞确实是一位了不起的人。"于是，急忙叩拜："焦赞兄，我俩相争，必有一伤。既然如此，何不联合起来一致对外呢？"……

此后，他俩不斗了，真的联合起来，并成了密友。为了能经常在一块吃酒，交谈军情和练就轻功，便用了很多白布连在一起从焦赞寨至孟良寨搭成一道空中飞桥。二人便从布桥上你来我往，由此成为美谈。

后来，焦赞、孟良率领两寨人马投奔杨六郎。在杨家队伍中，他们更是携手并肩，互相学习，刻苦练功，成为北宋年间的两员虎将……①

由为争山头而相互决斗，到"搭成一道空中飞桥，二人便从布桥上你来我往，由此成为美谈"的神交，再到"携手并肩，互相学习，刻苦练功"的至交。这种"打"出来的交情十足难能可贵，在民众心目中，这样的结义和交友方式，是何等潇洒、何等令人艳羡！"不打不成交"和"不打不成亲"两类情节单元在杨家将传说中是极富吸引力和饶有趣味的母题类型。

（五）"面子"问题

中国人爱面子、讲面子，是毋庸置疑的，所以有时人们为了说不清道不明甚至有些玄奥的"面子"经常做出一些"打肿脸充胖子"的事情来。"面子"与功利是既矛盾又统一的，有时人们碍于面子，能够不顾及或者放弃功利的东西，而多数情况下，人们能将二者有机地调和起来，做到"名利双收"。"面子"其实与儒家传统所强调的"礼"密不可分。中国自古就是礼仪之邦，以"礼"待人实际上就是给人"面子"。人们重视"礼尚往来"，既要给别人"面子"，也要别

---

① 《中国民间故事集成·河南新县卷》（油印本），河南新县民间文学集成编委会、新县人民文化馆编印，1990年，第40—41页。胡元利讲述；吕平、袁肖骏采录。

人给自己"面子"，即既需要尊重别人，同时也需要得到别人的尊重。"面子"又与"人情"相辅相成、相得益彰。广大中国民众在为人处世时往往充满了人情味，所谓的"人情冷暖""世态炎凉"等大多与人们彼此间给不给"面子"有关。面子有大有小，大到关乎"国体"即国家或民族形象和尊严；小到芝麻粒般的小事情，哪怕一个动作、一句话等皆能与"面子"扯到一起。在民众日常生活中，大凡"脸面""排场""体面""光彩""场面"（鲁南方言，意即大方、讲排场）等语汇及与之相应的行为皆与"面子"相关联。面子，对中国人来讲，似乎已形成为一种独特的"情结"，几乎达到了"交往无小事，处处皆面子"的程度。民众在讲述、传说杨家将故事时，自然亦在不经意间流露出他们对"面子"的理解和重视，传说中的人物与现实生活中的民众一样，都很在乎"面子"。

《杨业成婚七星庙》（79，80）里佘赛花的父亲佘王得知火山王不幸早夭后，就有心悔婚，竭力反对和阻止她与杨业成亲。直到：

> 赛花用剑轻轻拨开父王的马鞭说道："父王息怒。女儿既已许配杨业郎君，就再不嫁人了。如父王不允，女儿愿与父王决一死战。到那时我父女必有一伤，传扬出去，父王的脸面又往何处放呢？"
>
> 佘王听赛花这么一说，怒气也就消了一半，一来是自己理亏，二来也知道自己的武艺不如女儿，又见杨业相貌堂堂，武艺高强，于是"唉"地叹了一声，勒马回去了。
> ……①

怎一个"脸面"了得！佘王之所以"怒气也就消了一半"，是因为他觉得"自己理亏"。理亏，传扬出去自然没有面子，更何况与自己的

---

① 《忻州地区民间故事集成》，山西省忻州地区民间文学集成编委会，1987年，第62页。高德威讲述；冯贵生整理。

亲生女儿为婚嫁之事"决一死战",这事如果传扬出去,佘王更是"脸面"无存。为了"面子",人们有时会做出冲动之举,而在此"面子"却反而让佘王理智了。再者说"见杨业相貌堂堂,武艺高强",何不顺水推舟,给女儿做个人情,于他而言也不失为"名利双赢"之举。

《点将槐》(289)里的杨排风知道焦、孟二将是杨延昭的把兄弟,佘太君的义子,所以恭恭敬敬地向二人施了一礼且道:"排风才疏学浅,还望二位将军指教!"可以说杨排风给足了他们面子。当焦赞提出要与杨排风比试武艺,排风只得谦让他说道:"末将不敢!"排风倒不是怕他们,只是给他们留点面子。"孟良倒多长了一个心眼,他想,好男不跟女斗,胜了脸上无光,败了丢人现眼。"可见,孟良的心思全部花费在了"面子"问题上,毕竟胜负输赢皆关乎"脸面"啊!"脸上无光""丢人现眼"对他来说都不是什么好事情,得不偿失。俗云"士可杀不可辱",这人格尊严说白了还不是"面子"吗?"面子"所关联的东西太多,其与名、与利、与礼、与人格尊严等皆有某种难解难分的渊源和互动关系。接下来:

> ……(焦赞)收不住脚,摔了个仰八叉。他臊得满脸通红,爬起来大喊:"二哥,看你的了!"
>
> 孟良一见排风果然身手不凡,知道自己也不是对手,就不想再比。可是穆桂英哪容他后退,催阵鼓一阵紧似一阵,孟良只得硬着头皮上阵。……
>
> ……
>
> 杨排风面不改色,气不发喘,雍容大度地说道:"二位将军星夜回京,鞍马劳顿,对排风手下留情,非是我的武艺高强……"①

焦赞之所以"臊得满脸通红",是因为他觉得败在一个烧火丫头

---

① 《河南民间故事集》,中国民间文艺研究会河南分会、河南大学中文系编,中国民间文艺出版社1985年版,第114页。李程远搜集整理。

手里很没"面子"、很丢人，脸上不光彩。而孟良"只得硬着头皮上阵"，同样也是碍于"面子"，在一个烧火丫头跟前示弱，岂不让众人耻笑？笑掉大牙！那很跌脸面，所以只得拿出"士可杀不可辱"、"上刀山下火海在所不辞"、义无反顾的英雄气概和无畏精神来"硬着头皮上"，皆为挽回或者说保住"面子"。排风的谦逊之辞也是为了给二位将军"面子"，毕竟他俩是前辈、长辈，而中国的伦理道德规范又强调"尊敬师长""尊老爱幼"。如果不给他二人台阶下，就是不给面子，将失之于"不敬"，于己亦是不光彩、没面子的事情。于人于己，都要留有余地、顾及面子，这就是人们在为人处世和社会交往中所累积的经验和实际操作的智慧与手段。

（六）"女才郎貌"

"郎才女貌""才子佳人""英雄美女"的配对组合模式是传统及至当代艺术创作中的常规套路。即使在现当代文化语境下，人们似乎已习惯于或者更强调"男追女"的婚恋路径与指向。于此，我们是已司空见惯了的。然而，作为民间口承叙事形态的杨家将传说却将此种传统的固化模式反其道而行之，它呈现给我们的往往是"女追男"的指向和"女逼男"的另类逆向逼婚模式。这种模式和途径当是对传统乃至现当代婚恋追求方式的完美颠覆，它一方面映射出广大民众的反向思维和叛逆心理，另一方面也从侧面反映出民众们素朴的情爱观及与正统、传统相对的婚恋形态。

"女才"指女将们武艺高超，胜于男将；"郎貌"是说男将们个个英武俊朗、让人心仪。有"才"的女将不乏俊美姣好如佘赛花、穆桂英者，当然亦有长相丑陋像王怀女之流。杨家的媳妇在做"闺女"时，大多已对杨家男将慕名已久，及至不期而遇后见其"长得英武""年轻美貌""一表人才""少年英俊""相貌堂堂"（以上词汇皆摘自杨家将传说文本），便顿生爱慕之情，待到表露心声之后若遭拒绝，那么就凭自己的"本领"来个强行逼婚，带到山上做个"压寨夫君"。不过在这一过程中，男将的表现则相形见绌，逊色得多，与女将形成鲜明对比，我们不妨来个比照：

女将		男将
爽朗	⟷	犹豫
诚信	⟷	反复
主动	⟷	被动
机巧	⟷	木讷

　　杨家将传说里似乎总有一条规律：不管杨家男将在敌人面前如何英勇无敌、令人生畏，可一旦碰上杨门女将，肯定是"阴盛阳衰"，没奈何。民间对杨家将有"男兵女将"之说，意即杨家是男的做兵，女的当将，由穆桂英挂帅的传说之深入人心、喜闻乐道可窥其一斑。这固然与民众的逆反心理和女性崇拜的文化观念有关，于此，笔者将在下面的章节予以重点读释、论析。这里仍略举几例，看看杨家将传说中是如何呈现"女才郎貌"母题的：

　　1.……说实在的，要是动真格的杨继业并不是佘赛花的对手，只是因为佘赛花早就听说杨继业的大名，今天见面后又见他长得英武，有心要向他求婚，舍不得真杀，可是，她看杨继业却杀得难解难分，心里暗想，看来我要是不取胜，他是很难许婚的。于是，佘赛花枪一抖，杀出了威风，卖个破绽，便把杨继业给拖下马来，家兵立刻上去把他捆住。……①［《杨继业和佘赛花成婚》（263）］

　　2.……佘太君由长虫精变成女将军，救了柴王杨继业后……看着这个小将有能耐，长得威武，就给杨继业说要嫁给他。……②［《佘太君成亲》（224）］

　　3.……王怀女一听是杨六郎，抬头一看，见六郎生得一表人

---

①　赵云雁搜集整理：《穆桂英大战桃花漫》，中国民间文艺出版社 1986 年版，第 2 页。刘道喜等讲述；赵云雁搜集整理。

②　《耿村民间故事集》（第一集），河北省石家庄地区民间文学三套集成编委会、藁城县民间文学三套集成编委会，1987 年，第 41 页。侯国国讲述；张彦哲记录整理。

才，羞得脸都红了，……一见六郎不但不认，还要厮杀，心想：你要打也好，就让你看看我的手段。……混战中，杨六郎的银枪，挡不住王怀女的大刀，王怀女手下留情，没要他的命。……把杨六郎追到黑虎山顶，问："杨六郎，我苦苦等了你十多年，你认不认？要认了我，我随你去边关破阵立功；你要不认我，我砍了你的头！"……① ［《杨六郎成亲》(3)］

　　4.……穆桂英闻讯下得山来，听得清，看得明，见杨宗保英俊少年，仪表非凡，不觉动心，双颊绯红……论本领，宗保根本不是桂英对手，但桂英早已有意，把对宗保的爱慕之心全凝注在手中的银枪上，假刺真躲，借枪传情。……桂英见天色不早，卖个破绽，回马探身，轻轻地将宗保提下马，擒回山寨……② ［《穆桂英招亲》(71)］

　　由上观之，杨门女将的本领均在男将之上，见到英俊勇武的男子，女子亦不免起"好色"之心。这种"女才郎貌"、才俊男儿配巾帼英雄的情节模式饶有趣味，颇增添生活情趣，当是民众喜好杨家将传说的一个重要原因。

　　总而言之，在杨家将传说中，婚姻起到了确定家庭身份和树立社会地位的双重功用；结义当是血缘关系的延伸和拓展，并在社会人际关系网络的构筑中发挥着规范、强化的功能。婚姻与结义是民间道德伦理秩序得以编织和建构的两个关键性因素，其民俗惯制及所蕴含的文化观念亦得到了鲜明的表达和呈现。

小　　结

　　社会结构与组织的习俗惯制及其文化观念是民俗文化的重要组

---

　　① 《中国民间故事集成·山西卷》，中国 ISBN 中心，1999 年，第 75 页。贾全忠讲述；王玉平采录。

　　② 《浑源县民间文学集成》，山西省浑源县文联，1986 年，第 146 页。冯淑丽搜集整理。

成部分。作为民众"口传的历史"或者说特殊的生活文化史录的民间传说更是人们日常生活形态及与之相应的文化意识观念的载体和积淀。它映射和表达了广大民众日常生活的各个方面，具有广泛的社会内容和意义。杨家将传说同样具有丰富而深厚的社会性和生活性，其故事广泛涉及民众日常生活层面上的社会结构与组织文化和传统审美理念等民俗文化内容。家族宗族文化及其观念、对立统一的民间集团观、婚姻与结义及其观念等社会结构与组织文化在杨家将传说中都得到了很好的映射和呈现。

总而言之，杨家将传说中所体现出来的家族、宗族组织结构及其文化观念可用"脉"与"场"加以概括与阐释。"脉"与"场"是"杨家将"这一特定英雄群像得以生发和承继的两个关键性的核心因素，二者彼此交融，相互作用，共同构成了一个交叉连续的立体的功能体系。透过杨家将传说，我们可以洞察广大中国民众对家与国及其相互关系的理解及相应的处理方式，在家事与国事的对立统一中体现着家与国二位一体的同构性特征，在此基础上又衍生出各为其主、井水河水不相犯等民间集团观念。在杨家将传说中，婚姻起到了家庭身份和社会地位的双重确立与认同的功用；结义是血缘关系的延伸和拓展，并在社会人际关系网络的构筑中发挥着重要功能。婚姻与结义是民间伦理道德秩序得以编织与建构的有效方式与路径。社会生活结构与组织的民俗惯制及其所蕴含的文化观念在杨家将传说中得以鲜明的体现与表达。

第二章

伦理观念与文化心理

传说故事是"口传的历史",其作为一种"集体记忆""历史记忆"不能等同于历史事实,它与"书写的历史"是作为对立面而存在的,虽然对立,但二者之间又形成了互补。民间传说故事作为一种"虚构的真实",已经进入到了后现代史学的视域之中。"民间故事和传说,可说是人们的社会环境和自然环境的反映,是人们对于所处环境,所营生活,所历事变的一种记忆或说明,一种解释或回想,一种智识或教材。他的性质,虽说与历史或'写的历史'绝不相同,然而总不能说他竟是没有相当的关系。"① "民间故事是虚构的,但其生成的环境确是真实的。尽管民间故事不是历史,严格说,不是史学家们认定的历史,但却反映了民众的历史观念。"②

如果从语义学的角度对"传说"和"故事"加以解读,那么具有"野史"意味的"传说"其实就是说"传",这与所谓的以志传为主体的"正史"恰恰形成鲜明的对比。一个是说"传",一个是写"传";一个是民间的,一个是官方的;一个是中下层的,一个是上层的;一个是"非主流的",一个是"主流的";一个是稗野的,一个是权威的;一个是草根的,一个是精英的;一个是世俗的,一个是神圣的;一个是动态的,一个是静态的;一个被边缘化,一个

---

① 罗香林:《民间世说·序》,《歌谣》1936,2(7):5,转引自万建中《20世纪中国故事学:发现民间故事的现实意义》,《大连大学学报》2011年第4期。

② 万建中:《20世纪中国故事学:发现民间故事的现实意义》,《大连大学学报》2011年第4期。

被经典化；一个是"口耳相传"的，一个是"文字记录"的。通过对比，我们不难看出二者既相互对立又颇具互补性。而"故事"就更加一目了然，"故"即古也，意指过去；"事"即事实、事情，"故事"意即"古老的事情""过去的事情"。"历史"的"历"意指"历经过""发生过"；"史"即"实事""实情"，"历史"可被诂作"经历过、发生过的真实事情"。由此可见，传说和故事与历史一样，都是在描述、传承、阐发经历过、发生过的事情，只不过它们所借助的手段和媒介不一样。或者说，传承的载体有别，作为"口传的历史"的传说故事借助的是"口、耳"，所进行的行为方式是"说、听"；而"书写的历史"即所谓正史借助的媒介则是"文字"，所进行的行为方式是"写"。作为口头传统的传说故事具有口传的世俗性，而作为书面文本的史传具有文字的神圣性，"由于文字所具有的'圣言'性质，书写比口传代表了更权威的文化形态，也由于文字的确定性，这些文本的更进一步的扩展就可能终止了。即使有后续的口传部分也会被排斥在经典结构之外，以便限定经典文本的含义，而不是使它陷入多义性和歧义性的蔓延"①。但无论是写实的历史，还是虚构的民间故事，其生成的环境确是真实的。透过属于"虚构的真实"的民间传说故事，我们仍"可窥见社会的背景"。对此，罗香林有过精辟而透彻的论述：

　　……在人类未有文字以记载史事以前，未有"写的历史"以前，史事的认识或传述，更是与故事或传说交结不分，几有"二位一体"之概。要研究先史时代人类演进状态的问题，是不能不注意他们所遗留的故事与传说的。这是研究文化学或文化史的人所熟知的。

　　近世研究"写的历史"的人，每鄙视民间故事与传说，以为绝不足信，不知一切的故事与传说，皆是有其所以产生或流

---

① 万建中：《寻求民间叙事》，《民族文学研究》2004 年第 4 期。

行的背景与环境或条件的。传说与故事的性质，虽不若"写的历史"的易于推识史事本身的状况，然其所代表的人们的生活过程与背景，或环境与条件，正与"写的历史"大致相同，所谓"查无实据，而事出有因也"。而且以其范围很广，正可以补助"写的历史"所代表的不及。研究"写的历史"而不明了民间故事与传说的背景，或来源。那是不能尽量地说明人们所受自然和人为二环境的影响及其生活的过程的。①

从某种意义上说，传说故事与历史二者虽不具有同构性，但却具有同质性，它们所观照的终极目标具有一致性，即社会背景、文化语境和历史观念的一致性、同质性。

民众所秉持和承传的文化心理和民间伦理观念对他们的日常生活有着巨大的影响。而作为民众所喜闻乐道的杨家将传说不仅对人们的现实生活进行投射和体现，而且对其心理生活和文化观念亦有所呈现与表达。因此，通过杨家将传说，我们可以透析广大民众的文化心理、意愿情感、伦理观念等精神层面的蕴含和质里。本章试从民间忠孝观、民间忠奸观与善恶是非观和反正统的叛逆精神三个向度对杨家将传说给予读释和探讨。

第一节　终极人文关怀模式：民间忠孝观

忠与孝是正统儒家道德伦理所规定的两个为人处世的基本标准和具体要求。在儒家传统里，这两种伦理道德标准的指向与行为路径，其内涵与外延虽不尽相同，但最终还是能够达成协调一致。因为从本质上讲，两者具有一定的同构性：于小家需行孝；于大家（国）当尽忠。当然，尽忠的对象可大可小，可以是具体的某一个

① 罗香林：《民间世说·序》，《歌谣》1936，2（7）：5，转引自万建中《20世纪中国故事学：发现民间故事的现实意义》，《大连大学学报》2011年第4期。

人，也可以是某个集体或集团，更为通常的意义上则是指国家，如"精忠报国""为国尽忠"等；尽孝的对象往往之于家庭而言，如父母或其他长辈等，但其外延亦可以拓展，所谓的"老吾老以及人之老"便是某种程度上的"兼孝"，中国自古就有尊老人敬长辈的优良传统，可以说是"尽孝"的一种变异形式。无论如何，"在家尽孝，为国尽忠"当是广大民众普遍认可的一种伦理行为轨迹和模式。杨家将传说里所呈现出来的民众对"尽忠"与"全孝"关系的理解及相应的实际行为更能映照民间的忠孝观念及真实的生活行为状态，它展现给我们的是与正统儒家伦理道德标准既对立又统一的民间忠孝观。

一　正统伦理的"忠"与生活层面的"孝"

在广大民众的伦理观念和文化心理中，"忠"是一个正统的儒家伦理观念；而"孝"则更侧重于日常生活情境里的行为方式。"杨家将"可谓满门忠烈，堪称精忠报国的典范。杨家将传说中所涉及的"忠"必然地与封建皇权时代这一特定文化情境粘连在一起。民众往往将"忠臣"等同于"忠君之臣"，忠臣的报效对象或者说服务主体就是皇帝：所谓的"为国尽忠"就是"为皇帝尽忠"，"国家"等于"皇权"。"普天之下，莫非王土；率土之滨，莫非王臣"，在传说里，"皇帝"和"王土"都是"国家"的物化形态。传统儒家道德伦理所标榜的"忠"即是指对最高统治者——皇帝负责，兢兢业业，为其效忠。杨家诸将的尽忠报国行为便是基于这种正统的伦理观，其中尤以杨门男将表现得最为突出。提到"忠"，人们通常将其与人最宝贵的东西——生命结合在一起，"为国捐躯"是"尽忠"的最高表现形式。杨家的男将们最终总是以牺牲生命来证明、彰显其"忠君报国"的决心与忠诚。《杨继业头撞李陵碑》（1）、《李陵碑》（53）和《杨继业头碰李陵碑》（91）等便是有代表性的传说故事。《杨继业头撞李陵碑》故事讲杨继业寡不敌众，受伤被俘，被软禁在两狼山下。当已被辽主招为驸马的四郎杨延辉来给他送饭时：

> 杨继业一听这话，恼了，骂道："畜牲，我杨家是堂堂大宋
> 之臣，忠君报国是我杨家的家训，怎能违反？你这贪生怕死的
> 小人，有何面目来见我？快给我滚！我生为宋朝人，死为宋朝
> 鬼，我宁可吃草咽菜，决不吃辽邦一口饭。"……
>
> 当他看到李陵碑后，触景生情。
>
> 杨继业厌恶李陵没有骨气，想到汉武帝时的使者苏武……
> 不由感慨万端，觉得自己负伤被俘，求生不得，不如以死报效
> 大宋君民。杨继业想到这里，转身向南，整整衣服，拜了三拜，
> 然后一头撞在李陵碑上。
>
> 杨继业撞死在李陵碑后，在他头碰石碑的地方，留下一片
> 圆圆的血痕。经过近千年的风吹日晒，越来越明亮，很像一面
> 明镜。当地人们说：这是杨继业的一颗忠心，感动了玉皇大帝，
> 把李陵碑幻化为一面明镜，察看人世间的善恶忠奸，也是杨继
> 业对宋朝江山的赤胆忠心。①

通过上述引文我们可以看出，广大民众对杨继业"以死报效大
宋君民"的英烈行为是大加赞赏和极为推崇的。如杨继业所言，忠
君报国是杨家的家训、家风，在杨府这一特定场域里成长起来的他
一直受着儒家传统伦理道德观念的灌输、熏染和教养。因此，对正
统伦理所规范和强调的"忠"于他而言是已潜移默化地根植于其意
识观念里且根深蒂固的。受"忠勇报国"的家风、家训引导和培育
的他在紧要关键时刻选择以死来表明忠君报国之耿耿忠心也在情理
之中。报效祖国、为国尽忠在广大民众看来也应当是义不容辞、理
所当然的大义之举，所以人们对杨继业"对宋朝江山的赤胆忠心"

---

① 《中国民间故事集成·山西卷》，中国 ISBN 中心，1999 年，第 72—73 页。陈殿耀讲
述；谢庆荣采录。

褒誉有加，从中亦不难透析民众对正统儒家道德伦理规范所标榜的"忠"的认同及其对此文化观念的因袭与秉持。

与"忠"紧密相连的是"孝"，如果说"忠"突出强调正统的伦理规范和要求的话，那么"孝"则更加侧重于生活层面的指向和实用主义的文化心理。

许多杨家将传说都涉及了"孝"或者"不孝"的内容。一些传说里解释八姐九妹终身未嫁的原因，是因为"心疼娘"，"留着我在家里面伺候我的母亲算了"。如在《八姐九妹有没有婆家》（227）这则传说里，当陈林摔伤和柴干死在阵前的消息传到杨府时，八姐九妹便对老娘说："……要是他（陈林）不应的话，俺姐妹俩不嫁人了，守你一辈子。"[1] 她俩牺牲了自己宝贵的青春来向母亲尽孝，使佘太君在损失了众多儿子之后能够安享晚年。"四郎探母"的故事可谓家喻户晓，故事说：杨四郎在金沙滩战役中被俘，化名木易，做了辽国的驸马。多年以后当宋辽再次交战，四郎思母心切，得到公主的原谅和帮助，私过宋营探望佘太君，并痛哭流涕地就自己的"不孝"向母亲请罪。《杨继业头撞李陵碑》（1）传说中，杨四郎为在辽国做驸马而未能在家侍奉自己的父亲而深感内疚和不安，所以趁给杨继业送饭之机"跪下，低声说：'爹爹，知道您几天不吃不喝了，不孝儿前来为您送饭来了。'"[2] 四郎得知自己的父亲绝食，假装以劝降为名，前来探望父亲，并劝父亲保重身体，把饭吃了，不要为一个昏庸的宋君而自残轻生。对杨四郎而言，这是对父亲应尽的"孝"；而杨继业不吃辽邦的囚饭，情愿绝食则是对宋朝君主尽忠的行为。父子俩一个是在执着地坚守秉持着正统伦理的"忠"，一个则是在恪尽着生活层面上的"孝"，形成了鲜明的对比。其实，对于他们而言，两个人都没有错，只不过各自的立场和出发点不同而已：

---

① 《耿村民间故事集》（第二集），河北省石家庄地区民间文学三套集成编委会、藁城县民间文学三套集成编委会，1987年，第125页。靳景祥讲述；靳春利记录整理。

② 《中国民间故事集成·山西卷》，中国ISBN中心，1999年，第72页。陈殿耀讲述；谢庆荣采录。

一个为国尽忠；一个为父行孝。

中国民众非常看重"孝"。但人们心目中的"孝"与儒家伦理的"孝道"是有所不同的，它更加突出强调其生活指向和实用功能。欧达伟考察指出："乡村戏曲……很少谈及孝顺是一种伦理美德，"民众讲孝，"掺进了农民自身求子防老、保障生活的欲望"。①　在实际生活中，普通民众希冀"养儿防老"，他们希望并切实需要儿孙尽孝，因为这是他们"老有所养"、晚年生活安定和谐而不至于晚景凄凉的有效保障。所以在剧本《斩杨景》（304）中，佘太君唱道："六郎儿若有好和歹，撇下老身谁照应。"九妹也唱道："我六哥若有好和歹，娘啊娘，你不撇一子来送终。"②　可见，即便是生活在杨家这样的官宦人家里的佘太君也需要儿子尽孝，能够"养老送终"。

"不孝有三，无后为大"，延续子嗣是家族的头等大事，多子多福，多养儿女，也是在向长辈或祖先尽孝。《杨文宾认祖归宗》（228）里，当杨文宾认祖归宗后，佘太君"高兴得不行"，原因就在于通过认祖归宗，杨家不仅多了一员虎将，而对佘太君而言，认了杨文宾还是自己对杨家的祖上尽了孝，因为杨家血脉的传承上又多了一重保障，使杨家"有后"；而且同时也多了一个对她尽孝的子孙。于上是对祖宗尽孝，于下是子孙尽孝的享用者，皆与"孝"紧密关联。

民众观念总是从活生生的现实出发，反映在他们对杨家将传说的讲述中，孝的实用主义色彩占了上风。人们所强调突出和实际理解的"孝"是以现实生活为指向和归宿的。杨家诸将向长辈尽孝，是民众所秉持和恪守的"孝心"而非"孝道"，而这种"孝"往往是在日常生活的层面上得以凸显和为人们所认可并接受的。

---

①　［美］欧达伟（R. David Arkush）：《中国民众思想史论》（North Chinese Folk Materials and Popular Mentality），董晓萍译，中央民族大学出版社 1995 年版，第 64 页。

②　参见王艺生编选、陈导奇校勘《河南传统剧目汇编》（越调第三集），河南省戏剧研究所，1984 年，第 62—65 页。

二　忠与孝：两难，悖论，调和

俗云："人生成世，忠孝二字。"可见民众在现实生活中对"忠"与"孝"这两大伦理规范是极为重视的，将二者视为一个人若想成功而必须具备的两个基本素质和行动指南。在杨家将传说里，忠与孝二者之间是既对立又统一、既矛盾冲突又交融调和的。人们在忠、孝相反相成的取舍间发现："舍忠取孝"抑或"舍孝取忠"，其实二者只能择其一而行之，不能够同时兼顾。所以人们往往会陷入一种"忠孝难两全"的伦理困惑和无奈处境。不过广大民众在长期的生活经验积淀的基础上找到了化解尴尬、调和矛盾的方法，即让二者统一于实用主义的生活理念，共同服务于日常的实际生活。

（一）忠孝难两全——尴尬的伦理处境

杨家将是保家卫国的战将，需常年戍边在外，由于他们身份特殊，故而不可能兼顾忠和孝。因此，在杨家将们的身上，作为实践层面上的具体行为，忠和孝产生了矛盾。在杨家男将那里，忠孝的矛盾冲突体现得尤为明显。以杨六郎为例，他常年在外守关，最后为国捐躯、战死沙场，为国尽了忠，却未能在家侍奉佘老太君、为母尽孝。[①]"忠孝自古难两全"，有忠难尽孝，有孝难全忠。民众对传说人物处境的同情与理解，也自然包含了他们自己对于家国轻重和忠孝关系的思考。广大民众希冀全忠全孝，这是一种理想的模式与追求，但当人们必须在家和国（孝与忠）二者之间做出选择时，他们有可能会陷入一种两难和无奈的处境，遭遇伦理的尴尬。

前文提到，保全子嗣也是一种孝，而坚决执行王法则是一种忠。执法与保嗣的矛盾冲突便鲜明地体现了忠与孝的对立。下面这则"军中执法"型传说故事《辕门斩子》就呈现了忠孝难两全的伦理困惑与境况：

---

① 可参见《六郎把关》（176）、《杨六郎把守三关口》（270）、《杨六郎威镇三关口》（275）等传说故事。

……

（和穆桂英）成亲以后，杨宗保回去。他爹杨六郎要斩他，把他绑在辕门。他舅八贤王就来保。杨六郎说："辕门斩我杨家子，与你赵家有何亲？"他舅说了："你辕门斩你杨家子，他是我赵家的亲外甥。"保不下来。佘太君也来保，她说："老杨家只有这一条根，你斩了他杨家就绝后。"……（最后）杨六郎许杨宗保戴罪立功，去破天门阵。

……①

在这则传说里，杨宗保私自与穆桂英成亲，犯了"临阵招亲"之罪，论律当斩。杨六郎是三军统帅，必须对君主负责而坚决执行王法。因此他理应斩子，不斩就是"枉法"，就是不忠的表现。然而，正如佘太君所言，"老杨家只有这一条根，你斩了他杨家就绝后"，如果斩了杨宗保，杨六郎就是对祖宗、对佘太君不孝。杨六郎进退两难，处境十分尴尬。因此，他将杨宗保绑在辕门，作势要斩，实际上却是等待有人来说情斡旋，给自己找个台阶下，八贤王、佘太君等德高望重的人相继来说情，又抬出祖宗和孝道等家长权威来制衡法律权威，终于给了杨六郎一个名正言顺的"徇私枉法"的理由。在"情理"与"法理"之间，杨六郎选择了更富人情味更有中国特色的"情理"，实际上就是在"忠"与"孝"之间"扬孝而抑忠"。用人情来抑制、遮蔽律法而保存子嗣，正是广大民众的愿望。毕竟在此种情形下，忠孝难以两全，二者只能择其一，在不涉及关乎"民族大义"的境况下，大家更倾向于让"忠"打些折扣而张扬更富人情味的"孝"，这也更符合人们的情感意愿和现实需求。

（二）"舍小家顾大家"和"抑忠而扬孝"的二元悖论

忠和孝是一个人应该具备的美德，杨家将从品德的维度上来说

---

① 严优：《杨家将故事研究——以华北地区杨门女将故事为主》，硕士学位论文，北京师范大学，1999年，第36页。房清珍讲述；严优搜集整理。

是忠孝双全的。尽管"忠孝两全"或者说"全忠全孝"是广大民众所希望达到的理想境界，但在现实生活这一实际操作的层面上，忠与孝往往不可避免地发生矛盾和冲突。不论"舍小家顾大家"的舍孝取忠还是"抑忠而扬孝"的权宜之计，都难以掩饰、遮蔽或者覆盖二者所具有的二元悖论性质和色彩。杨家诸将尤其是男将几乎都能在民族危亡的紧要关头挺身而出，"舍小家而保大家"，即便平常时期如杨继业、杨六郎等杨家将中的主脑人物也需驻守边关，很少能有机会陪伴在家人身边侍奉长辈。民众之所以对杨家将崇敬赞誉有加，在很大程度上就是因为杨家将们能够以民族、国家利益为重，无论在关键时期，还是平常状态下皆能舍孝而取忠，为保卫大宋（国家）江山和黎民百姓的利益而鞠躬尽瘁、前赴后继。当然，就杨家将自身而言，他们必须在"忠"与"孝"、"大家"与"小家"之间做出取舍，而且其选择项有且只有一个——精忠报国，否则就不成其为"杨家将"。唯其将"孝"让步于"忠"，抑孝而扬忠，才与"杨家将"的盛誉相匹配、实至名归。国家（宋王朝）是"大家"，家庭是"小家"，在忠孝之间取舍，其实就是在大家和小家之间取舍。基于杨家特殊的社会角色、地位和层次，"舍小家保大家"（尽忠不全孝）这一高尚之举，是杨家将这样的特定人群分内和必须做的事。因为他们是战将，是"国家的人"，食君之禄，当然应该做忠君之事。

那么，因为忠、孝之间是一组二元悖论的关系组合的缘故，杨家的儿女就只为"大家"而尽忠而不顾及小家而行孝了吗？事实并非如此。正如上文所提及的《辕门斩子》故事中杨六郎所采用的"扬孝抑忠"的权宜之策一样，尽管忠、孝间存在难以避免的对立冲突关系，杨家在适宜的时机和条件下在局部亦会取纳另一种制衡机制——抑忠而扬孝。前文在论析对立统一的家国观念时，曾举到过《八姐九妹有没有婆家》（227）的例子，其实这则传说里所映射出的一些文化心理和伦理观念也可以佐证忠与孝的二元对立关系：

佘太君八十大寿时，把守三关的大帅杨六郎，和两员大将陈林、柴干偷偷回到天波杨府，为母亲庆寿。佘太君非常高兴，可觉着儿子私自离关，有灭门之罪……①

把守三关对杨六郎和杨家来说是"忠君保国"、为国尽忠的义不容辞之行为，是头等重要的大事；为母亲庆寿对杨六郎而言又是孝顺母亲、顾惜家人的尽孝之举措。然而，这二者之间出现了矛盾和对立：若要尽忠就不能回到天波杨府为母亲庆寿，是为不孝；若想全孝，就不得不私自离关，而于国家来讲便是不忠且有灭门之罪。但是身为三关大帅的杨六郎还是冒着"灭门之罪"私自离关偷偷回到天波杨府为母亲庆寿。在此，于"忠"与"孝"二者的取舍中，杨六郎暂时搁置了为国"尽忠"而选择了回家"全孝"，他在忠、孝这一特定二元对立的悖论组合的两极中选择了后者。虽然佘太君对儿子私自离关也心有余悸，但仍然为杨六郎这种"抑忠扬孝"的尽孝之举所愉悦而深感慰藉，所以"非常高兴"。对杨六郎而言，既要为国尽忠又想在家尽孝，做到忠孝两全，但这只是一种理想的模式，在现实生活中是难以实现的。因为从逻辑上来讲，作为悖论，有忠就没有孝，有孝就没有忠，忠和孝无法两全，不能同时并存，忠孝两全就是虚空。

再来看下面两个例子：

1. 杨八姐游春被宋王看中，佘老太君拒婚后，惹怒了宋王。昏庸无道的宋王传旨：不许杨八姐出嫁。

数月以后，杨八姐思前瞻后，毅然决定：隐居深山，落发为尼，带徒传艺，以表尽忠报国之心。佘太君与众家嫂嫂虽然舍不得，但出于无奈，只好支持八姐的刚烈行为。……②［《杨

---

① 《耿村民间故事集》（第二集），河北省石家庄地区民间文学三套集成编委会、藁城县民间文学三套集成编委会，1987年，第124页。靳景祥讲述；靳春利记录整理。

② 《北京密云民间故事》，北京市密云县文化馆编辑出版，1984年，第90页。孟凡来搜集整理。

八姐当尼姑》（253）］

　　2.……杨五郎手捧剃刀拿不定主意：他恨皇帝老儿靠的是
忠臣，信的是奸佞。我杨家忠心报国，却落了这样的下场。五
郎含悲忍痛，一气之下剃掉头发，穿上僧衣，戴上僧帽，朝五
台山走了……①［《杨五郎出家》（2，61）］

　　《杨八姐当尼姑》（253）中的杨八姐为"表尽忠报国之心"，为
了另类意义上的"尽忠"而毅然决然地舍弃了在家"尽孝"、陪侍
佘太君的可能。性格倔强而刚烈的杨八姐在"尽忠"和"尽孝"之
间，选择另外一种尽忠的方式："隐居深山，落发为尼，带徒传艺，"
同时也就意味着她丧失了在家"全孝"的基础和必备条件。这恰恰
体现了有"忠"便没有"孝"的悖论。而《杨五郎出家》（2，61）
中的杨五郎所接受的也是忠孝两全这种正统的儒家道德伦理的熏陶
和培养，然而杨家竭力尽忠的结果却是兄死弟亡，令他心灰意冷，
悲愤交加，于是"含悲忍痛，一气之下剃掉头发"出家为僧。可是
这种不再为"昏君"尽忠行为的后果却是也不能回家尽孝。由原来
忠孝两全的理想到如今既"不忠"也"不孝"，落发为僧成虚空的
现实，再次印证了忠、孝的二元悖论关系。总之，"舍小家顾大家"
也好，"抑忠而扬孝"也罢，都体现出了忠和孝二者对立冲突相矛盾
的一面。我们知道，任何一个矛盾体都有既对立又统一的性质，那
么，有着丰富生存智慧和生活艺术积淀的广大民众又是如何将这两
种道德伦理规范调和在一起的呢？

　　（三）实用主义的忠孝理念

　　面对忠孝不能两全的两难伦理处境，民众自有一套化解尴尬、调
和矛盾、解决问题的方法。民众讲孝心，也讲忠心，在多数时候人们
希望全忠全孝、忠孝两全、兼而得之，但在实际的日常生活的层面

---

　　① 《中国民间故事集成·山西卷》，中国 ISBN 中心，1999 年，第 74 页。乔功讲述；石
俊文采录。

上，广大民众首先区分了作为伦理素养的忠孝和作为生活实践的忠孝。在"忠"与"孝"两个维度上，人们总能找到一个最佳的契合点和结合部以及与之相适应的平衡调和机制。在中国文化的大传统里，忠和孝是一个人应当具有的优秀品德，从品质的向度上说杨家将是忠孝双全的。因为在广大民众的文化意识和思维方式里，忠与孝二者又是紧紧粘贴在一起的，一个人能"忠"就能"孝"，忠臣必定是孝子，只有孝子才有可能成为忠臣良将。在中国民众的观念中，忠、孝、仁、义等美德和伦理道德素养往往不是单独出现而是绞绕捆绑在一起的，它呈现出一种由多因子的质组合聚合而成的"束"或"丛"状结构。也就是说一个人具备了"孝"的品质，同时亦应当天然地具有"忠"的潜质和素养。我国古代以"孝"作为选拔评品官员的重要参考坐标系（如汉代的举"孝廉"等）足以说明这种文化心理和观念的影响力度之深广。从某种意义上说，"孝"是"忠"或"贤"的基础，所谓"一屋不扫何以扫天下"，如果不能够做到"独善其家"，又何谈"兼济天下"呢？推而言之，一个人如果在家不能够"尽孝"，那么为集团或国家做事时就不可能"尽忠"。因此，从个人伦理素养和品德修养的角度看，忠、孝是统一的。

中国民众所秉持的实用主义的忠孝理念还表现在依据尽忠尽孝者的社会角色和层次的差异而做出不同的伦理要求上。就杨家将群体而言，忠、孝在具体的生活实践中是不能够两全的，在国家存亡的关键时刻，杨家诸将们尽忠就无法尽孝，但是平时却可以忠孝有机地兼顾。如果是作为经常生活在"平时"状态而较少经历国家"关键时刻"的普通老百姓，应坦然做出主要"尽孝"的选择，这样既避免了伦理上的困惑与尴尬，又达到了"养儿防老"的现实目的。但像杨家将这样保家卫国的中流砥柱和中坚力量，理应以"尽忠"为主，而在现实条件许可的情形下，亦可以适当地"尽孝"。从上述《辕门斩子》的传说故事我们可以看到：民众在忠与孝不发生截然冲突或严重抵触时，更倾向于在现实生活的维度上运用实用主义的理念及法则来调和、缓解忠孝间的矛盾，以达成保全子嗣，延续血脉的现实意图和目标。实用主义的忠孝理念在杨家将传说里还呈现为该尽忠的时候就尽忠，能尽孝的时候便尽孝，尽忠时不忘尽孝，尽孝时勿忘尽忠，二者能够彼此交叉互补。《拴马槐》（132）中有这样一段情节：

> ……后来，穆桂英的儿子杨文广征东回来，路过招讨营，回想他娘在这打败过北国兵，就下了马，把马拴在这棵铁裹的槐树上，朝北拜了三拜，祭奠了他娘。①

可见，杨文广征东是在为国家尽忠，但他在为国尽忠的同时并未忘记为其母尽孝，所以当路过他娘打败北国兵的招讨营时，睹物思人，"朝北拜了三拜，祭奠了他娘"。以这种祭奠方式告慰业已故去的母亲的在天之灵，也算是尽了孝。这里将为国尽忠和为其母尽孝二者有机地融合起来，则完全是出于生活实践的实用目的：在为国征战、全力尽忠的间隙有机会尽孝就好好把握，做到"忠孝两全"。广大民众这种该尽忠就尽忠，能全孝就全孝的实用主义忠孝理念及其行为方式是建立在生活实践的积淀和实用心理基础之上的，它是调和忠、孝间矛盾冲突的有效方法和途径。

三　全忠全孝：理想的终极性模式

为了维系家族的稳固，儒家正统思想便构建出了一套调节家族成员关系的道德标准和伦理原则。其中"父"是家庭的主宰，家庭成员对于"父"之权威的认同与维护，成为维系家庭稳固的首要条件。"父在，观其志，父没，观其行，三年无改于父之道，可谓孝矣"（《论语·学而》）。这样，对父的"孝"就成了家庭伦理中的最高原则。"事，孰为大？事亲为大"；"事亲，事之本也"（《孟子·

---

① 《开封民间故事集成》，开封民间文学集成编委会编，中州古籍出版社1993年版，第255页。黄忠讲述；赵才采录。

离娄下》），将家庭伦理的关系推之于国家政治。"父"在家庭可谓君临一切，"家人有严君焉，父母之谓也"（《易·家人》），与之相应，君王则是举国民众的严父。对父母的"孝"，便等同于对君的"忠"；"君子之事亲孝，故忠可移于君"（《孝经》），"忠君"观念正是此种宗法制"家/国"形态的产物。因此，传统中国人的国家观念，首先从家庭教育开始，所谓"家为邦本，本固邦宁"，要想治国、平天下，应从修身、齐家做起。《大学》云："古之欲明明德于天下者，先治其国；欲治其国者，先齐其家；欲齐其家者，先修其身。"从某种意义上说，杨家将传说生发承继的内在驱动力源于对杨令公杨业的祖先崇拜，而这种崇拜与忠孝文化密切相关。"孝"就是"善继人之志，善述人之事者"。《后汉书·范升传》亦云："继先祖之志为孝。"杨氏先祖杨业是为国尽忠的英雄楷模，其志向在于精忠报国、死而后已，达到了为国尽忠的最高境界。杨氏子孙及后人以对家族英雄祖先的崇拜为核心，承继其精忠报国之志，真正实现了忠孝两全的人格建构。

儒家思想、儒家文化虽然并不等于中国传统文化的全部，但无论从表层结构，还是深层运作机制、文化语境熏染等方面看，它确实是最能代表中国传统文化的东西。上层官方文化与中、下层的民俗文化存在着必然的交流和互动，彼此间相互渗透、借鉴、交叉、融合。由于大传统与小传统共同合力的作用并且长期受儒家正统道德伦理规范的熏陶和浸染，在广大民众的思想意识和文化观念中，自觉或不自觉地渗透弥散着在中国传统大文化体系中占主导地位的儒家文化的伦理质素和结构，并且其影响是深重的、根深蒂固的。从生活实践的维度讲，中国民众的真实心态并不在思想家的言论著作中，而体现在诸如俗谚俚语、传说故事、民歌民谣等一类的民间韵文或散体叙事中。全忠全孝的伦理素养与忠孝两全的实践行为是两个不同的概念。全忠全孝只是一种理想的终极人文关怀模式，既尽忠又全孝，是儒家政治、伦理所倡导的"修身、齐家、治国、平天下"这一最高理想的有效路径：唯其尽孝，方能修身齐家；只有尽忠，才可治国平天下。尽管"全忠全孝"的伦理模式在现实生活中难以甚至不可能实现，但人们并不怀疑或否认一个人可以具有全忠全孝的道德品质和伦理素养。

儒家主张在日常的现实生活中实现崇高的道德伦理理想，这种伦理就是"尽伦"，包括君臣、父子、夫妇、兄弟、朋友五伦。"全忠全孝"便是尽君臣、父子之伦。前文在论述中国民众家国同质同构的文化观念时指出，中国民众倾向于以家拟国。同样，人们在理解和处理忠与孝的关系时，也倾向于以孝拟忠。封建社会的君臣关系本质上并不是宗法关系，但儒家伦理却把它包括在宗法关系中加以发挥宣扬。以孝拟忠的做法其实很有效：宗法关系一方面是一种人们在种的繁衍中形成的关系，同时也是一种生产关系，而后者依附于前者。血缘亲属之间的亲密关系并非人类所特有的现象，它作为生物繁衍的机制是以本能的形式存在的。尊老与爱幼、尽孝与教子在人们看来是天经地义极自然之事，而爱幼的慈怀和尊老的孝道也就随着"虎毒不食子""乌鸦反哺，羊跪乳"等传说故事的讲述成为乡间最朴素的道德伦理观念。于是乎，在封建宗法制度下，人们便将尽孝与尽忠天然地顺理成章地结合在一起，认为尽忠像尽孝一样是一种自然而然的伦理关系。这样一来，便为人们养修全忠全孝的伦理素养和理想模式奠定了思想基础。

建立在家国二位一体的文化观念和社会制度基础上的"全忠全孝"的道德理念和人文关怀模式是理想性的、终极性的。在广大民众的心目中，杨家将们是既忠且孝的，忠者如杨继业、杨六郎等男将们为国为民南征北战、浴血疆场、驻守边境皆为尽忠之举，可谓表尽了赤胆忠心；孝者如八姐九妹在杨家儿郎纷纷为国捐躯以后，宁愿牺牲自己的宝贵青春留在母亲余太君身边以便服侍她安享晚年。尽管在实践层面上忠孝难以做到两全，但因杨家将具有全忠全孝的伦理素养，所以并不影响人们对其忠、孝行为的整体感知。也就是说，民众评价杨家将时是从整体上去综合把握的，说他们既是忠臣良将又是孝子顺女，并不是拘泥于具体的一时一事，人们更愿意从"心"的角度去强调他们所具备的"忠心"与"孝心"这一"全忠全孝"的道德品质和伦理素养。"全忠全孝"虽然是一种理想的终极性人文关怀模式，似乎是可望而不可即的，然而人们却是在生活实践的层面和实用主义的维度去理解、品评和操作它的。

概而言之，杨家将传说中所呈现出来的民间忠孝观念及其文化心理实际上是广大民众长期的生活经验积淀和实际心态的映射和表达。"尽忠"与"全孝"虽然是一组二元悖论关系式的矛盾组合，而且人们难免陷入"忠孝难两全"的尴尬伦理处境，但最终民众还是运用生存智慧将二者在实用主义的理念下归于调和统一。面对"全忠全孝"这一理想的终极性人文关怀模式，人们是在辨别区分了正统伦理素养和生活实践层面上的灵活变通的基础上来加以理解和践行的。

第二节　颠覆性的价值评判标准：民间忠奸观与善恶是非观

杨家将是忠臣良将，是杨家将传说故事里的主角。作为杨家将的对立面，在传说中主要有两类：一是"外敌"，如萧太后、白天佐、韩昌等敌国君帅将领等；另一类则是"内奸"，如潘仁美、王强、谢金吾、刘文晋等之流。"忠"与"奸"的斗争，作为同一集团内部两种道德伦理品质的对立与冲突，向来是广大民众所关注和品论的话题。人们往往将忠与奸和其他价值、性质评判标准如好坏、善恶、是非等结合起来。通过杨家将传说，我们可以窥探和透析民众更贴近生活实践的真实心态和伦理观念。

一　"奸佞臣害忠良将"型故事的伦理蕴含

杨家将这一英雄群体的命运的悲剧审美意蕴不仅在于杨家将为国为民与外敌进行殊死的搏杀，最后血染疆场，而且还在于他们要与自己所归属和效忠的利益集团内部的"坏人"——奸贼佞臣作斗争。其实，根据唯物主义辩证法的观点，最终引发、决定杨家将悲剧命运的关键性主导因素当是内奸的阴谋陷害等此类内因，而非如外敌的凶猛强大之类的外因。因此，人们之所以痛恨内奸佞臣，就是因为正是由于这些奸佞小人之流的陷害、排挤、诬蔑等才致使忠臣良将陷于危难和无奈的可悲境地。无论是杨继业杨老令公的悲壮全节，还是七郎八虎的慷慨而凄惨地赴义，以至八姐九妹无奈而悲凉的悲剧命运等，都是以潘仁美、刘文晋等为首的奸佞之徒阴谋陷害、无理诬蔑的结果。像《杨继业头撞李陵碑》（1）、《杨七郎归位》（11）、《杨五郎出家》（2）、《杨七郎庙的传说》（81）、《八姐九妹为啥没出嫁》（7）等传说皆属"奸佞臣害忠良将"型故事。广大民众通过传说品评此类故事，自然而然地流露和表达他们对忠臣、奸徒的伦理评价和人之品性的价值判断，充分地映射了人们的忠奸观、善恶是非观等伦理观念和文化心理。让我们先来看下面这则《杨七郎庙的传说》（81）：

> 太行山，高又高，
> 顶顶有座七郎庙。
> 潘仁美，真真孬，
> 酒席里头下圈套，
> 生圪直直乱箭穿，
> 把七郎命来要，
> 把七郎命来要……

这是流传在太行山南头，山西河南搭界的一首歌谣。每年九月初三，人们喷打着奸贼害忠良的故事，从四面八方上到黑石岭去赶会。其实真心赶会图热闹的不多，大都是到七郎庙里烧香磕头。

听古人传说，很早以前的黑石岭叫密松岭，七郎庙叫唐帝庙。到宋朝时，辽国杀来，老百姓四处躲难，吃尽了苦头。亏得忠良杨家，领兵几趟上山，把辽兵撵到了老北。

一天，大宋的兵马又自平地开上山来，人们高兴得又烧水，又做饭。可这些兵将不识好歹，遍村翻箱倒柜，撵鸡抢女人，一住十来天不走。后来，人们才弄清楚，竖在唐帝庙前的帅旗上是个"潘"字。潘仁美，当朝大奸贼，害杨家，谁不知道？人们气得都躲出村去。

说实话，潘仁美一连十几日屯兵这高山荒岭，他也俗烦。这儿没有官娥美女，没有好酒佳肴，满眼尽是石头蛋蛋。那么他图个甚？他是等前方报告杨家父子的死信儿。

潘仁美想置杨家将于死地，他暗中勾结辽将肖达赖，断绝了杨家军的粮草，让其孤军作战，就等杨家父子在两狼山的死信。谁知杨七郎单骑杀出重围回来搬兵，于是潘仁美就设毒计谋害杨七郎。派人将杨七郎灌醉后将他绑在树上，诬其临阵脱逃，私闯帅堂。

杨七郎惊呆了，两只血红大眼死死盯住潘仁美。他想起杨家投宋以来的事事端端，清楚了——这个老贼是公报私仇。他满脸钢锥似的黑胡猛烈地抖动，满嘴牙齿咬得格格直响："老奸贼，原来你是一只吃人的恶狼！"

"给我射！"潘仁美一挥手，"射中有赏，射不中当下杀头！"

"砰砰砰。"几十支利箭一齐飞来，日怪的是全跌在了七郎的脚跟。潘仁美大怒："给我杀！"……顷刻间，十几个射手的脑袋掉在了地上。……潘仁美气得脸上的横肉成了黑猪肝，……霎时这十来个人又倒在血泊中。

杨七郎气得两眼火冒金星，……看着庙前横七竖八的士兵尸体，心软了。……他咬了咬牙大喝一声："奸贼老儿，不要滥杀无辜，有本事你朝我来！"

原来七郎有瞅箭术、听箭法，只要能看见或听见，箭就射不到他。为了不让潘仁美再滥杀无辜，杨七郎毅然决然地说破了秘密，慷慨就义。

> 密松林一带的老百姓为了纪念七郎，七郎脸黑，死时脚下踩的大石头也黑，就把密松岭改为黑石岭；把唐帝庙改为七郎庙，在里头塑了七郎像，年年九月初三起会。周围四方八路的人们都来磕头烧香，骂奸贼，祭忠良。[①]

这是一则典型的"奸佞臣害忠良将"型传说故事。在广大民众的意识观念里，同一集团内部的成员之间应该有"义"，因为他们的同盟关系是建立在共同利益的基础之上的，然而奸贼佞臣们为了私利或己欲，往往通敌卖国、排除异己而置民族国家大义于不顾。奸臣往往有自己鄙劣的目的、利益和手段，不忠不义是其最突出的伦理特征。奸贼不忠诚、不仁义，将本集团内部的利益出卖给外敌，不仅破坏了集团内部成员的同盟关系，而且引起了尖锐的矛盾冲突，形成了一种势不两立、水火不容的敌对与斗争关系。因此，"忠奸不相容"的观念是深入人心且根深蒂固的，在民众那里，忠臣与奸臣甚至是一种"不是你死，就是我亡"的绝对关系。忠臣良将往往是奸贼们实现不可告人目的和意图的绊脚石、"眼中钉、肉中刺"，所以要竭尽全力、阴谋诡计无所不用其极地诬蔑、迫害、铲除异己。因此，忠臣良将如杨家将者便首当其冲地成为他们打击迫害的对象；而忠臣良将之所以成其为忠良，就是因为他们全力维护自己所效忠的最高统治者和广大人民的利益，不允许有篡权夺位、卖国投敌的奸贼小人及行为发生或成为现实，所以，他们也势必矢志不渝地与"志不同道不合，不相为谋"的奸佞之徒进行决绝的、长久的斗争。

---

① 《晋城市民间故事集成》（上册），晋城市民间文学集成编委会，1989年，第290—294页。张应德讲述；王正都整理。

由此，忠臣与奸臣之间的矛盾冲突是难以避免、不言而喻的。

在广大民众的伦理观念中，"忠"与"奸"这两种道德伦理价值的负载和践行者——忠良将与奸佞臣的关系还被引申拓展为好人与坏人的关系。奸贼一定是坏人而忠臣必然是好人，这种道德品评和价值判断在上引的这则传说中可窥其一斑。常言道：上梁不正下梁歪，潘仁美作为一个穷凶极恶、不仁不义的奸佞之徒，其治军亦必然无方，身为三军元帅，竟然姑息纵容其部下做"翻箱倒柜、撵鸡抢女人"这种丧尽天良的恶行和勾当来，简直比外敌更坏，与强盗匪寇无异，可见，他真是坏到了极点。所以老百姓吃尽了苦头，对其自然也是恨之入骨，故而，当人们弄清楚他是"害杨家"的"当朝大奸贼"潘仁美后，"气得都躲出村去"了。而与奸臣之坏形成鲜明而强烈的对比的是忠臣之好。杨七郎本来有"瞅箭术，听箭法"，如果他自己不道破玄机，奸贼潘仁美是无法加害他的，然而阴险狡诈的潘仁美却用无辜士兵的生命来打击消磨摧化杨七郎坚强的意志。杨七郎"向来对士兵如兄弟"，所以"看着庙前横七竖八的士兵尸体，心软了"，于是，怒斥"奸贼老儿，不要滥杀无辜，有本事你朝我来！"他宁愿牺牲自己的性命，也"不想叫大家死"，因为他同情、体谅老百姓的处境，深知"爹妈养你们不容易"。在这里，忠臣的好心、善良与奸佞的坏心、恶意形成了巨大的反差，比照异常鲜明而形象。由此可见，在广大民众的观念里，伦理品质层面的忠与奸已经天然地与道德品性意义上的好与坏、是与非、善与恶等紧密结合，融于一体。杨家将是忠臣良将，同时更是好人，人好心好，所以才能够为广大老百姓的切身利益着想，以至做出舍命相救这样的仁义之举，因为好人必定做好事；但像潘仁美之流是奸佞残暴之徒，是大坏人，坏人便有歹毒的心肠，不仅欺诈盘剥老百姓，而且其所作所为令人发指，只因坏人必然做坏事。

正所谓"善有善报，恶有恶报"，在老百姓的意识里，也必定是"好人有好报"。在这则传说的结尾，罪孽深重的潘仁美"也中了一箭，是那个低个士兵射的"，得到了罪有应得的可耻下场；而人们为了纪念善义的七郎，为他塑像立庙，年年九月初三起会来磕头烧香。"骂奸贼，祭忠良"的举动恐怕最能说明广大民众对忠奸善恶，是非好坏的价值评判。

总之，杨家将传说中"奸佞臣害忠良将"型故事有着深刻的伦理蕴含。透过此类传说故事，我们可以看出，广大民众对忠与奸的对立冲突与斗争有着十分清醒的认识，"忠奸不相容"的观念深入人心，而且人们在区别、品评忠与奸时往往以好坏、善恶等标准为指归和参考系，从而对忠良将和奸佞臣作出截然的划分及聚合性评判。

二 理智与情感：对"忠奸"的辩证思考和价值判断

民众的智慧往往充满了辩证法。杨家将传说里所呈现出来的忠奸善恶是非观念，并非是浮浅直露的，而是建立在对若干因素综合辩证分析和理解的基础上的。这主要表现在广大民众首先对忠与奸进行了理性的界定和区分。杨家将保家卫国，忠心事主，他们对外抵抗敌国侵略，对内与奸贼斗争，是真正的忠臣良将；而潘仁美之流阴谋篡权夺位，对皇帝阳奉阴违，这些人对外卖国投敌，对内陷害毁诬忠义之士，是十足的奸佞之徒。在理性地区分了奸臣和忠臣之后，必然表现出不同的情感倾向，进而对二者区别对待：忠臣心地好，并能舍身保护其他好人，而奸臣心地坏，专门害人；忠臣受民众爱戴拥护、名垂青史、千古流芳，而奸贼遭人们摒弃唾骂、遗臭万年、恶名远扬。在民众的心目中，杨家将以"忠勇仁义"而为人们所景仰拥戴，是人们心目中的英雄，而潘仁美则是彻头彻尾的"大坏蛋""卖国贼"，潘仁美对杨家将的所作所为，对民众的情感造成了巨大的伤害，是不能够为人们所原谅的。因此，民众对忠臣和奸佞的价值判断、褒贬态度以及情感倾向在杨家将传说中是被鲜明呈现和自然流露的。

（一）上梁不正下梁歪——昏君与奸臣

昏君与奸臣从某种意义上来说是一种共生共容共存的关系。昏君是奸臣的纵容者和庇护者；而奸臣又是昏君的诱导者和利用者。

明君的身边一般不会有奸臣，即使有也不可能猖獗当道、无所顾忌，
昏君为奸臣的产生和存在提供了土壤和温床，使其得以滋生蔓延。
奸臣所能够倚赖、迷惑和侍奉的君主亦必定是昏君。正所谓"上梁
不正下梁歪"，如果没有昏君的庇护、扶持，奸臣的阴谋诡计是无法
施展和得逞的。所以从广大民众所传说的杨家将故事中，我们可以
看到，人们不仅恨奸贼佞臣，同时对昏君也颇有微词。正因为有昏
君的纵容包庇，才使得奸臣能够得逞，致使忠良的杨家将屡遭磨难。
可见，人们对昏君与奸臣之间相辅相成的共生关系有着较为清醒的
认识，能够理性地对待。正因上有昏君，所以才下有奸臣。

　　《八姐九妹为啥没出嫁》（7）中，真宗皇帝赵恒"不顾江山安
危，不管黎民疾苦，成天钻在深宫花天酒地，寻欢作乐"，是一个好
色之徒、典型的昏君。正因为他的荒淫好色，才使得奸臣刘文晋无
理取闹八姐九妹并进而在他面前献媚进谗得逞，最后佘太君为了避
免"把女儿送入虎口"，八姐九妹付出了八十岁才能出嫁的深重代
价。结果八姐九妹都没能活到八十岁，因此只得孤独承受一生未嫁
的凄凉命运。杨家的这出悲剧，正是由奸相刘文晋和昏君宋真宗共
同导演出来的。民众对昏君、奸臣的这种不义行为十分愤恨，故事
讲述者也为此不平，他们借佘太君之口骂道："你不要凭着你女儿的
一双绣鞋，狗仗人势，"表达了人们对奸臣的痛恨和对昏君的怨恨。①

　　在传说《焦赞城与孟良寨》（88）中，更是体现出民众对昏君
与奸臣沆瀣一气、一丘之貉的本质有着清醒的认识与把握。兹摘录
如下：

　　　　北宋那会儿，一天，皇上得到报告，说北国萧天佑领着大
　　兵，奔太行杀来，立马就要下到平地，打到汴京。皇上吓得脸
　　像白纸，浑身吃战。奸贼王钦眼珠一转说："教杨家，上太行，

---

　　①　见《中国民间故事集成·山西卷》，中国 ISBN 中心，1999 年，第 79—80 页。乔功讲
述；石俊文采录。

修城筑寨把敌挡。"其实他最清楚杨家，死的死，伤的伤，没了兵将。皇上底虚，犯了难，但又没二法，只得写了圣旨，派人送到杨府。

这下真难坏了佘太君。宋王昏庸，奸臣当道，害得杨家七死八活，只剩孤儿寡妇，哪个能去？焦赞孟良虽刚从边关回来，正在怄气，弟兄俩跺着脚大骂："恶腥世道，害死完了杨家哥哥，不干了，回家占山为王！"……（焦赞孟良）只好领了令箭，带着兵马上到太行山。

……

焦赞说："……唉，我说哥哥，你说杨家日怪不日怪，把他害得一家快死光了，老太君还努着肚皮叫上阵抵抗，抵抗。"

"那是怨奸臣！"……

"皇上老儿也不是个好东西！"焦赞一刀劈掉头上的一根树枝说。

"小弟不敢胡言！"孟良变颜失色地扭过脸来劝阻，"即便圣上断事不公，那也只能怪奸贼戳黑奏本！"

"要是没潘仁美，王钦和别的王八蛋呢？"

……焦赞说话鲁莽，做事粗中有细。第二天他悄悄越过沟来，在大口松树耷晃偷看，见孟良起石头下根基，买蜂蜜拌石灰，实打实垒石墙修寨，嘴里嘟囔说："啊呀，这叫修到何年何月？再坚固，老昏王能说你个好？不费那劲！"……就命令士兵在小口村南，一座尖山把上抬土。说也快，几天地，一道土墙就高高堆起。他喜滋滋地派人悄悄下山到朝里报功。皇上听后大喜，马上写了圣旨，派钦差大臣专程前来表彰。

……孟良跟着焦赞来到小口，一看，发火了："土堆堆，你哄谁？"

"嘀嗨，说不定小弟还要受皇上的表扬呢。"焦赞扬扬得意地笑。

……正在这时，钦差大臣来到。看了看高高的土堆，就宣读圣旨，表彰后又记一大功。⋯⋯痛实实把孟良训斥了一顿。

　　钦差大人走后，焦赞又嬉皮笑脸拽住孟良的袖口问："哥哥，你说俺老焦是忠良呀还是奸贼？"

　　"忠良，忠良！"孟良满肚子委屈冲了出来。

　　"那么忠良去朝上戳一家伙，皇上老儿咋也能瞎劈砍呢？"孟良这才明白了原委，惊得大眸两眼盯着焦赞。

　　焦赞扭头对着群山和苍天："昏王呀，昏王！杨家哥哥们就是这样叫老儿你葬送完了！"喊罢泪如泉涌号啕大哭。

　　⋯⋯①

　　民众阐释道理的方式和民间的辩证法较之上层的学说论著，来得更加生动形象而又耐人寻味，"用事实说话"，把所讲道理寓于传说故事之中，千百倍强于形而上的空洞说教。这便是民间的教育、授道、释理方式。这则传说便充分透露折射出广大民众理性思辨的光辉和反传统的叛逆精神。人们对昏君与奸臣的关系的理解，诚如传说的讲述者所品评的那样："宋王昏庸，奸臣当道。"民众们借焦赞之口表达了对无道昏君的不满和愤愤之情："皇上老儿也不是个好东西！"同时更是把杨家一门悲剧的罪魁祸首归咎为昏君。所以焦赞对天发出哀叹："昏王呀，昏王！杨家哥哥们就是这样叫老儿你葬送完了！"这里人们对昏君的本质有了更为清醒的认识，人们恨奸臣，同时也恨昏君，甚至对昏君的怨恨愤懑之奸臣有过之而无不及，因为民众知道，只要有昏君在，就不会缺少奸臣，所以人们提出了"要是没潘仁美，王钦和别的王八蛋呢？"这样的质疑。正是"上梁不正下梁歪"，正因有了昏君的存在和纵容，才有了奸臣佞徒的无耻当道。更能说明问题的是焦赞因"豆腐渣"式的"形象"工程——焦赞城而受到了皇上的表扬和嘉奖，而诚信正直又踏实的孟良却因

　　① 《晋城市民间故事集成》（下册），晋城市民间文学集成编委会，1989 年，第 382—385 页。刘全忠讲述；樊腊生整理。

孟良寨挨了训斥。如此强烈鲜明的反差和对比,足见昏君之腐朽昏庸,是非不分,这也正是"奸贼"得以大行其道的根本原因。焦赞的反问:"你说俺老焦是忠良呀是奸贼?"一语道破了其中原委,即只要是昏君当朝执政,忠臣"不忠",奸贼"不奸",因为在昏君那里,本来就是黑白不分,是非颠倒。传说里的人物的情感反应和思想观念是民众自己的情感反应和真实心态的体现、映射和表达。是是非非、虚虚实实,民众自有公道。同样,民间对"英雄悲歌"也有自己独到的理解与阐释。"上梁不正下梁歪"虽是民众在生活生产实践积淀的基础上总结出来的生活常识,将其用于比拟昏君与奸臣的共生共存关系,确乎折射了人们对这一问题的理性思考且充满了伦理思辨色彩。

(二)公道自在人心——内奸与外敌

杨家将传说中,杨家将的主要活动是对外抵抗敌国侵略,与外敌作战,对内则与奸臣作斗争。因此,内奸与外敌都是作为杨家将的对立面或者说"反角"而出现的,虽然同是敌对力量,但老百姓对二者的态度和情感倾向是不同的。在广大民众的观念意识中,内奸比外敌更可恶,人们对外敌的情感态度是复杂的,往往视具体情况区别对待,然而对内奸的态度则是决绝的、坚定的,对内奸唾弃鄙视,决不姑息纵容。民众对内奸和外敌的态度可以被概括为:两国交战,既恨外敌又恨且更恨内奸。前文已经提到,"两国交兵,各为其主",作为敌对的双方将领,他们分别代表各自集团的利益,利益集团之间交恶才引起了战争,并非他们之间有私人恩怨。即便是敌人,对他们自己来说,为自己所属的利益集团而征战,亦是在为其主效忠,本无可厚非,敌人并非坏人,对敌人的界定不牵涉对某个人品质人性的判断,敌人中也有好人。然而,内奸则不同,内奸是将本集团内部的利益出卖给外敌,是对本集团的背叛,是绝不可宽恕的。内奸要么如王强、王钦(若)之流是敌国派来的奸细,要么像潘仁美等那样的卖国贼。内奸肯定是坏人,正因坏人大都品质恶劣、伦理素质卑下,所以才成为卑劣无耻、卖国求荣、居心叵测的内奸。如果说外敌如韩昌、萧天佑等在战场上与杨家将对抗搏杀是"正大光明"、磊落坦荡、全凭实力明打明的话，那么，内奸们则是在背地里使用阴谋诡计来陷害、诬蔑、诋毁杨家将，使的是阴招，来的是暗的，让人防不胜防，所以屡屡陷入内奸设下的圈套，难逃悲剧命运。常言道："是非公道自在人心"，广大民众在传说杨家将故事的时候，对这些是心知肚明的。所谓"明枪易躲，暗箭难防"，更何况民间强调"明人不做暗事"这一道德行为准则，所以外敌的正面交锋与内奸的暗箭伤人两相比较下来，民众宁愿杨家将同外敌"明打明，实打实"地较量，也不愿他们中了奸人的诡计而"出师未捷身先死"。由此，我们便不难理解人们为什么不是特别憎恨外敌，而对内奸则恨之入骨、巴不得将其置之死地而后快的原因了。毕竟在广大民众的伦理标准和道德情感上，人们宁愿原谅外敌的滋事和侵扰，也绝不容忍内部的背叛、宽恕品性质地恶劣的内奸。

前文曾举过《韩昌复仇》（113）和《司马迷魂》（142）两个例子来说明杨家将传说中外敌形象的转变，这里再赘述一下民众对外敌的情感态度的变化。韩昌因宋钦宗选娘娘夺其未婚妻而恼恨宋钦宗，这于情于理都是可以理解甚至值得同情的。他后来投靠萧太后，为其效忠而侵犯中原，捉拿宋钦宗报夺妻之恨，这种将国仇家恨结合在一起的做法，也是合乎情理、自然而然之事，并且民众在讲述此则传说时，并未对韩昌的做法加以批判或否定。另一则与韩昌相关的传说《韩昌洞》（96）中更是将韩昌加以神化，其所用过的铜壶和铜灯皆成了宝物，还强化了韩昌洞的神秘性，而对韩昌的个人品质、行为举止等牵涉道德伦理价值判断的内容未置可否、不加评议。① 可见，人们在情感上是能够与其相通的，对其举动给予了充分的理解、同情甚至默许。而在《司马迷魂》（142）中，人们更是为

---

① 参见《长治市郊区民间故事集成》，长治市郊区《三套集成》编委会，1987 年，第57—58 页。李藩成讲述；温素玲搜集整理。

辽将肖银宗的有勇有谋、敢打敢拼所折服并对其所布威力无穷而神秘奇异的迷魂阵敬畏有加，甚至对其人其事加以纪念缅怀。很显然，韩昌和肖银宗虽同为与杨家将对立的外敌，但于言谈话语、讲述传说中未见半点批判或否定的影子，人们的情感倾向和伦理态度已发生了转变，倾向于原谅、宽容、理解外敌的所作所为。

与对外敌的宽容谅解形成强烈鲜明对比的是民众对内奸的无比憎恨和唾骂鞭笞。《乱枪刺死潘仁美》（114）中有如下一段话：

> 提起潘仁美来，可以说是家喻户晓、人人皆知的人物。相传他在朝做官期间，飞扬跋扈，谋害忠良，一心想篡权夺位。被人们骂作是遗臭万年的奸臣。那一年他施计射死了杨七郎。杨家老老少少，都对老贼恨得拳头流水，千刀万剐也不解气。大概老天早就定下了一个理儿，霸道者总不能老是横恶，仁义者总不能老是受欺。这一年，宋王爷拿潘仁美问罪，免官解职，贬家为民。①

可见，"坏人""奸贼"的下场在民众那里是一致的，即"不得好报"。人们对内奸的品质及所作所为有着极为清醒的认识，情感态度异常决绝，坏人就是坏人，奸臣终遭报应、没商量。故事讲述者的这段品评，可以说正代表了广大民众的心声，人们对内奸的唾骂摒弃及恼恨憎恶之情于此段文字表露无遗，无须读释。通过民众对内奸与外敌的情感态度的考察和对比，不难看出，在杨家将传说中所映射出来的伦理观念和文化心理：外敌虽可恶，但并不一定是坏人，而内奸一定是坏人，比外敌更可恨；外敌的所作所为有时是可以为人们所理解并谅解的，而内奸的不义恶行是绝对不容宽恕的，只能遗臭万年。

---

① 《河南民间文学集成·杞县故事卷》，中国民间文学集成河南杞县卷编委会，中原农民出版社1990年版，第59页。石文焕口述；万艺、怀聚整理。

（三）邪不压正——贤王和清官

在广大中国民众的思想观念里，人们始终坚信"邪不压正""好人有好报"，最终胜利的一定是代表正义的一方。体现在杨家将传说中，针对昏庸荒淫腐朽的昏君和阴险狡诈嚣张的奸臣，故事里设置了贤王贤相清官等正义力量，与杨家将联合在一起来对昏君和奸臣加以约束、制衡。贤王和清官也是民众所拥戴和喜爱的，他们代表了人民的心声和愿望，并且利用自己手中所掌控的"先皇"赋予的某些管束皇帝和奸贼的特权，使当权者的权力得到一定程度的制衡，从而使忠臣良将获得了某种程度的保护。传说中，与杨家将同属一个阵营的正义力量主要有这样几类：第一类是贤王，如八贤王等；第二类是清官贤相，如寇准、包拯等；第三类则是像杨家将一样的忠臣良将，如呼家将等。以上三类清贤正义力量可以说是与"不仁义"的昏君和阴险狡诈的奸佞之徒相抗衡的主导因素。正因有了这些清官、贤王等力量的主持正义和全力相助，才使得"奸佞臣害忠良将"型传说故事大多有了一个相对光明的尾巴，要么奸贼佞徒被成功铲除，要么杨家将得以相安无事，从而让广大民众在心理和情感上得到些许宽慰，达到了一定的平衡。

在民众心目中，清官、贤王等正直仁义之士是可资信赖的，人们对他们的义举和清廉作为是比较放心的。原因就在于人们认为，清官贤相明王们跟杨家将一样，都是"好人"，人好心就好，心好品质就好，所以他们能够站出来匡扶正义，在危难关头坚决帮助杨家将摆脱困境。从另一侧面来说，主持正义也是在"尽忠"，为国为民为江山社稷为宋室皇权为黎民百姓。他们是正义的化身，与朝廷里的邪恶势力长期作坚决无畏的斗争。那么，这些贤王和清官们与奸贼佞徒作斗争的武器或者说他们能够与嚣张得势、飞扬跋扈的昏君奸臣相抗衡的资本究竟是什么呢？在民众看来，奸相的奏本、奸妃的谗言、佞臣的诬蔑等都是坏人左右昏君的有力武器。而在杨家将传说里，八贤王的"凹面金锏"和佘太君的"龙头拐杖"都是"先皇遗命"所赐，可以"上打昏君，下打佞臣"。因此，有了这两件法宝的存在，对奸贼佞徒起到了震服威慑作用和实质性的约束管制功能。如在《天波府前的风波》（125）故事中，奸臣副枢密使谢金吾是朝中的主和投降派，对杨家恨之入骨，对经过天波府时"文官下轿，武官下马"的规矩很是不满。于是便设奸计诬蔑杨家，向真宗皇帝进馋，搬弄是非，想借机让皇上降旨拆掉"清风无佞天波滴水楼"，压压杨家的威风。

> 经他这么一挑唆，宋真宗真的皱起了眉头，正想说什么，突然，从文班中站出一人，怒气冲冲地指着谢金吾的鼻子，骂道："大胆奸贼，一派胡言。"原来，这人正是皇帝的兄弟八王赵德芳。他见皇兄想偏向谢氏，有废老规矩的意思，就不顾冒犯龙颜，据理力争，说："先帝有旨，极品公侯，在此经过，文官下轿，武官下马，历来如此。谢途经而不下轿，违抗圣旨，拟罪当斩。"八王越说气越大，举起先帝赐给的金锏，劈头盖脑地揍了谢金吾一顿，满朝文武无不称快，一致赞同八王的意见，宋真宗也无话可说了。
>
> 就这样，大家为杨家出了气，又保住了过天波府的规矩。谢金吾一伙的阴谋诡计破产了，再也不敢过天波府不下马不下轿了。①

在这场正义与邪恶、忠贤与奸佞的斗争中，显然是代表正义的一方占了上风，获得了最后的胜利。显然，这其中起关键性决定作用的人和物即是八贤王赵德芳和他的御赐金锏。正因八贤王的伸张正义之举"举起先帝赐给的金锏，劈头盖脑地揍了谢金吾一顿"，才慑服了骄横狂妄的奸臣，扑灭了其嚣张跋扈的气焰，才匡扶了正义，为杨家保住了清誉，讨回了公道。八贤王正是凭借其自身特殊的身份（皇帝的兄弟）及先帝御赐"上打昏君，下打佞臣"的金锏这一

---

① 《开封民间故事集成》，开封民间文学集成编委会编，中州古籍出版社 1993 年版，第60—61 页。任玉禄采录。

权威性法宝，才使正义得以伸张，邪恶得到镇压，才有了"邪不压正"的理想结果。金锏的权威性相当明显，它的震慑效应，是极其巨大的。所以就连最高统治者"宋真宗也无话可说了"。身份特殊的八贤王有昏君佞臣皆可打之的御赐金锏及相应特权，为其主持公道奠定了坚实的权威基础。那么没有特权和法宝的忠臣良将如寇准、呼延赞等是如何对抗制衡奸佞妄徒的呢？传说里，呼延赞靠的是其为皇家鞠躬尽瘁、英勇报国的德高望重的地位和无视奸佞、据理力争的无畏气概；而贤相寇准则是凭借他的聪明智慧、机灵睿智和公正清廉、义正词严。《寇准智断葫芦案》（30，120，133）这则传说就表现了他的"智"和"清"：

> 潘杨两家有仇，两狼山一仗，潘仁美害死了杨令公和杨七郎。六郎杨延昭回到汴京，状告潘仁美，杨、潘两家打起一场人命官司。
>
> 潘仁美的闺女是西宫娘娘，潘仁美是朝廷的老丈人。前任的大理寺收了西宫的礼，把屁股坐歪了，故意向着潘仁美，教八贤王赵德芳一金锏打死了。后来朝中的官没人能问得了潘杨两家的官司，就有人保举了七品知县寇准来问这场官司。皇上准本，封寇准个吏部天官，专门审问潘杨两家的官司。
>
> 呼杨两家最好，呼王爷害怕杨家的冤案不能申，对寇准能不能问清这场官司放心不下，有心要试试寇准的能耐……

双王呼延丕显想了个点子，吩咐两个仆人到大堂告状：说事有巧合，一家的葫芦结在了另一家的坛里，这家因葫芦大、坛口小，要打烂坛子取葫芦，另一家则不让打坛子，要让寇准作个公断。

> 寇准一听，心里就明白了，这不是来打官司的，这是故意来难为我，看我寇准有没有能耐。就告诉两个家院说："这事好办，回家往坛里倒些盐水，腌上两个时辰，那葫芦就变得又小

又软，不用砸坛，就能把葫芦拿出来。这点小事要是难为住本
官，那潘杨两家的官司就白问了。"

两个家院回去报告呼王爷。呼王爷一听大喜，知道寇准有
学问，一定能审清潘杨一案。①

寇准足智多谋，后来假设阴曹地府，瞒过了老奸巨滑的潘仁美，
也为杨家申了冤。

寇准在杨家将传说里是一个足智多谋、机警滑稽、清廉正直的
人物形象，"寇准背靴"的故事在中国可谓家喻户晓，这则传说便为
人们呈现了他的智慧和能耐。作为一个清正廉洁的好人清官，他手
中并没有像八贤王一样的"金锏"和特权，所以他只能利用自己的
机智和"点子"来与奸臣周旋、斗争，并最终弄清事实真相，为杨
家洗冤雪耻，伸张正义。潘仁美是皇上的"老丈人"，杨六郎是八贤
王的"御妹夫"，两个人都有靠山，面对来自双方的压力，寇准仍不
畏不惧，秉公执法，尤其是"收了西宫的礼，把屁股坐歪了，故意
向着潘仁美"的大理寺被义愤填膺、疾恶如仇的八贤王用金锏打死
这一事件，从一定程度上又给了寇准公正廉洁的勇气和信心，对他
来说是一种鞭策、激励和昭示。果然，寇准不负众望，顺应民心民
意凭借自己的聪明才智和能力，最终将罪大恶极、阴险狡诈、诡计
多端的大奸贼潘仁美绳之以法。所以寇准在杨家将传说中是大受民
众喜爱、拥戴和信任的清官贤吏，拥有众多的"粉丝"（fans），并
且人们对这一机智滑稽的人物津津乐道、乐此不疲。

总之，贤王八贤王的金锏也好，清官寇准的才智也罢，都是打
击、对付昏君奸臣的锐利武器，他们的廉洁正直、主持公道、匡扶
正义有力地制裁肃清了奸贼佞臣、贪官污吏，告诫了昏庸腐败的帝
王，帮助保护了杨家将和其他忠义之士。俗话说："一个篱笆三个

① 《开封民间故事集成》，开封民间文学集成编委会编，中州古籍出版社 1993 年版，第
48—49 页。薛正华讲述；毛文吉采录。另见《中国民间故事集成·河南卷》《中国民间文学
集成·河南开封县卷》。

桩，一个好汉三个帮，"正因有了贤明的王爷和清廉明吏的存在与联合，才使得忠臣良将得到了相当程度的保护，对昏君和奸臣起到了一种制衡、警戒作用。因此，可以说杨家将传说中，贤王和清官的设置和作为相对于昏君与奸臣而言是一种制衡机制，正因有了这种制衡约束机制存在和运作，才保证了"邪不压正"的局面和"善恶有报"的理想的维持与实现。

三　善恶有报：民众的真实心态和意愿指归

> 杨湖清，潘湖浑，奸贼谋害忠良臣；
> 杨湖清，潘湖浑，潘家谋害杨家臣。

这首民谣的题目就叫作《杨家湖清》（160）①。在《潘杨二湖的传说》（290）的开头也有一首类似的民谣：

> 潘家湖，杨家坑，一个浑来一个清。
> 潘杨两家是对头，一个奸来一个忠。

该传说接着对这首民谣里所浓缩的故事及潘、杨二湖的来历作了诠释和说明：

> 开封龙亭至午朝门有一条笔直的大道，将湖水一劈两开。道西叫作杨家湖，传说是杨家将的故宅。这里湖面宽阔，水儿清澈，游鱼若飞，游人如织。道东人称潘家湖，这里湖面狭窄，水儿浑浊，蚊蝇滋生，臭气熏天。为什么两湖对峙，一路之隔，竟有如此天渊之别呢？原来这里面还有一段悲壮动人的故事哩。……

---

① 《河南民间文学集成地方卷·开封歌谣、谚语集成》，开封民间文学集成编委会编，1993年，第165页。赵五爱搜集。

　　杨业以身殉国的消息传到东京，黎民百姓，无不痛哭流涕。杨老夫人佘太君义愤填膺，上殿面君，控告潘仁美贻误军机，陷害忠良。宋太宗和潘仁美本是儿女亲家，只是把潘仁美免了几个虚衔，敷衍了事。佘太君十分失望，满腔悲愤，带领全家退隐河东去了。潘仁美暗中高兴，想把天波府据为己有。谁知，当夜雷电交加，暴雨倾盆。潘杨两府尽成泽国，成了对峙的两个大湖。奇怪的是杨湖水清如镜，潘湖却浑浊恶臭。潘仁美的女儿听说后，就派人偷偷在两湖间挖了一条甬道，可两湖的水色却仍然各异，决不相混，就像潘杨两家的忠奸那样分明。老百姓看到后，莫不称快，并把这件事传给了子孙后代。①

　　而在《潘家湖和杨家湖》（31）和《潘杨二湖的故事》（128）两则传说里，同样表达了广大民众希冀善恶有报的意愿指向和真实心态。其中传说的讲述者凭借二湖的形成这一"事实"是这样评价潘、杨两家的：

　　　　……东湖水浑，西湖水清。相传，东湖为宋朝太师潘美的住宅，他陷害忠良，是个奸臣，宅基上形成的湖，水是浑的；西湖为宋朝抗辽名将杨业的住宅，他一生舍身救国，是个忠臣，宅基上形成的湖，水是清的……
　　　　……杨府成了一座空宅，潘美十分高兴。谁知老天有眼，忽然刮了三天三夜暴雨，潘杨二府全被淹没，潘美遭了灭顶之灾。两家住宅成了两个大湖。杨家爱国爱民，是清官，湖水也是清的，人人敬仰；潘家祸国殃民，是奸贼，湖水浑浊，人人唾骂。②

────────────

　　① 《河南民间故事集》，中国民间文艺研究会河南分会、河南大学中文系编，中国民间文艺出版社 1985 年版，第 115—116 页。李程远搜集整理。
　　② 《开封民间故事集成》，开封民间文学集成编委会编，中州古籍出版社 1993 年版，第 166—168 页。李良学讲述；屈春山采录。

透过以上几则关于潘杨二湖的传说，我们可以很明显地看到广大民众是如何理解、阐释和表达"善恶有报"观念的。"善有善报，恶有恶报，不是不报，时候未到"这些素朴而富有理想色彩的善恶是非观念在人们的意识里是根深蒂固的，并且对此深信不疑。它形象而生动地折射出民众的真实心理和意愿指归。人们始终坚信：好人肯定有好报，坏人到头来必然自吞恶果，落得可耻的下场。故事里说"老天有眼"，使"潘美遭了灭顶之灾"，与其说是"老天有眼"，还不如说民众的眼睛是雪亮的。他们能够明辨是非、善恶，并且用实际行动来将"善恶有报"的观念转化为现实："杨家爱国爱民是清官，湖水也是清的，人人敬仰；潘家祸国殃民，是奸贼，湖水浑浊，人人唾骂。"这里人们已将自然的真实（湖水清浊有别）与情感的真实（爱杨恨潘）融于一体，将口传的历史与情感意愿的指归紧密结合。是是非非、善恶忠奸，民众自有公断。传说里杨、潘两家势不两立的忠、奸对抗与斗争故事映射的是民众实际的泾渭分明的决绝的情感倾向和伦理观念。

（一）势不两立——"忠""奸"的对抗与斗争

在民众心目中，忠臣与奸贼势不两立，忠奸的对抗与斗争是必然的，忠义爱民的杨家与奸佞卖国的潘家（以潘仁美、潘妃等为代表）是天然的仇敌。既然是不共戴天、势不两立的仇人，他们之间你死我活的对抗与斗争就在所难免。传说故事等投射的是民众的观念、情感和意愿，故其也必然按照人们自己的要求和愿望去编织和发展。民众们企盼同时也相信"好人有好报""邪不压正"，所以以杨、潘两家为代表的忠奸斗争的最终结果亦必然是代表正义忠仁、为人们所拥护爱戴的杨家获得胜利，成功地铲除奸贼，为杨家报仇雪恨。而广大民众也因讲述此类忠奸斗为主题的故事而获得道德伦理和情感意愿的满足。诸如《杨景枪挑潘仁美》（111）、《乱枪刺死潘仁美》（114）、《乱枪里》（137）、《黑松林》（143）等传说故事，就为我们鲜活地呈现了忠奸势不两立、你死我活的对抗和斗争过程及邪不压正的令人鼓舞的光明结局。

在《十二寡妇征西》传说中，奸妃庞金莲不仅加害忠良，而且伙同其兄弟阴谋篡位。她把皇帝的"衣裳偷出去给她兄弟、她哥穿，在二龙山坐朝廷"。故事安排忠良的杨家将去扫除奸妃家族，结果杨家大获全胜，成功地铲除了奸佞匪徒。最后故事讲述者借庞金莲之口表明忠臣与奸党的势不两立："杨家进了城，哪还有咱的活命呀？"结果，奸妃撞井而死，得到了应有的可耻下场。① 同时，民众的心理和情感也得到了宽慰与满足。

"忠"与"奸"、"善"与"恶"、"好"与"坏"、"是"与"非"的对立和斗争在《黑松林》里体现得最为明显。这则传说里既呈现了清官贤吏的正直与智慧，又反映了忠与奸的生死对抗：

> 小店乡东二里，有一个叫黑松林的地方。这黑松林，还和宋朝杨六郎在这里除掉奸臣潘仁美有关哩。
>
> ……当时的潘仁美，身为当朝太师，可干的尽是丧天良、害忠臣的坏事。为的是扫清道路，篡夺皇位。那时，杨继业一家忠心保国，成为潘仁美的眼中钉，他想尽法子来陷害杨家。可这事儿，没人敢说，没人敢管，更没人敢审。八贤王赵德芳是个好人，他给皇帝出了个主意，举荐寇准来审潘仁美。……西宫娘娘，也就是潘仁美的女儿，知道了这件事儿，赶紧备了一份厚礼给寇准送去，寇准执意不收。把这事告诉了八贤王，八贤王问："这么贵重的礼物，你咋不收下哩？"寇准说："拿人家的手短，吃人家的嘴软，收下这些礼物，咋去审潘仁美哩！"……寇准想了个主意：先假意设宴相请，把潘仁美用酒灌醉，然后再假设阴曹，让武士戴上牛头马面吓唬，不怕不招供。……潘仁美吓得尿了一裤裆，把自己的罪状，一五一十地全盘托了出来，寇准让人件件写在状纸上，一句不错。潘仁美酒醒后……赌咒："我若有谋害杨

---

① 严优：《杨家将故事研究——以华北地区杨门女将故事为主》，硕士学位论文，北京师范大学，1999年，第39页。朱永兰讲述；严优搜集整理。

家，篡夺皇位之意，我回家时，叫我死在黑松林！"说罢将供词揉成一团，塞在嘴里咽了下去。……（寇准）事先在衣襟上又留了一份。……潘仁美被罢了官，奔家为民。一路上他处处留神小心，怕犯了咒神，一进家乡地界，就松了一口气，心想多亏编了个地名，赌了咒，骗了寇准。他正在高兴，抬头一看，路边有一片雾障障的黑松林，心立时就成了一疙瘩。还没省过来劲，乱箭像蚂蚁一样，从黑松林飞出……原来，杨六郎早已率兵在这里等候，一见潘仁美过来，便把国仇家恨一齐凝聚在箭头上，万箭齐发，活活射死了这个奸贼……①

这是一则与地方性风物相结合的传说，故事借杨家将传说解释了"黑松林"这一地名的由来。于此，不是本章所述论的重点，我们主要还是借这则传说来探析广大民众是如何理解、对待忠臣良将与奸贼佞徒的对立斗争以及他们的善恶是非观念和心理。民众对奸臣潘仁美的品质和行为价值的定位早已达成了共识："丧天良，害忠臣""陷害杨家，篡夺皇位"。这与人们对杨家将的评价形成鲜明对比，"杨继业一家忠心保国"，所以自然"成为潘仁美的眼中钉"。由此可见，这一奸一忠而导致潘、杨两家势不两立的对立和斗争，是难以避免的。同时，民众对贤王赵德芳和清官寇准也给出了相当高的评价，对二人是极为认可和拥戴的。"八贤王赵德芳是个好人"，这句定性评价看似简单而淳朴，但却饱含着民众的感情因素。"好人"二字恐怕是民众对一个人最高最直接的品质定位和价值评判。民众那里，几乎所有的优秀品质诸如贤、清、忠、义、孝、仁等均可以用"好"字来加以概括。因此可以说，"好"这一最高伦理道德品评标准是众多优秀品性德行交汇融合杂糅而成的。真乃怎一个"好"字了得！俗话说："拿人家的手短，吃人家的嘴软"，民众借

---

① 《中国民间故事集成·河南南召县卷》（上册），南召县民间文学集成编委会编，1987年，第340—342页。王银讲述记登。

寇准之口道出了他们对这一伦理道德观念的理解和认识，同时也是人们某种文化心理（如道义的等价交换等）的投射和表达。清廉正直的寇准为了不"嘴软、手短"，坚决回绝了西宫娘娘的威逼利诱，从而秉公执法，机智巧妙地审理了潘杨一案，为杨家昭雪冤耻。与"好"相对的自然是"坏"，忠臣良将是好人有好心，而奸徒佞贼必然是坏人，坏人就不安好心。潘仁美干的是篡皇位、害忠臣的"坏事"，而其女儿西宫娘娘也是心术不正，做起行贿送礼、威逼利诱的勾当来。传说中，民众对潘贼受审时的猥琐龌龊表现得极尽揶揄讽刺：潘仁美"跪在地上浑身直筛糠""吓得尿了一裤裆"，足可见民众对奸佞坏人的情感态度。在民众心里，故事的结局既公平公正又痛快解恨；"善恶有报""邪不压正"，潘贼终于落得了"变成个刺猬包子"的可耻下场。而杨六郎"把国仇家恨一齐凝聚在箭头上，万箭齐发，活活射死了这个奸贼"正鲜活地反映了忠奸生死相对、不共戴天的势不两立，同时不也正代表了民众的心声和意愿，众望所归吗？杨六郎报了仇、雪了恨，而民众也了了心事遂了愿。

"报仇"在民间的社会伦理规范里占据了相当的分量与位置。从"君子报仇，十年不晚""父债子偿""子报父仇"等常言俗语中我们不难体味出在广大民众的心理和观念中，"报仇"这种以暴制暴的行为方式是为人们所认可接受并默许的，尤其是好人"惩恶扬善"式的复仇举动，尽管采用的是比较极端的路径，但民众仍认为是理所当然，无可厚非的。呈现于杨家将传说中，在封建反动统治势力特别是昏王的包庇护佑下，奸臣贼子往往能够逃脱极刑而苟延残喘、无耻偷生。这样的局面，民众无论从情感心理上还是实际行为中都是无法接受的。所以在故事里，人们是支持并帮助杨家将的复仇动作的。《乱枪里》（137）中，潘仁美"常借伴君游玩之机诽谤杨继业父子有反叛嫌疑"，并"暗中投靠金兵"。

　　潘仁美卖国投敌的消息传开后，世人无不痛恨切齿。一天，潘仁美回东郊家中送金银财宝，被当地群众发觉，就自发地组织起平奸团决计在潘贼回京途中截杀他。

　　……从路旁枣林里闪出二百多名手持刀枪剑戟的群众，他们齐声高喊："奸贼休走！"接着刀枪齐下，棍棒交加……（潘贼）没跑几步就被乱枪扎死了。群众将点燃的一支蜡烛插在他的肚脐上，潘贼血流满地，暴尸荒野，围观群众拍手称快，随后又将潘家寨一火焚烧。

　　……①

　　这则传说中，民众已将对奸贼潘仁美的无限憎恶仇恨直接转化为了实际行动。广大老百姓已不再袖手旁观，同情嗟叹杨家将的不幸遭遇和悲剧命运，也不仅仅是在情感和道义上给予声援和鼓励，而是义无反顾、责无旁贷地积极参与到铲除剿灭奸贼的斗争活动中。"平奸团"的自发组建及其除奸举动，足以说明人们对奸佞的坏人的恶行不再听之任之，而是转变成一种十分自觉的行为和状态。民众的这种自觉自发的无畏战斗决心和勇气，正是人们反传统的叛逆心理和正义凛然、傲视权贵的精神之体现。最后的结局表明，民众对奸贼是深恶痛绝、非要将其"置之死地而后快"（尽管表面看来似乎有些不够人道，但对付像潘仁美那样的穷凶极恶的奸佞，在当时条件下，唯有"以暴制暴"，别无他法）。

　　像《乱枪刺死潘仁美》（114）和《杨景枪挑潘仁美》这两则传说，不用看内容，单从题目上我们就可以看出忠奸斗争的残酷性和尖锐性。《乱枪刺死潘仁美》里，民间也有自发的义举——"一些平民百姓和忠良将门生，早就派人监视老贼的行迹了。他一动身，就有人报知六郎。""那些被潘贼欺辱的百姓和忠良后代，一个个踊跃上前奋力除害。"前面提到，民众是支持甚至积极参与杨家的"报仇"行为的，它也符合其时乃至当下民间的社会规范。所以故事讲

---

　　① 《中国民间文学集成·河南开封县卷》，开封县民间文学集成编委会，1990 年，第233—234 页。张锋口述；马冠林记录整理。

述者感同身受地借杨六郎的口说:"你六爷让你死个明白,你听着:你射我七弟一百单三箭,我回你二百单六枪。一来为弟报仇,二来为你所害忠良雪恨!"这也是民间广为流传的"一箭还两枪"说法的由来。对此,人们是极为津津乐道的,皆因为忠良压制战胜邪恶奸佞的缘故吧!《杨景枪挑潘仁美》里,同样是"奸贼落架,人人讨找","老贼咋能冲出众围"?与潘贼有着杀父弑兄之不共戴天之仇的杨六郎"纵马挺枪,将老贼挑于马下,旧恨新仇齐涌心间,咬牙切齿,翻动银枪,朝着潘仁美死去的身躯乱刺起来"。坏人、奸贼的下场在民众那里是一致的:"不得好报!"民间是支持、崇尚"正义的暴力"的,诸如"路见不平,拔刀相助""仗义行侠""除暴安良"等,都被民众视为正当的且应予以提倡的仁义良善之举。

常言道:仇人见面,分外眼红。同样,忠奸相遇也是你死我活、誓不两立、不共戴天。广大民众希冀惩恶扬善、除暴安良,他们痛恨奸佞、拥戴忠良,并且全力协助、支持忠良"以暴制暴"、铲除邪祟。唯其如此,人们心方安,理才得,这正是他们的真实心态和意愿指归之投射映现。

(二)泾渭分明——决绝的情感倾向

忠与奸双方势不两立,民众对二者的情感也是泾渭分明、一清二楚、毫不含糊的。人们之所以有此决绝的情感态度和倾向,是因为他们希望"好人有好报",坏人不得善终。杨家将对潘仁美之流的态度是坚决的,而传说中正面人物的情感倾向与民众自己的情感倾向当是一致的,所以民众所表现出来的真实意愿与情感指向也是决然的。广大老百姓的情感表达往往来得纯朴自然,直截了当,少了些许拐弯抹角,圆滑世故,更多的是爱憎分明、是非明辨、疾恶如仇、同仇敌忾。对坏人对奸佞是痛恨是诅咒是无情的剿杀;而对好人对忠良则是拥戴是同情是无私的帮助。通过一些具体的传说故事,我们可以透析民众们这种可敬可爱的坚定的情感倾向。

如《潘仁美坟与晒骨桥》(15)故事讲六郎和八姐兄妹二人在黑松林的一座小桥上,把潘仁美给杀了。他们用枪挑了人头,扔到河对岸的半山腰里，在桥上曝尸三日，潘仁美的头却被半山崖里溜下的一堆土给掩埋了。人们为了破其风水，在坟的下边挖了两只窑，让潘仁美永世不得翻身。这则传说虽然反映了民众的风水信仰和生命轮回的宿命观念，但通过人们自发的"破其风水"之义举，足可见广大老百姓鲜明的情感倾向，即对潘仁美无情的憎恶怨恨，虽然已看到他得到了可耻下场，但仍希望他遗臭万年，永不翻身。人们对其诅咒和惩罚相当严厉，在民间，破了风水便意味着其整个家族都将凄凉惨淡，再无昌隆发达的可能。可见，民众对他已是恨之入骨，用一种相对"极端"的方式来惩处奸贼。

《潘家掌为什么姓杨的多》（66）故事中更是生动形象地呈现了人们企盼"潘衰杨盛"的心理和情感以及"助杨伐潘"的实际行动：

> 相传在大宋年间，村里居住着姓潘和姓杨的两大家族。在潘族中，有一家和朝里的奸臣潘仁美是拐弯抹角的远房亲戚。为此，他在这一带仗势欺人，横行霸道，无恶不作，无所不为。……杨家人慢慢地都迁到外庄落了脚，从那时，潘家掌这个村名就定名了。

> 后来，奸贼潘仁美带着一身罪过归西之后，杨家保国的赫赫功劳也被世人所公认。潘衰杨盛的消息一个接一个传到潘家掌方圆。百姓奔走相告，啧啧称奇，杨家人更是扬眉吐气，喜在眉梢，庆幸潘贼一命呜呼。同时为杨家将功劳感到骄傲和自豪。此间搬迁走的那些杨家人重新返回家园，和潘族进行正面斗争。临近村庄凡受过潘家欺侮的大人小孩，也纷纷前来"助杨伐潘"。……于是，在一天夜里，潘家的大大小小不知跑到了什么地方。从此，潘家掌姓杨的又成了首要住户。杨家为使后人永远记住那段历史，没把潘家掌的村名改掉，所以一直延续至今。①

---

① 《陵川民间故事集成》，陵川民间故事集成编委会，1987 年，第 96—97 页。秦先法、秦雪清搜集整理。

由以上这段引文，我们不难看出，广大民众的情感倾向是多么的强烈而鲜明。人们听到"潘衰杨盛"的消息后，不由得喜形于色，"奔走相告，啧啧称奇，扬眉吐气，喜在眉梢，为杨家将功劳感到骄傲和自豪"，这些表现足以说明人们对杨家将的拥戴和喜爱之情。不仅如此，"助杨伐潘"的义举，更是将感情现实为行动，正是民众的意愿之指归。前面说到，故事中正义人物的举动言行恰是现实生活中广大民众真实心态和情感意愿的投射和表达。在此，老百姓善恶分明的民间忠奸观得到了鲜活的呈现和展露。

> 密松林，小寒山，潘仁美死在高车岩。
> 贪权耍奸累家眷，隐姓埋名到今天。①

这首民谣同样投射了广大民众决绝的情感倾向和心理意态。同时也表明了人们的真实心态：善恶有报。"隐姓埋名"正是"贪权耍奸"的可耻报应。总之，民众的意愿指归是建立在对忠奸、善恶、是非明辨和理性判断的基础之上的。忠良仁义者得民心，终得爱戴；反之，奸佞从恶者失民心，必将得到唾弃。

归而言之，杨家将传说真实而鲜活地呈现了民间忠奸观和善恶是非观。其中"奸佞臣害忠良将"型故事有其独特的道德伦理蕴含；民众对"忠、奸"理性的辩证思考及对之所进行的价值判断，体现了人们在理智与情感两方面的关照和投入；传说中所折射的民众的真实心态和建立在理性判断基础上的意愿指归告诉我们：民间自有一套伦理规范和行为准则，这中间有些价值评判标准和行动指南甚至是颠覆性、叛逆性的，我们应予以足够的审视和尊重。

---

① 《潘仁美与霍家沟》，《长治市郊区民间故事集成》，长治市郊区《三套集成》编委会，1987年，第109页。原文喜讲述；申琴香搜集整理。

第三节　戏谑与调侃：反正统的叛逆精神

巴赫金（Bakhtin）的"狂欢"理论概括出了狂欢式世界感受的四个范畴：人们之间随便而又亲昵的接触、插科打诨、俯就和粗鄙。① 巧合的是，在现实生活中，大概唯有民俗生活具备了这四个范畴特征。他同时指出，狂欢式世界感受的四个特征，"都不是关于平等与自由的抽象观念"，相反，是具体感性的思想，是以生活形式加以体验了的，表现为游艺仪式的关于平等与自由的思想。民俗生活（包括口传民俗生活）完全符合巴赫金狂欢化的所有特质。英国文化人类学家弗雷泽在分析罗马农神节时就曾指出："许多民族曾经每年都有一个放肆的时间，这时法律和道德的一贯约束都抛开了，全民都纵情地寻欢作乐，黑暗的情欲得到发泄，这些，在较为稳定、清醒的日常生活中，是绝对不许可的。"② 可见，"狂欢"只会在民俗生活的特定时间（阈限）和特定空间（场域）才会发生，而"在较为稳定、清醒的日常生活中"，是绝对不会发生的。

巴赫金（Bakhtin）的"狂欢"理论立足于"长远时间"观念，即将狂欢置于人类统一的文化语境中，认为狂欢是人类生活中具有一定世界性与普遍性的特殊文化现象，既包括人类社会生活的狂欢（如广场文化和节日民俗），也包括狂欢化文学（如诙谐幽默的民间叙事）。在巴赫金看来，"狂欢是一种未被认知的、激越的生命意识，是民间的底层文化的地核，而官方文化不过是民间文化浮出海面的一角冰山。作为一种既能创生也能毁灭的力量，狂欢在文明即阶级与国家形成的条件下被迫转入地下或民间，以弱化的形式存在于各种仪式或表演形式中，存在于各种诙谐的语言作品及不拘形迹的广场语言中。狂欢的被贬斥与放逐意味着狂欢本身的文化功能发生了

---

① ［俄］巴赫金：《巴赫金全集》（第五卷），白春仁等译，河北教育出版社1998年版，第176—179页。

② ［英］弗雷泽：《金枝》，中国民间文艺出版社1987年版，第829页。

116

变异，从此它被视作一种对官方文化具有离心作用的异己力量"。^①传说故事等民间文学或民间叙事正是以其浓厚的狂欢化诗学色彩，在民间充分运用"讲故事的权利"，以"在野"的身份对主流和权威实施狂欢性的嘲弄和惩治。

钟敬文先生在比较中西方狂欢活动时说："两者都把社会现实里的一些事象颠倒了过来看，表现出了对某种固定的秩序、制度和规范的大胆冲击和反抗。它的突出意义，是在一种公众欢迎的表演中，暂时缓解了日常生活中的阶级和阶层之间的社会对抗，取消了男女两性之间的正统防范，等等，这些都是中、外狂欢活动中的带有实质性的精神文化内容。"^② 由此，万建中进一步指出："民俗作为一个民族最基本的文化和生活传统，绝不会成为社会'破坏性'力量。相反，由于民俗赋予人们宽容与自由的行为，使之成为社会稳定不可或缺的重要因素。"^③

提及"狂欢"，人们可能联想到无序、混乱、没有节制等。诚然，它冲破了正常的社会秩序，表现为非常的精神与身体的释放。但由于民俗生活是非暴力的，狂欢场合并不会酿成冲突，破坏社会正常秩序的稳定，相反，它会对日常的秩序起到维系和巩固的作用。因为广大民众在日常生活中所累积的不满、愤怒、郁闷情绪和被压抑的欲望在"狂欢"这一特定的阈限和场域内已得到了有效的释放、排遣或满足，失衡的心理又重新回归到一种平衡的状态，进而对常规生活中的社会秩序（哪怕有些不合理、不公正）能够继续认可、适应抑或容忍，而不至于使用暴力手段去重构新的社会秩序。因此可以说，"狂欢"在某种程度上对广大民众失衡的心理起到了镇静剂、抚慰剂的功效。广大民众的心理（尤指社会心理）往往经历一种循环往复的过程，即由日常生活逐渐累积的不平衡到"狂欢"场域的平衡，再到日常生活情境中不平衡的积淀，如此循环往复（除

① 王建刚：《狂欢诗学——巴赫金文学思想研究》，学林出版社 2001 年版，《导言》第 7 页。
② 钟敬文：《文学狂欢化思想与狂欢》，《光明日报》1999 年 1 月 28 日第 7 版。
③ 万建中：《关于民俗生活魅力的随想》，《山东社会科学》2010 年第 7 期。

非社会体制和生活中出现了极端的不平衡，以至于到了无法调适的
境地）。我们可以用下列图示来呈现这一过程：

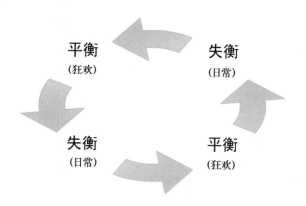

平衡
（狂欢）

失衡
（日常）

失衡
（日常）

平衡
（狂欢）

　　基于广大民众社会心理的这样一种运作机制或者说调节机制，
我们可以将重量级的"狂欢"降为轻量级，即可将其视作广大民众
精神、情感、心理的"嘉年华"。这就如同为消除战争，代之以和平
方式来解决人类冲突而应运而生的"体育嘉年华"——奥运会一样，
人类找到了消除心理失衡的一剂灵丹妙药——狂欢化叙事（叙事嘉
年华）。

　　这就是民俗的力量，是社会底层的力量，但不是惩罚的力量，
或者说不是诉诸惩罚和威胁而产生的力量。在现代社会，在民间，
"违背民俗常规和蔑视民俗的力量，一般不会受到严厉的惩罚。人们
依循民俗一般并非迫于民俗的威慑，或由这种威慑产生的恐惧，而
是民俗给人一种社会安定感和相互亲近感，给人们的生活带来秩序
和意义，在很大程度上满足了人们对传统的依恋"①。

　　前已提及，"插科打诨"是巴赫金所概括出的狂欢式世界感受的
四个范畴之一，而通过传说这一民俗生活中特有的口承叙事形式对
权贵进行戏谑与调侃从而表现反正统的叛逆性格正契合了"狂欢"
中的"插科打诨"这一范畴特征。从这个意义上来观照，我们完全

　　① 万建中：《关于民俗生活魅力的随想》，《山东社会科学》2010 年第 7 期。

可以将"传说"这一口承叙事的过程——说"传"解读为广大民众宣泄和表达思绪情感，从而让心理得以平衡的"狂欢"，只不过这种"狂欢"是轻量级的，即精神和情感的"嘉年华"。

依据巴赫金（Bakhtin）的"狂欢"思想，充分利用民间口头文学形式（传说）和形象体系（"杨家将"及相关人物形象）的权利和自由，对现实社会实行狂欢式的惩治，不失为一种机智而可行的自我保护手段。再如以"非主流"的姿态和面目出现的与现实社会主旋律格格不入的"黄段子""荤段子"，带有政治讽喻性的笑话、民谣以及刺痛某些官方权威的"谣言"等，虽不能进入当下社会的主流话语之中，甚至不能以"白纸黑字"的装束登"大雅"之堂，但它们却借助于民间口传文学的优越性手段在广大民众间口耳相传，并在口耳交流中不断得以修葺和完善。此类民间文学或者说民间口传叙事的生发、流传机制在一定程度上亦具备了"狂欢"的特质和效能。"而且，我们不应把民间口头文学形式和形象体系的运用，仅仅理解为对付书刊检查的外部的、机械的手段，迫不得已而为之的'伊索寓言'。"① 数千年来，广大民众一直享有运用民间口头文学的权利和自由，而且是一种与生俱来的、天然的权利和自由，并在民众自己所模塑的形象身上体现最深刻的、对"独白式"的官方权威或所谓"真理"的批判态度，从而显现民众自己最熟悉的宣泄方式和对美好愿景的不懈追求。"自由，与其说是外部权利，不如说是这些形象的内在内容。这是数千年来形成的'大无畏的言语'的语言……"② 可见，这是根植于广袤民间和广大民众身上的一种狂欢意识。只要狂欢意识不绝，民间文学就将永存！

如果从更本质的层面与维度来观照和考量的话，包括传说、故事在内的民间口承叙事的存在，实质上是文化形态多样性的体现和映射，呈现了多种叙事方式（主流与非主流、官方与民间、权威与

---

① 万建中：《口头交流：民间文学的演说范式》，《广西民族学院学报》2006年第2期。
② ［俄］巴赫金：《弗朗索瓦·拉伯雷的创作与中世纪和文艺复兴时期的民间文化》，莫斯科：文艺出版社1990年版，第296页。

边缘、主旋律与杂音）并存的多元态势。而且，民间口承叙事口口相传的优越性及其所特有的民族性、地域性传统更有利于意识形态、文化观念、心理指归、精神诉求等的展示和表达。"关注民间的或地方性记忆与叙事，既是对历史和当下文化的一种实证态度，也是希望在主流的声音之外能够听到民间的、地方性的、边缘的叙事。在任何情况下，都存在着对历史与现实的多种可能性和多种演说方式，有些演说可能只是以一种主流的姿态出现，代表着占统治地位的文化解释，另外一些则可能是作为主流叙事的对立面而存在。"① 可以说，民间口传叙事是民众自己的权利话语。没有民间口传叙事，民众的诉求和意愿就无从表达，精神就无所寄托，心理就无法平衡，而多元的生存空间和文化场域恐难以维系。如果人类的生存空间和文化场域失去多元性，其可怕程度难以想象。基于此，我们便可以毫不夸张并且理直气壮地说：民间口传文学是永恒的。

在中国民间，从来就不缺少对权贵人物进行戏谑、讽刺、调侃的艺术和智慧。这不仅体现了广大民众叛逆的心理和乐观豁达的精神，而且也从一个侧面折射出一定的深层的社会心理蕴含及其机制。通过对民间话语"潜台词"的解读，我们可以深切地感受到民众鲜明的爱憎情感和批判精神。本节尝试透析出杨家将传说故事中所呈现出的广大民众反正统的反叛性格和叛逆精神并对其内在的社会心理进行初步探讨。

一　天高皇帝远：戏说"真龙天子"

日常社会生活中似乎总有这样一条规律：越是地位显赫、处于社会等级的上层，离老百姓距离比较远，与人们的日常生活和切身利益没有多大关系的权贵人物，人们往往愈是对之极尽戏谑与调侃之能事，并且有恃无恐，无所顾忌。这大概就是因为"天高皇帝远"，致使民众连"天王老子"也不怕的缘故吧。因此，体现在民

---

① 刘晓春：《民族——国家与民间记忆》，《文艺争鸣》2001 年第 1 期。

间传说故事中，人们便经常拿"帝王"来"说事儿"，杨家将传说自然也不例外。尤其在"赵家天子杨家将"型传说里，民众对赵匡胤及赵氏家族之所以能够发迹，最终登上帝王宝座的来龙去脉及其过程给出了终极性、"权威性"并且生动而形象的诠释和解答。当然，其间反映了民众某些俗信和文化观念、伦理观念，如风水信仰，宿命观念等，同时也呈现了人们高超的讽刺技巧和艺术及爱憎分明的情感因素，从而展现了民众的智慧和表达方式。如《为何赵家江山杨家保》（167）、《赵匡胤坐皇帝》（204）、《为啥称杨家挂甲将军》（170）、《柴家当朝廷　杨家常保驾》（104）、《为什么赵家江山杨家保》（95）等"赵家天子杨家将"型传说故事，其基本主题和内容便是戏谑和调侃"真龙天子"，戏说宋朝帝王的"前家族史"和非同寻常的命运遭际经历。下面以《为何赵家江山杨家保》为例窥其一斑：

> 相传，在五代的时候，有一家姓赵的员外，家大业大，骡马成群。就是乏子无后，只有一位千金小姐，生得美貌出众，老两口对她十分疼爱。
>
> 赵员外家里后院有一个大水坑，方圆几十亩大，这个大水坑究竟有多少年啦，村里的人没一个能说上来的。有一天，赵小姐带领丫鬟到坑边玩耍，一不小心，掉在大水坑里，眼看着就要被坑水淹死。就在这个时候，不知从哪里来了一个白面书生，一个猛子扑到水里，把赵小姐捞上来。赵小姐醒来，对白面书生千恩万谢，又见书生是一表人才，便产生爱慕之意。从此以后，白面书生经常到赵小姐楼上相会，时间长了，他两个就做起了儿女之事。
>
> 不料想，赵小姐怀胎有孕，三月出身，被赵夫人发觉。赵夫人就用各种办法逼问赵小姐奸夫是谁。赵小姐死活不说……看巧，这时候，从外地来了一个道士。赵员外忙命家人把老道请到家里，将女儿的事给老道说了一遍，请求老道给他出个主

意。那老道围着赵员外家后院的大水坑转了三圈，对赵员外说："您这个大水坑里，有个五百年道行的老鳖精，能变成人形，你的女儿就是受了它的害，才有了今天这桩丑事。"然后，如此这般地交代了一番，便飘然而去。

到了晚上，那个老鳖精又变成白面书生来会赵小姐。小丫鬟趁他俩不妨备，在白面书生脱掉的衣服上，别了一根带有很长红线的钢针。等到鸡叫三遍，那书生慌忙穿衣而去，把那根线一直带到大坑的深处，赵员外就叫家人买来很多车石灰来填大水坑。那个老鳖精被石灰水烧得疼痛难忍，想逃跑又被红线牵得死死的寸步难行，最后被石灰水活活地烧死了。

……（赵小姐）叫丫鬟捡来几根老鳖精的骨头，放在屋里，祭奠了一番，就埋在了楼角下面。①

后来赵小姐生了个儿子叫赵婴，精通水性。由于阴差阳错的原因，赵婴把其父老鳖精的骨头搡进青龙嘴里，杨家的骨头挂在了龙角上。所以，宋朝的历史就成了赵家江山杨家保的局面。

这则传说里包含了其他民间故事中常见的"圣人异相"或"奇异出生"这一母题。民间传说故事中的"奇生"母题及其模式化、传奇化叙述，呈现出鲜明的民间风格、民间做派和民间特色。可以说，在表层演述机制上，体现出模式化的民间叙事特征；从深层文化语境看，映射出民俗信仰、民众观念等诸多复杂文化因素的影响。帝王、英雄"神异出身"是英雄史诗的常见母题，如藏族史诗《格萨尔王传》中格萨尔王为白梵天王三太子下凡等。"神奇出身"给帝王英雄的发迹变态提供了"神权天授"的合理化解释。在帝王权贵自我粉饰与民众造神运动相互推进的历史进程中，帝王及英雄的奇异出身同样成为广大民众津津乐道的话题之一。史籍中不可胜数

---

①　《中国民间故事集成·濮阳市卷》（上卷），濮阳市民间文学集成编委会，1990年，第201—203页。程朋鹤讲述；程帮民采录。

的帝王出生记载,如赵匡胤生时"赤光绕室,异香经宿不散,体有金色,三日不变"(《宋史》卷一);赵匡义生时"赤光上腾如火,闾巷闻有异香"(《宋史》卷四);朱元璋生时"红光满室,自是夜数有光起"(《明史》卷一)等,以重复性模式化的手法强化了天赋使命的政治神话,深刻体现民间叙事风格和民间传统的杨家将传说自然也少不了"奇异出身"的母题。但在这里,所谓的"奇异出身"毫无神圣性、庄严性可言,反倒是增添了许多戏谑与调侃的成分在里面。神圣而庄严的帝王成了有五百年道行的老鳖精的子孙和后代。我们完全可以按照民众的意愿解读出这则传说所蕴含的潜台词:"老鳖精"的后代的言外之意即是说皇帝是"王八的后代",用老百姓的话说就是"王八羔子"或"龟孙子"。因为在民间,乌龟、老鳖之类的东西,人们俗称"王八",是极猥琐卑贱之物,也是民间骂人时常用的语汇和语素,如"龟孙子"、"王八蛋"等皆与之密切关联、分不开。因此,将封建帝王们的老祖先说成是"老鳖精",恐怕是民众对最高统治者或者说最高权威的最大讽刺、揶揄、调侃甚至谩骂。并且,赵小姐还是以"闺女"的身份与"老鳖精"私会偷情"做起了儿女之事",从而怀胎有孕生了赵氏先祖——赵婴。这在封建伦理纲常和儒家正统道德伦理观念看来,简直就是"大逆不道""伤风败俗""有悖人伦""天理不容"之事,是正统的伦理道德规范所不允和竭力反对制止的事情,是与封建统治者所倡导推行的纲常人伦之礼相左的"丑事"。然而,这一切却又偏偏发生在了帝王及其祖先们的身上,不得不说是极具反讽意味的戏耍与调侃,造成了对比非常强烈的"黑色幽默"效果和讽刺喜剧色彩,足可见民众高明的调侃戏谑和讽刺方式与艺术。正因赵氏祖辈是"老鳖精"的后代,所以才"水性特别好",为其探龙潭、占龙脉、坐江山提供了可能,而这些又都是建立在帝王先祖狡猾欺诈、不诚不信的基础之上的。在《阴阳先儿寻龙脉 赵匡胤探龙潭》(162)里,民众是这样揣摩赵匡胤的心思的:

（赵匡胤）暗自思忖：古语说得好，"皇帝轮流坐，明年到咱家"。与其让人家当皇帝，还不如自己做皇帝！到时候不如把杨家骨灰和赵家骨灰都塞到龙口内，看看究竟谁家有福气做皇帝！①

于是，赵匡胤（其他异文里是赵匡胤的先祖）就来了个偷梁换柱，想方设法将自家先人的骨灰或尸骨放进龙嘴里，然后将杨家的骨灰挂到龙角上，这才形成了后来的赵家天子杨家将的命运组合模式。在《为啥称杨家挂甲将军》（170）里，传说是赵匡胤的祖爷爷的艄公心想："如果把袋子拿上岸去，再讲出真情实话，人家一定不会轻易放过我。……不如把他家的骨灰挂在这上边，回到岸上也好向杨家交代。""就这样，……艄公上岸，得到杨家重谢。"② 可见，在民众心目中，帝王或其祖先在骨子里就有背信弃义、欺诈狡猾、不讲诚信的基因和传统。庄严肃穆、至高无上的帝王们在民众那里变成了虚伪无赖、投机倒把的无耻小人。"皇帝轮流坐，明年到咱家""十年河东，十年河西""风水轮流转""富不过三代"等民间观念和心理，加之"天高皇帝远"的客观原因，使得人们不再把最高权威统治者放在至高无上的地位上，唯其"马首是瞻"，相反，民众往往将其视为与平凡而普通的世人无异的凡人，甚至有些成为市井流氓、小无赖。只不过因某种特殊的机缘巧合，加之其背信弃义、偷梁换柱的伎俩和手段，才成就了其帝王事业。所谓的帝王们的雄才伟略，文治武功等荡然无存，有的只是沾染市井小人习气的不光彩的行事和为人。这种对"真龙天子"的讽刺和挖苦甚至批判在《赵匡胤坐皇帝》（204）中有着更为鲜明的呈现和表达：

----

① 曹宝泉主编：《河南民间文学集成·贵地新野的传说》，文心出版社1993年版，第59页。刘红春讲述；葛磊采录。

② 杜学德主编：《中国民间文学集成·邯郸市故事卷》（上），中国民间文艺出版社1989年版，第146页。宋朝的讲述；胡宝生等记录整理。

相传，宋太祖赵匡胤从小是个吃、喝、偷、赌，不务正业的家伙。有一天，他趁村外看西瓜园的老杨头儿午睡，自己偷偷地越墙进了瓜园，摘了个又熟又大的西瓜抱起来就走，不小心被瓜蔓儿绊了一跤，把窝棚里的老杨头儿惊醒了，还没等赵匡胤爬起来，就被老杨头儿抓住了。

以前，他为偷西瓜，已挨过老杨头儿的耳光子，今儿个见又落到老杨头儿手里，便吓得慌了神儿，忙哀求说："你……放了我吧，我再也不来偷瓜啦！"

……

赵匡胤一听，哎，原来是这么码事儿。他小眼珠一转，心想：我如果把我爷爷的尸骨送进石龙嘴里，我不也能当皇上吗！听说皇上整天吃香的、喝辣的，还有不少美女陪伴着，那比我整天偷着吃，可是强多了……①

在这里，赵匡胤被民众传说为吃、喝、偷、赌，不务正业的市井无赖小流氓。他想当皇上的动机也就是为了能够"整天吃香的、喝辣的，还有不少美女陪伴着"。这种低级荒淫腐朽的人生理想和奋斗目标对他来说是与之相匹配相契合的。其实，这一素朴而实在的人生理想又何尝不是封建社会时期甚而至于说当今广大老百姓真实的想法和梦寐以求的理想目标呢？在此，民众并未将赵匡胤这一"真龙天子"看作有雄韬大略的圣人或神人，而是与普通老百姓有着同样生活形态和梦想的凡人，其之所以能当皇帝，是因为阴差阳错、机缘巧合、背信弃义的结果。人们对他的辛辣讽刺和无情批判亦自然包含在其中。

总之，"天高皇帝远"的真实心态加之对最高权威的藐视和叛逆心理，促成了广大民众对统治者、当权者的戏谑、讽刺、调侃与批

---

① 朱彦华等主编：《中国民间文学集成·承德地区故事卷》（上），中国民间文艺出版社1989年版，第134—135页。赵荣春讲述；王起记录整理。

判，而这种戏说式"民间话语"的背后却蕴含着人们的情感倾向、文化心理、伦理观念和真实想法。

二　我口表我心：民间话语"潜台词"的读解

封建社会时期，上层官方一般都对开国之君或帝王世家的祖先加以神圣化、神秘化和权威化。而在民间，民众也通过特色独具的民间话语来对帝王的身世进行另类"神化"。民间传说是广大民众日常生活知识经验的积淀，其中投射着人们对生活、世态的品味和感触，同时也是他们的情绪、情感得以宣泄和表达的载体与工具。因此，借助杨家将传说，通过对民间话语"潜台词"及其表达方式的解读、透析，我们可以体察出老百姓鲜明的情感态度和对一些与其自身生活密切相关的问题的理解与看法。下面就让我们摘引一例，看看《赵匡胤与挂角杨》传说中，民众对赵匡胤的身世是如何读解诠释的：

> ……说来可笑，赵匡胤是个无父之子，随母姓。
>
> 匡胤之母赵氏，原是一个大家闺秀，温文尔雅，知书达理。大门不出，二门不迈，一天到晚在绣楼上扎花描鱼儿，习文作画。赵家后花园内有个千年王八成了精。一天夜里更深人静，偷偷爬上了绣楼，和赵姑娘行了房事。从此得孕生下一男孩，姑娘也就无脸面嫁人。但赵氏是个有志气的女人，她横下一条心，决心要把儿子抚养成人。她再三琢磨，给儿子取名"匡胤"。这个名字从字面讲，"匡"是纠正，"胤"是后代，就是纠正后代。……
>
> ……①

可见，民众对"真龙天子"赵匡胤的讥讽与调侃实在是毫不掩饰，溢于言表："说来可笑，赵匡胤是个无父之子，随母姓。"说赵

---

① 《中国民间故事集成·河南淇县卷》（油印本），淇县三套集成编委会，1987年，第49—50页。李中祯讲述；石同勋搜集整理。

是个无父之子，简直就是对他的嗤笑与谩骂，这在民间可以说是极为"恶毒"的骂人之语。对帝王的出身进行如此无情的戏谑，足可体味出民众对最高权威统治者的爱憎情感。这里对至高无上的权威毫无尊重崇敬可言，哪怕连最起码的"善待"也谈不上。当然，民众这样传说亦并非出于什么恶意，只是在"客观"地述说民众"口传的历史"的成因而已，但是正所谓"我口表我心"，透过特定的民间话语和民众语汇，我们可以读释到老百姓对帝王们所持有的轻蔑、鄙视甚至辱骂的心理和批判、厌恶的情感倾向以及戏耍不尊的叛逆性格。最起码与上层正统史家所秉持和践行的"为尊者讳"的理念与原则格格不入、大相径庭。民众通过其特有的方式与路径在编纂、构建着与所谓的"正史"不一样的"口传历史"。

虽然是传说，但民众的讲述较之四书五经之类的道德伦理教材似乎来得更加真实自然，更加贴近生活。"温文尔雅，知书达理，大门不出，二门不迈，"只知"在绣楼上扎花描鱼儿，习文作画"的"大家闺秀"居然与一个"千年王八精"行了房事并且生下一子。这一事实对广大民众来说似乎是可以接受的，因为人们除了认为姑娘自觉"无脸面嫁人"外，并未对此行为给予过多的讥讽嘲笑和批判，反而将她"横下一条心，决心要把儿子抚养成人"这一举动大加赞赏，夸其"是个有志气的女人"。这是民众基于实际生活的维度所作出的理解、思考和评判。然而，从另一个侧面讲，这一事件与行径却又是莫大的讽刺与调侃，这与尊崇儒家正统伦理，极力推行封建礼制，倡导三从四德的封建统治者的"作为"形成了鲜明而强烈的对比与反差。而且在这里，被封建礼教和统治者所不屑的民间特有的私定终身方式所带来的结果即是造就了"真命天子"的出世，这种"黑色幽默"效果恐怕会让故事的听者会心地一笑。所谓的"真善美"与被人为绑定的"假恶丑"之间的距离有多远，其差别有多大？民众没有给出确定的答案，而是在"用事实说话"，让人去体味去揣摩去判断。民众戏谑与调侃的背后，不仅仅是会意地莞尔一笑，还有更深层的哲理意蕴和辩证思考，值得我们细细品味、探索。

下面再让我们来看一下民众所读解的帝王的名字的含义。赵氏基于与"鳖精"行房事并生下一子这一既定事实，再三琢磨之后给其子取名"匡胤"。故事讲述者诠释道："匡"是纠正，"胤"是后代，合起来的意思就是纠正后代。原来，在民众的理解中，"赵匡胤"的名字本身就表明其出身并非光明正大，名正言顺，而是有着难以言表的不可告人的秘密和隐情。由于其特殊的出身（即王八的后代）难以直面世人或难以启齿，极其"无脸面"、不光彩，为了掩饰遮蔽、警示纠正其后代有悖于常伦的污点和缺憾，所以才给其取名为"匡胤"。这其实也是一种戏谑与调侃的表现形式和艺术技巧，民众在此显然是运用了"移花接木""偷梁换柱"或者说"断章取义""王顾左右而言他"的诠释方式和表述技巧。即便是在正统史家那里，"匡"是纠正的意思也没有错，"胤"是后代也很对，合起来解释作纠正后代也完全讲得通。然而，这里表面意思虽相同，其所指却大相径庭，民众的诠释是建立在特殊的伦理道德背景基础之上的。当然，这里在一定程度上也反映了民间的贞洁观念，正是在此种民间贞洁观和伦理观及其社会心理的综合作用下，民众才解读出帝王名字的"真正"内涵。在民众的心目中，赵匡胤的身世是极不光彩的，是有悖于正统道德规范和人伦制度的行为的结果。因此，善解人意的老百姓才会感同身受地如此解读诠释"真龙天子"的名字。

这则传说虽然对"真龙天子"赵匡胤的身世给予了讥讽与调侃，但同时亦对"小匡胤"的某些优良品质进行了褒奖。显然，民众对作为"帝王"的"赵匡胤"和作为"孝子"的"小匡胤"做出了区分，并持有不同的情感态度。老百姓就是这样心直口快，好的就说好，坏的就说坏，从不打马虎眼，这也从一个侧面反映出民众情感的复杂性、多样性和矛盾性。赵氏与小匡胤是典型的"良母"与"孝子"的配对组合关系。"赵氏和儿子相依为命，节俭度日，她既做母亲，又当教师，把三字经、百家姓、四书五经全教给儿子。小

匡胤对母亲却也十分孝顺，从来不惹她生气。"① 当小匡胤为了满足
母亲临终前想吃西瓜的愿望而跑到东海岸找到瓜棚时，看瓜的老太
太在得知其来意后这样说道："看来你是个孝子，西瓜随便拿。"以
此作为对"孝"的奖赏。看来，民众把"不惹她（父母长辈）生
气"作为孝顺的重要标准之一，尽管人们对赵匡胤的出身和身世进
行了无情的嘲讽与调侃，但对"小匡胤"的孝行还是给予了很高的
评价和褒奖。毕竟在民间，尤其广大农村地区，人们切实需要子女
的孝顺，希冀渴望子女们能有孝心，同时也大加赞赏提倡子女的
孝行。

前文说过，民间话语"潜台词"的背后必然投射着民众们真实
的情感意愿和真实心态。这其中自然呈现着鲜明的情感倾向，民众
的情感往往爱憎分明，不加掩饰，如在传说《宋朝的江山应该是杨
家的》（179）中，民众借讲述者之口道："据说，如果是清官、好
人的骨灰放在龙嘴边，龙嘴就会张开，放进去后，自然又会闭上；
如果是贪官、坏人的骨灰放在嘴边，龙嘴就不会张开，也塞不进
去。"② 而故事里的主人公"小孩"（在此则传说里被人们说成是赵
匡胤的父亲，为赵家小姐和"王八精"结合所生之子）"把他爹的
骨灰口袋往龙嘴塞，没等他塞进去，龙嘴就又闭上了。他一连几次
都塞不进去"。③ 可见，此处民众话语"潜台词"意即作为"真龙天
子"赵匡胤的父亲同时又是"王八的后代"的"小孩"之所以无法
将他爹的骨灰放进龙嘴，就是因为"王八精"是"贪官、坏人"，
也即是说帝王的祖先不是好人。这种无情的嘲讽、批判、戏谑与调
侃的背后体现的是民众对贪官、坏人等当权者和权威统治者的厌恶、
憎恨之情和叛逆、蔑视心理。

---

① 《中国民间故事集成·河南淇县卷》（油印本），淇县三套集成编委会，1987 年，第
49 页。李中祯讲述；石同勋搜集整理。

② 杨香保等主编：《中国民间文学集成·张家口市故事卷》（上），中国民间文艺出版社
1989 年版，第 261 页。许军讲述；莹石记录整理。

③ 同上。

　　传说故事是广大民众在生活的真实、情感的真实和意象的真实而非历史的真实的基础之上，通过想象和幻想等方式构建的民间话语系统。它是民众内心诉求的映射与展述，有时看似荒诞、无稽、虚臆，却体现了真实的民众心理倾向、民间情感归指和社会心态诉求。郑振铎指出："这故事之所以发生，原因是很简单的，不过是民众的不平心理的结成而已。……事虽无稽，而听者的心则竟得些快慰了。"[①] 民间传说故事之所以有强大的生命力，正是因为这些民间叙事是顺应广大民众的心理需求而生发、流传的。传说故事的演述可以让人们纠结的心变得淡定，不安的心变得坦然。换个角度看，民间叙事从某种意义上说也是广大民众对"民间话语权"的掌控方式之一。人们通过对作为民间话语的传说故事的演述、传承、扩布这种方式，向上层官方主流社会展露、彰显自己掌控的话语权力。纵使再强势的政治话语、官方意志也不可能在民众所编织和建构的民间话语"互联网"上"屏蔽"或"删除"传达民声律动、呈表民意诉求的"帖子"；即便再强大的"皇权"恫吓、谋术伎俩也无法"暴力强拆"那些存在于田间地头、街头巷尾、树荫旁、棚户下的民间叙事空间和场域。传说、故事正是在这样的叙事场域中生发着、存活着、异变着、流传着、扩布着，久而久之，形成了一个具有独特的民间色彩和民间做派的话语系统。传说故事是探究民众文化观念和社会心理的一条捷径：当正当合理的诉求在"上访"时遭遇阻挠或巨大阻力之时，当真实的情感意愿得以正常、正式传达或宣泄的渠道被封堵后，人们只好以变通的方式、变形的形式，甚至是荒诞无稽的演述、离奇幻化的情节，表达出内心的某种渴望或诉求。而众多的传说故事之所以会呈现"关公战秦琼"式的叙事风格，究其原因，在于人们更多地关注叙事的趣味而非叙事的真实，人们更多地追求意象的真实而非历史的真实，此处的"意象"自然包含着广大民众拿历史、拿权威、拿显贵来调侃、消遣的文化心理。在

---

　　① 郑振铎：《中国文学研究》（上册），人民文学出版社2000年版，第162页。

"新异可喜"（《混唐后传·序》语）的同时，这样的意象或情节往往带有戏说的意味，从而形成了中国民间一种别具一格而又顽强不息的审美风尚。当然，戏说的背后有着不容忽视的民间欲求和心声律动以及极具象征意义的"民间文化内码"。

总之，通过对民间话语"潜台词"的解读，我们能够深切地体悟到广大民众爱憎分明的情感意愿和复杂的伦理观念。戏谑与调侃的背后隐含的是人们所养习的叛逆性格和心理及反传统的叛逆精神。

三　反正统的叛逆精神及其社会心理分析

在中国民间，广大民众从来就不缺乏反抗正统、蔑视权威的叛逆精神。可以说，民众叛逆性格的形成，叛逆精神的张扬根源于社会日常生活中所养习的逆反心理及在此种心理基础上所形成习得的社会偏见，而对权威的戏谑与调侃、讥讽与谩骂，又可以看作针对社会压力而采取的一种宣泄的方式，以求达到心理的平衡和情感的满足。根据社会心理学的相关理论，个体非常看重自己的自由感和自我效能感。所以，如果社会压力非常明显，以至于威胁到个体的自由感时，他们常常会反抗。如我们可以想见，儿童们通过做与父母要求相反的行为来证实自己的自由度和独立性。逆反（reactance）心理常常促使人们确实采取行动来保护他们的自由感。研究表明，努力限制人们的自由常常会导致反从众和一种称作"回飞镖的效应"①。如当今的西方女大学生在思考了传统文化对女性行为的期望之后，她们就很少表现出传统的淑女形象。这是一种典型的逆反心理的表现行为方式。同理可证，几千年来，受儒家传统文化和观念熏陶浸染的广大民众，由于正统的道德伦理规范和来自统治者及一整套社会制度体系的社会压力要求他们敬仰尊奉权威，逼迫他们对最高统治者——真龙天子顶礼膜拜，所谓"物极必反"，于是，在强

---

① ［美］戴维·迈尔斯（David G. Myers）：《社会心理学》（第8版），侯玉波等译，人民邮电出版社2006年版，第176页。

大的社会压力下，人们必然产生逆反心理及与之相应的行为举动，即反从众或"回飞镖"效应。通过传说故事这一民间有力的载体和传播手段，人们来寄托他们的情感，表达他们的爱恨情仇，排解和宣泄他们的愤懑和不满，从而满足和体验到"自由感"和"自我效能感"。

逆反心理的养习及逆反行为的长期维持的结果往往是产生刻板印象的社会偏见，而这种偏见正是以"不喜欢他人"为显著特征的。"偏见起源于不平等的社会经济地位以及其他社会原因，包括我们习得的价值观和态度。"① 而社会制度和正统的伦理观念体系又起到了维系和支持偏见的作用。作为权威而出现的上层统治者对下层民众显然存有社会偏见，同样，处于社会中下层的广大老百姓对高层权威权贵也持有很大程度的偏见。具有社会性的人就是这样，人们往往体谅、同情弱者或弱势群体即那些地位比自己低、权力比自己小的人或群体；而倾向于抨击、调侃甚至仇视强者或强势群体即地位较自身高而权力又比自己大的人或群体。体现在杨家将传说中，民众对封建帝王等权贵人物的讥讽、戏谑便是此种社会心理和文化观念的直接现实。对于几千年来中国社会所上演的政治斗争闹剧，民众有着清醒的认识和把握，常言道："胜者为王败者寇。"可见，在中国老百姓的心目中，政治、军事斗争中的"王"与"寇"没有什么本质性的区别，换句话说："王"就是"寇"，"寇"即是王，"王"与"寇"是同质的，他们之间斗争的胜负及其最终的结果与广大民众日常生活和切身利益并无多大实质性关系。因此，基于这种认识，民众对帝王进行带有嘲讽抨击意味的戏谑与调侃，如将其传说为"王八的后代"等，就成了可以理解的行为抑或说能够接受的事实。戴维·迈尔斯指出：偏见一旦形成，它在很大程度上就会由于惯性而持久存在。如果偏见被社会所接受，那么许多人将会跟

---

① ［美］戴维·迈尔斯（David G. Myers）：《社会心理学》（第8版），侯玉波等译，人民邮电出版社2006年版，第253页。

从遵循最为畅通无阻的道路，顺从这种潮流。他们的行为可能是因为恨的需要而产生，但更可能是因为被人喜欢和接受的需要而产生。① 也就是说，人们极有可能是基于从众的心理和群体的压力，才产生了人云亦云的社会偏见，从众维持着社会性偏见，或许我们可以运用这一结论来解释广大民众何以对权威权贵等社会上层人物进行善意的或无心的戏谑和调侃，对上层人物尤其是权威的逸事趣闻或帝王们的宫闱秘事进行戏说或添油加醋式的渲染且乐此不疲。这大概也是人们对此类传说故事喜闻乐道且讲述传承扩布经久不衰的原因之所在。

前文已提及，对权威的戏谑与调侃从某种意义上来说是一种宣泄的行为和方式。社会心理学中的"水压模型"理论认为聚集的攻击能量就像用坝拦住的水，需要一种释放。"一些偏激的言论……帮助释放了愤怒……它通过言语转移了冲突，避免见诸行动。"② 社会心理学家一致认为，与弗洛伊德、洛伦兹等人的猜想正相反，暴力并不能实现宣泄。但幸运的是，我们可以用非攻击的方法来表达我们的感觉和告知别人，他们的行为是怎样影响了我们。"在不同文化情境中，那些能够把对'你'的指责重组成'我'的信息以一种能使别人更好地做出积极反应的方法交流他们的感受。我们可以不用攻击性的方式，而仍然坚持自己的主张。"③ 因此，我们可以说，民众正是通过戏谑与调侃这种平和的、非攻击性、非暴力的言论方式，来释放排解宣泄其愤懑和不满，表达其爱憎分明的情感倾向和意愿指归。这种极富生活气息和现实意义的手段和方式是很有效的，因为"它通过言语转移了冲突，避免见诸行动"。可见，民众的戏谑调侃行为在他们的日常社会生活中起着极为重要的作用，从某种意义上来说，它亦是一种生活的调味剂，一种调节机制，它有着强大的

① ［美］戴维·迈尔斯（David G. Myers）：《社会心理学》（第 8 版），侯玉波等译，人民邮电出版社 2006 年版，第 254 页。

② 同上书，第 304 页。

③ 同上书，第 305 页。

调节、缓和、平衡功能，通过此种行为方式，民众的心理得以慰藉和平衡，情感得到了释放或满足。

焦赞这一人物在杨家将传说中是一个典型的传统意义上的"战神"形象。按照原型批评理论，我们可以找到他的许多前任和接班人，如中国古典神话中的蚩尤、共工这类"失败的英雄"，民间传说故事中的张飞、程咬金等"草莽英雄"，及至后来为人们所熟知并喜爱的李逵、孙悟空或"绿林好汉"或"斗战胜佛"这样的叛逆性格极强的英雄人物。这类人物的共同特点是他们都是蔑视权威，叛逆心理和性格突出，且有铮铮铁骨，与传统势力斗争时不屈不挠、永不服输的"战斗型英雄"。而这类人物形象在民间传说故事里应当说是最有"市场"，最为民众所欢迎和喜爱的人物。人们之所以对此类人物及其与之相关的传说故事宠爱有加，喜闻乐道，就是因为这些人物身上闪耀着蔑视权威、反抗正统之叛逆精神的光辉。像李逵挂在嘴边的口头禅"杀去东京，杀了狗皇帝，夺了鸟位"，这种强烈的逆反心理和反抗意识，天不怕地不怕的叛逆性格正是广大老百姓所钦慕和褒扬的，甚至可以说在人的潜意识层面，这些都是与生俱来的。焦赞就是这种类型的人物形象。如在《焦赞城与孟良寨》传说中，焦赞跺着脚大骂："恶腥世道，害死完了杨家哥哥，不干了，回家占山为王！"及至阵前，他卷了卷袖口："把番兵小儿赶跑了，快快回家上山为王！"动辄就要回家占山为王，足见焦赞草莽英雄、绿林好汉之本色，同时也是他逆反心理和叛逆精神的最好呈现，因为"占山为王"就意味着成为与正统的朝廷和"真命"的天子相对立的"寇"，一个"官"，一个"寇"，显然在正统伦理纲常看来势不两立（尽管在民间有"官匪一家"之说），形成对抗正统势力的局面。传说里，焦赞口头上将万万人之上的皇帝称为"皇上老儿""老昏王"，把潘仁美、王钦之流骂作"王八蛋"，甚至骂道："皇上老儿也不是个好东西！"如是种种言行举止，将焦赞这一侠义豪放、不拘正统、藐视权贵、勇莽无畏的英雄形象刻画得栩栩如生、入木三分，相信民众听了这则传说后,对他肯定是"过耳不忘",印象极深。事实上,在杨家将传说中的英雄群像里,焦赞确是一个备受喜爱和敬仰的人物之一。如在华北广大农村地区年节时所贴的"门神"里,焦赞和孟良便是老百姓要请的"常客",他们作为民众守护家园、保福求安的保护神而被人们所倚重、信赖和崇仰。

民众的逆反心理和叛逆精神还表现在他们在讲述杨家将传说故事时,希冀杨家将不要一味地"愚忠",当"金殿上昏了宋王主,兴起奸来灭了忠"时,杨家将也能够毅然决然地"既然你不念君臣义,俺还论什么奸和忠"。因此,在《斩杨景》(304)这出传统剧目里,杨家将亦有劫法场、杀奸臣、踏金殿、逼昏君之举。《斩杨景》剧情梗概如下:张龙在河涧准备造反。八贤王携寇准、杨景私访河涧,张龙拘押了八贤王、寇准,独杨景脱身,回朝搬取救兵。张龙舅父苏宏,在朝官居太师,苏宏按甥儿书信行事,上奏宋王,言说杨景投了张龙,回朝搬兵是假,企图里应外合夺取江山。宋王听言,欲斩杨景。柴郡主偷了太君将令,聚集众将,劫了法场,救出六郎。六郎随太君上殿,辩明冤枉,宋王醒悟,允许杨景斩了苏宏,而后又命杨景校场点兵,前往河涧搭救八贤王和寇准,捉拿张龙。[①] 相信广大民众在看完这出戏后,在感情和心理上肯定觉得既解气又解恨,原因就在于杨家已不再逆来顺受而被动地遭受奸臣诬陷迫害,而是非常主动积极地保护和维护自身权益,利用武力来与昏君奸臣作坚决的斗争。这种故事情节是符合民众意愿的,在情感上能让他们得到慰藉和满足。杨家的反抗行为和杨家将的叛逆性格实际上是广大民众反叛心理和叛逆精神之体现。诚如八姐的唱词:"若不然咱杨家造了反,杀昏王搭救六长兄。"这恐怕是所谓的"官逼民反"的另一种表达方式。就连柴郡主也"气炸心来咬破唇"地道:"背地不把别人怨,埋怨声叔王无道君,……若不然咱杨家造了反,

---

① 参见王艺生编选、陈导奇校勘《河南传统剧目汇编》(越调第三集),河南省戏剧研究所,1984 年,第 43—80 页。刘凤云口述;罗丝等校订。

杀了我叔王无道君。"正所谓"得道者多助，失道者寡助"，就连同是出身皇家的柴郡主也力主杀"无道君"，这种叛逆心理和精神实则代表了民众的心声。虽然民众受儒家正统的君臣之义的观念影响十分深重，但仍支持赞同杨家的正义之"逆举"，原因很明显，如佘太君所唱："既然他不会君臣义，咱与他论的什么情。"可以说，中国的老百姓是最安分守己、不偏不激的，如若不是被逼得走投无路、忍无可忍，他们是不会想到"反"的。因此，总是先有统治者的昏庸腐败，才会民声鼎沸、怨声载道。中国民众虽天然地具有叛逆心理和性格，但往往是内隐性的、平和的，在日常生活中表现得不是很明显突出，这主要还是与中国的大文化语境有关，较之西方文化情境中的外显性、激越性有着巨大的差异。然而，"冰冻三尺非一日之寒"，这种内隐而平和的性格特征却同时具备了蓄势性，"星星之火，可以燎原"，一旦这种反叛性格和叛逆精神得到张扬和践行，其聚合的能量和威力亦是异常强大的。所以，纵观中国历史，广大民众的每一次揭竿而起，对统治者来说都是巨大而沉重的打击，要么被摧枯拉朽地打击而覆亡，要么元气大伤，无力回天。但与暴力手段相比，中国民众更愿意以温和的、非攻击性的方式和路径来寻求宣泄、释放的门道，对权贵的戏谑与调侃便是其中之一。

民众反传统、正统的逆反心理和叛逆精神还表现在伦理观念和文化心理方面。如在《戏上七郎为啥是黑花脸》（279）中，民众对戏上的杨七郎是一个黑花脸给出了诠释：

……七郎是杨家八兄弟中最勇猛的一员战将，年轻、英俊、顽皮；出征前，佘太君听说北地辽邦女子最喜欢中原男子，于是不免担心起来，怕在两军交锋当中，七郎被辽女看中，勾走，出了差错。想到自己当年强逼杨继业成亲的情景，这种担心就更厉害了。但想来想去，却想不出好办法来。临行前，忽然急中生智，顺手从锅底下摸了一把黑，涂在七郎脸上；于是，一位英俊少年马上变成了一个又丑又凶的黑脸汉。佘太君仔细端详了半天，才放心地带了七郎一同出征。因为这个缘故，后来戏上就给七郎定了个黑花脸的脸谱。①

对于一些事情，民众总有自己的诠释路径与方式，着实让人耳目一新，会意一笑。戏上的杨七郎之所以定了黑花脸的脸谱，原来是因为佘太君担心英俊年轻的杨七郎被辽女看中，勾走，故而"毁容"所致。佘太君当年就是强逼杨继业成亲的，女子逼男子成婚这种事情，本身就是民众反叛正统文化观念的心理之完美展现。正统的伦理观念强调倡导"父母之命，媒妁之言"之类的明媒正娶，像此种女子逼婚的行径是严重地与伦理纲常相悖的，而老百姓却非常喜欢、欣赏这种做法，对之津津乐道，这从一个侧面折射出人们对正统伦理观念所持的态度及其叛逆精神的光辉。不仅如此，民众甚至对正统的仁义观念也进行了戏谑、调侃。《孟良盗心》（230）传说里，孟良和杨六郎是干兄弟。六郎有病快死了，就找了个风水先生看了坟地，修了墓。孟良想陪葬，佘太君不允，他就买了两个陪葬的，后来，孟良起了不良之意，心想：都说杨家将忠心报国，忠君爱民，就想偷六郎的心，看看其心究竟是黑的还是红的，于是他钻到墓里一看，六郎没死，孟良求饶，六郎饶了他将其赶出，孟良觉得无脸见人，就碰死在六郎墓前。② 可见，在民众的观念里，即使是作为杨六郎的"铁哥们"的结义兄弟孟良亦会做出不义之举，居然想偷六郎的心。这种大逆不道的行为显然是与正统道德规范和伦理观念相左的。从另一个侧面讲，这种对"义"的戏谑与调侃确乎反映出民众的逆反心理和叛逆精神。

总之，杨家将传说中所呈现出来的广大民众的反叛性格和叛逆精神是有其社会心理基础的。这种反传统的与正统的伦理观念和道

---

① 马烽、李束为主编：《山西民间文学作品选》，北岳文艺出版社1991年版，第144—145页。石俊文等搜集整理。

② 《耿村民间故事集》（第四集），河北省石家庄地区民间文学三套集成编委会、藁城县民间文学三套集成编委会，1987年，第609—611页。张书娥讲述；张彦哲记录整理。

德规范相左的心理及其所彰显张扬出的精神品格，正是广大老百姓真实心态和情感指归的投射与表达。

民间传说故事的现实意义主要不在学术方面，而是生活本身。传说故事具有张扬民间诙谐、民间幽默的功用和"狂欢"的价值。周作人在《徐文长的故事·说明》中就为我们呈现了具有中国作风和中国气派的中国式"巴赫金狂欢化"话语，现今读来仍饶有趣味、发人深省：

> 至于我写这篇的原因，十分之一由于想供传说学的资料，十分之二由于觉得很是好玩，十分之三由于想不再讲俏皮话，以免招怨，十分之四——最重要的是怕得罪了人，法厅追问时，被报馆送了出去，虽然是用着别号或匿名。因此我就找到这个讲不负责任的笑话方法，倒是十分合式的一种办法。中国反正是一团糟，我们犯不着为了几句空话被老头子小伙子（他们原是一伙儿）受恨，上区成讼；我们倘被通缉，又没有名流代为缓颊，真是"火筒里煨鳗"了。——啊，"旧性不改，依旧落海"，又要说出不相干的话了，赶快停笔还是讲徐文长的故事罢。①

上述引文中虽然没有出现诸如"狂欢""诙谐"等字眼，但其字里行间处处洋溢和彰显着"巴赫金气质"：插科打诨、反正统和颠覆权威。可见，周作人已经从更深的层面认识和体悟到民间传说故事的生活与现实意义，即生活功能和娱乐价值。这恰恰是以最地道的中国的民族风格和本土气派与巴赫金狂欢化诗学完美契合、无缝对接。周作人已经清醒地意识到，传说故事是相对自由和安全的叙事形态，现实生活中的许多内容，诸如与"红"色基调格格不入的

---

① 朴念仁（周作人）：《徐文长的故事·说明》，《晨报副镌》1924 年 7 月 9 日；1929 年 7 月 10 日。转引自万建中《20 世纪中国故事学：发现民间故事的现实意义》，《大连大学学报》2011 年第 4 期。

"黄"色故事，不够素净清雅的"荤"段子，以及与主旋律不相和谐的政治讽喻笑话等"杂音"是不能进入当下社会主流叙事和话语之中的，但却可以通过民间方式、民间媒介、民间叙事、民间话语、民间口吻堂而皇之地"说"出来、"传"开去，并且在"说"与"传"的过程中，逐渐"叙"得有血有肉、绘声绘色。而这种方式及其运作机制恰与巴赫金所主张"充分利用民间口头文学形式和形象体系的权利和自由，对现实社会实行狂欢式的惩治"相契合，从而起到"机智的自我保护手段"的作用；同时，其又与广大民众在演述传说故事时安全地、无所顾忌地欢娱身心这一现实功利目的相一致。诚如恩格斯在《德国民间故事书》中所描绘的那样："当他辛苦地做完一天的工作，晚上回来疲惫不堪的时候，娱乐他，恢复他的精神，使他忘掉沉重的劳动，把他那贫瘠沙砾的田地变为芬芳的花园。……使一个手工业者的作坊和一个疲惫不堪的学徒的寒碜的楼顶小屋变成一个诗的世界和黄金的宫殿，而把他的矫健的情人形容成美丽的公主。"① 广大民众的生活是离不开传说故事的，传说故事可以排解痛苦，可以愉悦身心，可以增添、传播并分享快乐。

综而述之，杨家将传说中，民众对"真龙天子"等权贵人物的戏说充满了戏谑与调侃的意味，通过对民间话语潜台词的读释，我们可以体味出民众们真实的意愿指归和爱憎分明的情感态度。而所有这些都从一个侧面投射出人们反传统、逆正统的逆反心理和叛逆精神。通过解析，我们不难发现，这种精神品格的产生和存在有着深厚的社会心理基础及其特定的运作机制。

小　结

"民间文学的创作和流传过程是民众重要的生活方式之一，和民

---

① 恩格斯：《德国的民间故事书》，载《马克思恩格斯论艺术》（第 4 卷），人民出版社 1982 年版，第 401 页。

众其他的生活方式融为一体，并非是一个单纯的创作和审美过程。……民间文学是一个民族的历史、宗教、信仰、伦理、民俗等留有先民的心理痕迹和经验残余的语言符号，是一个族群的心理生活和现实生活在历史的进程中不断出现和逐渐演化的产物的记载。"①说话是说话者生命的一部分，更是其日常生活的重要组成。传说作为说话和所说的话的形式之一种，作为民间文学的载体和样式之一，自然亦是民众重要的生活方式之一。传说里包含了民众对生活的感知、体验、理解和评价。广大民众所秉持、践行和承续的民间道德伦理观念和文化心理在传说里都得到了很好的投射与表达。杨家将传说同样如此。

杨家将传说中所呈现出来的民间忠孝观念及其文化心理实际上是广大民众长期的生活经验积淀和实际心态的映射和表达。"尽忠"与"全孝"虽然是一组二元悖论式的矛盾关系组合，而且人们有时会陷入"忠孝难两全"的尴尬伦理处境，但民众最终将二者调和统一于实用主义的理念之下。面对"全忠全孝"这一理想的人文关怀模式，人们在区分了正统伦理素养和生活实践层面的变通之后，来对之加以理解和践行。

杨家将传说真实而鲜活地呈现了民间忠奸观和善恶是非观。其中"奸佞臣害忠良将"型故事有其独特的道德伦理蕴含；民众对"忠、奸"理性的辩证思考及对之所进行的价值判断，体现了人们在理智与情感两方面的观照和投入；传说中所折射的民众的真实心态和建立在理性判断基础上的意愿指归告诉我们：民间自有一套伦理规范和行为准则，其间有些价值评判标准和行动指南甚至是颠覆性、叛逆性的。

杨家将传说中，民众对"真龙天子"等权贵人物的戏说充满了戏谑与调侃的意味，通过对民间话语潜台词的读释，我们可以体味出民众们真实的意愿指归和爱憎分明的情感态度。而所有这些都从

---

① 万建中：《民间文学的再认识》，《民俗研究》2004 年第 3 期。

一个侧面投射出人们反传统、逆正统的逆反心理和叛逆精神。通过解析，我们不难发现，这种精神品格的产生和存在有着深厚的社会心理基础及其特定的运作机制。

总之，广大民众创作、讲述、闻听和流传杨家将传说的过程本身就是其日常生活之一部分。人们的文化心理、意愿情感、伦理观念等自然会被自觉或不自觉地流露、灌输及至编织进杨家将传说这一媒介和载体中。因此，深受老百姓喜好的杨家将传说为我们了解、认识并理解民众的心理、观念和情感等精神层面的东西提供了平台。

第三章

民俗宗教与民间信仰

民间传说故事具有认识价值。有些认识价值处于传说故事的表层，容易被读解和领略，而有些则处于故事的深层结构之中，需要我们解读和体悟。由于民间传说故事"不但反映出民间信仰与道德意识，且可窥见社会的背景"①。因此，我们可以通过对传说故事的解读来窥探、挖掘蕴含在其深层结构之中的广大民众的信仰观念、思想意识和文化心理等"质"的价值。这一学术路径，也是对传说故事现实功能和认识价值的充分肯定。

恩格斯指出："即使是最荒谬的迷信，其根基也是反映了人类本质的永恒本性。"② 生活属性和世俗功利目的是民间信仰的基本特质，因此，对传说故事中所体现出的民间俗信进行透析，有助于我们窥探和理解"人类本质的永恒本性"。本章将要重点探讨论析的是杨家将传说中所呈现或折射出来的精神层面的民俗文化事象及活动，而这种非物质性的民俗文化确乎又与物质性、实在性突出的日常现实生活关系密切。民俗宗教和民间信仰是弥散于生活中的，笔者试择取风水信仰与宿命观念、英雄崇拜和女性崇拜、互为表里的生活与俗信三个方面予以具体论述。

---

① 胡鉴民：《民间故事的学术价值——序张清水先生的〈宝盒〉》，《民俗》1937，2 (3、4)，转引自万建中《20 世纪中国故事学：发现民间故事的现实意义》，《大连大学学报》2011 年第 4 期。

② 《马克思恩格斯全集》（第 1 卷），人民出版社 1972 年版，第 651 页。

第一节 宿命观念和风水信仰

把大地作为神秘的超自然的力量加以崇拜，是原始信仰的普遍
形式，这是和人类祖先必须依赖土地这个物质基础分不开的。风水
信仰当是大地信仰发展衍化的产物，由于对土地的信仰，自古以来
就有不得任意掘土的禁忌，在"安土重迁"观念的基础上，特别是
阴阳家、道家发展定型阴阳五行学说以后，不易动土的风水信仰逐
渐在民间乃至官方风行且影响、流行至今。因此，民间的风水信仰
亦可看作人们对土地的信仰由对大地的整体信仰向局部地区土地，
尤其是能够为人类生存提供风调雨顺、安居乐业的自然环境之土地
信仰转移分化的结果。《礼记·郊特牲》载："社，所以神地之道
也。地载万物，天垂象，取材于地，取法于天；是以尊天而亲地
也。"由此可见，大地母亲给人类以生长万物的实惠，是民众信仰大
地神抑或风水信仰的物质依据。宿命观念与佛教所宣扬的生死轮回、
善恶有报等观念密不可分，为其提供了存在的心理基础，当然封建
社会的等级制度和统治者所倡行的诸如"君君、臣臣、父父、子子"
等纲常伦理规范体系同时为宿命观念的产生和维系提供了制度保障
和伦理依据。风水与宿命（命运），一个作为自然的物质性基础条
件，一个作为命运的终极性归属，在民众的意识观念里二者逐渐结
合，发生了必然性的因果关系。杨家将传说尤其是"赵家天子杨家
将"型传说便为我们展现了广大民众所秉持的宿命观念和风水信仰
之一隅。

一 宿命观念和风水信仰在杨家将传说中的投射与呈现

杨家将传说作为广大民众日常生活的习俗惯制和精神信仰、意
愿观念投射和表达的载体，广泛而深入地承载着人们精神、心理层
面的生活蕴含。因此，通过释读"赵家天子杨家将"型传说，我们
可就民众秉持的风水信仰与宿命观念等窥其一斑，通过人们对风水

的"立"与"破"的重视，可以想见民众对风水与宿命之间存在因果关系的认可及其重视程度。

（一）"赵家天子杨家将"型传说的信仰蕴含读释

"赵家天子杨家将"型传说的基本情节梗概如下：

Ⅰ. 赵员外的女儿与一鳖精结合怀孕，后生下一子（赵匡胤或其先祖），精通水性

Ⅱ. 鳖精被赵员外烧成灰，赵小姐将其骨灰保存起来

Ⅲ. 杨家的祖先会看风水，发现龙脉，让小孩将其先祖骨灰放入龙嘴

Ⅳ. 因某种缘故，赵、杨两家骨灰阴差阳错地调换了位置

Ⅴ. 结果赵家的后代当上皇帝，杨家的后代成了杨家将①

这一类型的传说故事尽管异文众多，但不论其故事情节如何变异衍化，寻龙脉和占龙脉都是其中必不可少的情节单元。可以说，正是因为探寻和发现"龙脉"这一前提的存在和占有"龙脉"的阴差阳错，才造就了"赵家天子杨家将"这段民众"口传的历史"。前文曾提到，"龙脉"在杨家将传说中当属非常独特的一种命运之脉，其之所以特殊，就在于它关乎家族（杨家）的命运和前途，杨家成了"挂角臣"，赵匡胤做了皇帝，皆与他们是否占有了龙脉密切相关。占龙脉者，帝也；未占龙脉而挂龙角者，臣也、将也。石龙嘴里之所以能够定君臣，皆依占龙脉与否。可见，龙脉和命运之间存在着必然的联系。对龙脉的探寻，对占龙脉的渴盼与追求，显然反映了广大民众的风水信仰及其相应的行为方式。"龙脉"信仰是民间风水信仰的重要组成部分。在杨家将传说中，风水信仰与宿命观念往往是结合在一起的，我们不妨来看几个例子：

---

① 有的异文里没有赵小姐与鳖精结合的情节，直接是杨家寻龙脉找到赵匡胤或其先祖投骨灰，但结果一致。民间文学或者说民间叙事的变异性特征在此类型传说中表现得相当明显。

　　1. 传说杨家世居河东，子孙兴旺。杨家有个世交，是一个阴阳先生，会寻龙脉。寻到龙脉后，只要把先人的骨灰放到龙口中，这家便会出真龙天子，称王为帝。杨家对阴阳先儿有大恩，阴阳先儿为报杨家大恩，就带着一小袋儿杨家祖先的骨灰，四处替杨家寻找龙地。

　　这阴阳先儿风风雨雨寻了十多年，才发现一道龙脉，顺着龙脉一直寻到新野东四十里的龙潭边，发现一条石龙潜伏在潭内。……

　　……赵匡胤一见，急忙把叔父的骨灰袋放进龙口内，龙口"吧嗒"一声就闭住了。……他折了一根芦柴棍儿去撬龙口，不但没有撬开，连芦柴棍儿也断在龙口里了。赵匡胤没办法，只好给杨家骨灰挂到龙角上。

　　因此，后来赵匡胤做了皇帝。而在他坐朝前先有柴王垫底。杨家的骨灰因为是挂在龙角上的，所以世代替赵家挂帅出征。[①]〔《阴阳先儿寻龙脉　赵匡胤探龙潭》(162)〕

　　2. 杨继业的祖先要择坟，请了一个阴阳先生看风水。……阴阳先生围着这个奇怪的水池转了几圈，回去和杨家说："这个水池里有个独角石龙，龙头就在靠近底部的石壁上，谁能把祖先的骨灰用红口袋装上，塞进石龙的嘴里，谁家就能够出大贵人。"……

　　他（赵匡胤之父）便赶快把他爹的骨灰袋塞进了龙嘴里。……把杨家的骨灰袋挂在了龙角上。……所以后来赵家得到天下……杨家只是祖祖辈辈忠心保大宋江山，并且杨家出征，始终是"独角将军"。[②]〔《宋朝的江山应该是杨家的》(179)〕

　　3. ……老杨家让风水先生算了一卦，风水先生说在深海里

　　① 曹宝泉主编：《河南民间文学集成·贵地新野的传说》，文心出版社 1993 年版，第59—60 页。刘红春讲述；葛磊采录。
　　② 杨香保等主编：《中国民间文学集成·张家口市故事卷》（上），中国民间文艺出版社1989 年版，第259—261 页。许军讲述；莹石记录整理。

有一石龙正是好风水的地方。……照红灯（赵匡胤之父）把自家的红布包一下子扔进了石龙的嘴里，……只好把手中的（杨家）红口袋挂到石龙的龙角上。……老杨家成了挂角元帅，……照红灯有了儿子，坐了皇帝，他就是宋太祖赵匡胤。① [《石龙嘴里定君臣》（180）]

4. 有一年，一个算命的老头对杨家的人说，到年底时，将祖先的遗骨放入龙山的巨龙嘴里，儿孙们就能做皇帝。……仆人（赵家先祖）就先把自家的红包放进去……把杨家的红布包挂到石龙身上回去了……后来，杨家人无论多有能耐，却没有能当上皇帝的，祖祖辈辈只能为将……② [《杨家"将"的故事》（105）]

5. 北岸赵家庄，有个赵员外，会看"风水"，远近闻名，人称"风水先生"。……赵员外在看风水时就发现，这江里有一条大火龙……（杨家儿郎）手捧赵家骨灰朝着龙口扔了进去……把自己家的骨灰挂在龙角上。……龙吃了赵家的骨灰，就成了真龙天子……杨家的骨灰由于挂在了龙角上……成了龙的"保驾官"。③ [《为什么赵家江山杨家保》（95）]

以上所列举的只是"赵家天子杨家将"型传说故事之一小部分，此外像《赵家天子杨家将》（33，34）、《杨家咋成了"挂角臣"》（35、36）、《杨家保国保朝的传说》（117）、《杨家将的来历》（207），等等，皆为此种传说类型，而凡此种种传说故事又都无一例外地与民间的风水信仰牵连在一起。那么人们为什么用有关风水的知识和观念来解释赵、杨两家的命运和民众"口传的历史"呢？风

① 杨香保等主编：《中国民间文学集成·张家口市故事卷》（上），中国民间文艺出版社1989年版，第262—265页。苏天翔讲述；杜立忠记录整理。

② 《山西阳泉矿区民间文学集成》，阳泉矿区民间文学集成编委会，1988年，第21页。张二棒讲述；赵振华搜集。

③ 《长治市郊区民间故事集成》，长治市郊区《三套集成》编委会，1987年，第10—11页。韩六只讲述；韩树成搜集整理。

水知识及其信仰是从古代沿袭至今的一种民俗文化现象，一种择吉避凶的术数，一种广泛流传的民俗事象及活动。从某种意义上来说，它又是一种有关环境与人的学问，一种理论与实践的综合体。风水可分为阳宅和阴宅两大部分，阳宅是活人的居住活动场所，阴宅是死人的墓穴。风水理论有形势派和理气派之分，前者重在以山川形势论吉凶，后者重在以阴阳、卦理论吉凶。风水的核心是"生气"。它涉及龙脉、明堂、穴位、河流、方向等，同时又有诸多禁忌，对时间、方位、地点都有讲究。"赵家天子杨家将"型传说里所涉及的便是风水知识、信仰体系中的"龙脉"信仰及其行为方式。在民众观念中，"风水"主宰着自己乃至子孙后代的"命运"，人生的吉凶祸福、生老病死和官运财运等都与风水联系在一起。而"龙脉"却是能给个人或家族带来最大福祉的终极性风水，一旦发现了龙脉并占有了它，就意味着家族兴旺、官运财运亨通，直至成为至高无上的帝王。因为"寻到龙脉后，只要把先人的骨灰放到龙口中，这家便会出真龙天子，称王为帝"。"龙脉"这种独特的风水，显然属于风水理论中的"形势派"，如《为什么赵家江山杨家保》所描述："江里有一条大火龙，尾在山上，头在江底，龙口大张"，即"龙脉"是依据山川地理的形势、气势而确定的。所谓的风水宝地必定是有"生气"之地，晋朝学者郭璞在《葬书》中指出："葬者乘生气也。经曰，气乘风则散，界水则止，古人聚之使不散，行之使有止，故谓之风水。"可见，风水宝地乃凝风聚水、生气常驻之所。而这样一个场所恰又是最适宜人居之地，有风有水，气候合宜，因而便于劳作，物产丰富。正因"赵员外"会看风水，所以"他家外设商号多处，内有良田千顷，家大业大，长兴不衰"。其昌盛的家业显然与风水有着必然的联系。而这正好说明广大民众对风水的认识，即只有占了好风水，才家兴人旺，殷实富足，反之则不然。现实生活中，人们对此观念是认可的，这也从一个侧面折射出民众的风水信仰及其心理。

说起风水及其信仰，不能不提与之密切相关的一类人物——风水先生。杨家将传说中，龙脉的发现者或预言者有的是"风水先生"，有的是"算命的老头"，抑或是"阴阳先儿"。古代术士的种类主要包括山、医、命、卜等，而"山"便是指地理先生、阴阳先生、风水先生、堪舆师、看山先生等。他们以阴阳五行为指导，为民间选择寺院地址、房基地、确定坟地。风水先生作为民间风水信仰的媒介，在民众中有着很高的地位，为人们所倚重，因为在民众看来，看寻风水、探求宝地，非常人所能为，必须有一通灵的媒介，而风水先生具有此种能力，能看到常人所不能觉察的东西。例如，民间对看风水的阴阳先生常认定其有"阴阳眼"，即能够见识到所谓的"阴间"的物事。所以，正因他们在人们心目中有着超凡的能力和丰富的风水知识及经验，才备受民众青睐。说到底，风水术士是应广大民众风水信仰的需求而产生和存在的。正是人们相信"风水"，对风水宝地的存在深信不疑，所以才想借助"风水先生"来帮助自己达成寻风水和占风水或享用风水之目的。

对于处在社会底层的广大老百姓来说，处于社会顶层的最高统治权威是可望而不可即的，但是人们依然梦想和憧憬着"皇帝轮流坐，明年到咱家"的美好图景。由于历史的、阶级的和认识的等原因而积淀的思维方式、认知心理及其惯制习俗，人们相信冥冥之中人的身份地位和命运走向等是有定数的，而风水的好坏正是决定个人及其家族命运的关键性因素。所以表现在杨家将传说中，赵匡胤之所以能皇袍加身、登基称帝，原因就在于其先祖占据了能够产生"真龙天子"的龙脉这一终极性好风水。因此，广大民众所理解并认同的风水好坏可以影响其家族、子孙的盛衰吉凶，其不仅仅是简单的风水信仰问题，而且为我们提供了一套阐释的框架和机制。风水知识、观念为民间社会所承认、接受并转变为民俗信仰的过程，乃是一种价值转换及意义生成的过程。因之，在宗族组织和乡族势力比较发达的乡土地方社会中，风水观念、信仰其实也为家族以及乡族势力的发展空间提供了一套圆融自足的文化解释机制，特别是为家族文化事业的进步提供了一种神秘的刺激反应机制。

（二）看风水与破风水

广大民众在日常生活中对风水知识的了解及对风水的信仰、重视程度，在杨家将传说中表现为人们不遗余力地找寻风水和暗中破坏风水两个方面。从对风水的"立"与"破"中，我们能够体味风水在民众生活中的重要性。

《孟良盗心》（230）传说中讲，杨六郎有病快死了，于是就找了个风水先生看了坟地，修了墓。而在"赵家天子杨家将"型传说里，占据龙脉的方式亦是必须将自家祖先的骨灰投入"龙脉"的龙嘴里，供其食用，其子孙方能转生为"真龙天子"。前已提及，风水分为阳宅和阴宅两大部分，阴宅是指死人的墓穴。"阴宅风水"亦并非全是迷信，其也有一定的合理因素，蕴含着某些科学和真理的颗粒，尤其是在对人的心理和情感的慰藉和满足方面起着异常强大的维系功能。"阴宅风水"的成因和传播中占主导地位的是与灵魂不死和生死轮回等联系在一起的俗信。跟灵魂不死的观念相联系的是认为有一个与人类社会即"阳间"相对应的阴间。尤其是佛教传入中国后，老百姓普遍接受了这一观念。既然人死后要进入阴间，那么为了使死者能在阴间过得好，当然就要好好地选择和修建墓地了；墓地选择得越好，坟墓修建得越好，人在阴间就越能享福，并且还会"福荫子孙"。在民间许多民众对此是深信不疑的。杨家将传说中，杨六郎请风水先生择坟地修墓的做法，显然属于看寻"阴宅风水"。灵魂不死和生死轮回等观念是民众信仰阴宅风水的主要心理基础，人们对阴宅风水的信仰和不懈追求，是以驱邪禳灾，求福避祸、得到祖先的庇佑和荫福为终极心理诉求的，如果一味地以迷信和糟粕而否定之，恐怕有失公允。

与探寻找求风水相对的便是为了某种目的或利益而故意破坏好风水。如在《潘仁美坟与晒骨桥》（15）传说中，杨六郎和八姐兄妹二人在黑松林把潘仁美杀死后用枪将其头挑了扔到河对岸的半山腰里，但潘仁美的头却被半崖里溜下的一堆土给掩埋了，为破其风水，人们就在坟的下边挖了两只窑，所以潘坟下有两个窑。就其实质而言，破风水当是一种巫术且属模拟巫术。如前所引，郭璞在《葬书》中对风水解释道："葬者乘生气也。经曰，气乘风则散，界水则止，古人聚之使不散，行之使有止，故谓之风水。"其意思是说，埋葬死者要寻找和利用有生机的地气，也就是乘生气；而生气见风则散，遇水则止，古人就尽量使它不散，而让它聚集，所以便叫风水。在民众观念中，被曝尸的潘仁美的头居然能被半崖里溜下的一堆土给掩埋，天然成坟，说明这个地方肯定是风水宝地，而广大民众在意愿和情感上是不愿让潘死后占据好风水的。于是因为"气乘风则散"，所以，人们就在潘坟的下边挖了两座窑，有了两座窑，"生气"便无法聚集，随风而散，也就破了其风水。之所以说破风水是一种模拟巫术，是因为表面看破风水针对的是自然物，而其本质上是指向人的，因为风水与人或其家族有着必然的联系，风水可以说是家族的命脉，一旦将其破坏，就意味着此风水的占有者将从根源上遭受打击，丧失天时、地利甚或人和诸因素之利，从而对其家族的发展走向和前途命运产生极为不利之影响。显然，在这里风水的破坏实际是对人的诅咒和迫害。因此，破风水带有很强的模拟性黑巫术色彩。而在传说《潘仁美破风水》（90，106）中，更是为我们呈现了奸臣潘仁美奉旨破坏风水的全过程：

　　"砍倒神杨树，斩断卧龙岗"，这是流传在太原西山古交民间的两句古话。……

　　赵匡义毁灭了晋阳城后，有些臣子对他说，太原地区有王气，西山就像一条横卧的蟠龙……如果再不破坏这地方的风水，彻底消灭王气，还会再出个真龙天子，那赵家的江山恐怕就坐不稳当。……就下令叫潘仁美进西山拔龙角，斩龙脉。

　　潘仁美把石岭关附近系舟山的顶峰铲平了，算是拔了龙角。又上了西山的石千峰，向四面瞭望，果然发现北坡下有一株高大的青杨树，亭亭直立，树冠形同伞盖，高有七丈，粗够三围。

　　有人就指给潘仁美说："你看那株大树，多么像是帝王的伞，那下边必有龙脉，必须砍倒这株大树，再斩断下边的龙脉，才能破了风水。"

　　……说也奇怪，白天在树上砍下的斧印，卧龙岗上挖下的壕沟，二日天明一看，就都恢复了原来的样子。潘仁美就强迫士兵……一连折腾了七天七夜，大树砍倒了，树里流出了许多红色的液汁，龙脉斩断了，从壕底挖出了不少巨大的龙骨。

　　……石千峰到西铭的路上，有个叫斜道的小村，原来叫"潘道村"，据说是潘仁美指挥破风水时在这里住过，太原人痛恨他，后来才改成"斜道"的，隐含邪门歪道之意。

　　……①

　　在民众的意识里，既然龙脉可以寻可以占，那么也就可以破可以坏。而"砍倒神杨树，斩断卧龙岗"正是潘仁美破风水（太原地区）的具体举措。太原西山的风水当属风水理论里的气势派，因其"就像一条横卧的蟠龙"。风水理论中的"生气"在此表现为"王气"，正因为有此带有"王气"的风水宝地的存在，所以太原地方才不断涌现"真龙天子"，这就是老百姓"口传的历史"。故而唯有"拔龙角，斩龙脉"，破其风水，方能保证赵家的江山坐稳当。将此与"赵家天子杨家将"型传说联系起来看，赵家正是通过占据了龙脉，才坐了宋朝江山；而太原地区正因为有龙脉的存在，才会"再出个真龙天子"，从而对赵氏江山构成极大的威胁。所以在这里就表现为对龙脉的"专利权"进行保护的问题，唯其独家注册、享用，取得对"龙脉"的垄断性占有地位，排除、破坏其潜在的竞争势力，才能坐稳江山。因此，破风水就显得格外重要，关乎社稷安危。在这一占一斩的冲突斗争中体现的是人们对风水的关注。通过故事讲

---

　　① 《太原民间故事》，太原市民间文学集成编委会，1990 年，第 202—203 页。叶荣斌讲述；廉介荣整理。

述者绘声绘色、生动形象地描述"拔龙角、斩龙脉"的详细过程，可想见广大民众对龙脉的存在和风水关乎全局关乎命运的重要价值是深信不疑的。人们之所以将"潘道村"改成"斜道村"，其根本原因就是潘仁美破了太原地区的好风水，太原人痛恨他，才取"斜道"之邪门歪道之意来表达对潘的憎恨厌恶之情。这也从另一个侧面反映出人们确信龙脉的存在，并相信风水一旦被破，对其后世的生活必然产生极其不利的影响，而其中之一就是再不会产出帝王级的权贵人物。另外，民众通过"挖断堑""斜道村""龙血沟""龙子沟""龙子村""半沟村"等一系列与此传说相关的地方命名，来对这段"口传的历史"加以标识和追忆，对逝去的风水宝地加以缅怀和再现。由此亦足可见民众对风水知识的了解、理解和风水信仰之深入人心。总之，对风水的探寻、渴盼承载着人们美好的联想和积极的心理暗示，风水信仰表现出文化内码作为民间共同认同并传承的文化基因所具有的意义，从而帮助我们认识民间信仰及其相关活动的价值。

（三）风水与宿命的因果关系

民间的风水知识之所以普及，风水信仰之所以流行，主要原因就在于广大民众的意识观念里，风水与命运（宿命）之间存在着必然的联系，这一点在杨家将传说中有着鲜明的呈现。人们普遍相信如果发现并占据了好风水，其人其家族在好风水的庇佑和保护下亦必然家大业大，繁荣昌明；反之，也必将给自身及其家族带来难以卜测的不幸和灾难，这亦是民间不遗余力地追寻找求以便占据"风水宝地"的重要心理基础。

很明显，到了科学和技术，尤其是环境保护和建筑学高度发展的今天，恐怕谁也难以否认人们的住宅基地周围的风向水流与其自身安危、祸福之间的关系了。自古至今，由于住宅基地选址不当而在突如其来的山体滑坡、泥石流、地面下沉或其他自然灾害面前，人们的生命财产遭受灭顶之灾的事实，已经足够触目惊心的了！所以再把"风水"及风水信仰与迷信不加分析地联系在一起，是站不住脚的。笔者以为，风水观念和风水信仰及对风水的追求的实质，是人们对资源和生居环境的关注及竞争的折射和映现。风水学说及信仰从它产生的那天起就反映了人类对自己所处的客观环境的认识、利用和改造，积累并凝结着人类的经验、智慧，包含着科学的萌芽并记载着人类在向客观真理艰难探索中的步伐和进程。但由于古人抑制自然灾害的能力太差，常有房屋倒塌或与宅址地基相关的其他祸事发生。而人们对于这些现象限于当时的科技水准又无法做出科学的解释，于是便将其看成是"神"的力量的主使和安排，把"风水"与命运或者说宿命联系起来，并天然地看成为一种因果关系，即风水决定命运，人的宿命乃与风水密切关联。前面说过，风水观念和信仰与人们所秉持的灵魂不死、生死轮回观念和阴阳五行学说的深重影响是分不开的，与其说风水知识和风水信仰是迷信，倒不如将其界定为俗信，也许这样更客观公正些。当然，杨家将传说所呈现给我们的是民众观念中认为风水与宿命之间存在因果关系，透过"赵家天子杨家将"型传说和有关看风水、破风水的传说故事，我们不难领会并理解风水信仰在民众生活中的重要地位及其所带来的根深蒂固之影响。

总之，宿命观念和风水信仰在杨家将传说中得到了鲜明而生动的投射与呈现。并且民众往往将二者结合起来观察、理解、诠释一些现象和问题。在民众看来，风水与个人及家族的命运有必然的因果关系，风水决定命运，命中注定的一切乃风水所规定所导致。风水和宿命，如果将这二者统筹于中国民间信仰中最高的宇宙观及哲学概念——"天"的话，宿命可说成是"天"在统御人，那么风水则可以说是"天"在统御物（环境）。由此推之，宿命观念和风水信仰则体现的是广大民众对生存环境和现实生活的关注及其对二者之间关系的理解与认识。

二 风水、宿命和生活

风水信仰和宿命观念虽然以意识观念的形式存在，以信仰行为表现出来，但归根结底二者都是以生活为终极性指向和归宿的。这其中有两层含义：首先是指广大民众的风水、宿命观念及信仰是基于生活或为了生活；其次是说风水、宿命信仰及相应的行为方式本身就是生活的一部分。意即，信仰风水、相信宿命等诸表象背后所真正昭示的是人们对切身的现实的日常生活的关注、重视和体验。

（一）从生活的维度看风水信仰

风水信仰传统是中国传统知识体系和观念系谱的一部分，同时亦是中国民俗宗教信仰的组成部分。以傅衣凌为代表的乡野历史学派主张将风水信仰或习俗放在"文化·社会·人"这样一个三维系统中，展开"事态—心态"的互动研究。这样的研究范式强调既要描述客观意义上的风水知识、习俗事态、民俗事象等，也要表达主观意义上的风水信仰及其心态。换言之，作为调查研究者，要学会换位思考，实现角色转换，不仅要站在"客位"的立场上进行所谓的"深描"，更要以"主位"的视角去理解、揣摩、分析广大民众的真实心态和精神生活。真正从"生活者"或者说"当事者"的维度去观察、了解、评价人们的风水信仰行为，唯有通过体味普通民众是如何看待风水知识及观念的，才能做一个名副其实的"理解者"。万建中在以巴赫金"狂欢化诗学"为导引随想民俗生活本身的魅力时指出：

> 民俗是一种意义明确的行为与言谈，是一种传承性的社会交往行为，是一种多向度的群体性的理解、意义释放和情感宣泄的活动。……"民俗"称谓如同民情、民心、民声、民主、民怨、民生等以"民"作为偏正的词语一样，体现了"民"的主体性与广泛性。民俗又将民情、民心、民声、民主、民怨、民生注入自身本体之中，使人们生活饱含温情与欲望。民俗事象较之任何文化意识形态和生活形态都更强烈地表现出普遍的人文精神。在所有人文社会科学的学科之中，唯有"民俗学"和"民间文学"将"民"的主体地位突显出来，说明这一学科

不仅在进行演绎、归纳、推理、分析、综合等学术性操作，而且需要感性的、情感的和实际的人文关怀。①

诚然，在现实生活和民俗语境中，民俗仪式抑或民间叙事展演的特定场域既确立了研究者与研究对象双方各自的自由而独立的主体性，又建构了双方平等的对话机制，而且，这是一种乌托邦式的、充分体现人文精神、充满人文关怀的极其温馨的对话机制。刘铁梁曾指出，"民俗学者应该是最会善解人意、最能理解、同情老百姓的人"②。亦即我们应该真正务实地以现实的日常生活为平台，从广大民众自身及其切实生活入手，看其是如何生活的，从而更好更准确地把握他们的真实心态和精神世界。

包括"赵家天子杨家将"型在内的呈现出风水观念及信仰的杨家将传说其实是广大民众所秉持和践行的风水知识、观念等内敛化为一种社会记忆形式后所生产的文化图像和象征秩序。通过传说故事得以映现和表达的风水知识及观念随着传说的传播、传承和扩布为民间社会所认可、接受并转变为民俗信仰的过程，亦是风水信仰走向民俗化或仪式化的过程。民间叙事的过程和叙事的结果构建了民众在文化认同基础上的群体记忆和映象模式，而这一过程，也是民间的社会与文化走向多元整合的路径之一。

人是社会的人，更是文化的人，但同时却又是实实在在生活的人。风水信仰作为一种民俗事象和民间信仰，作为弥散性和历时性均至广至深的强大惯性力量，对当代社会生态与社会心态及生活指归有着极大影响。民众讲述、传说杨家将故事尤其是当中涉及风水信仰的内容，自然有其消遣成分和娱乐性，但可想见，所谓"我口表我心"，心有所思，口有所述，作为以利好民众实际生活为指向的风水观念、信仰投射、呈现于杨家将传说中亦是在情理之中。

---

① 万建中：《关于民俗生活魅力的随想》，《山东社会科学》2010 年第 7 期。
② 刘铁梁：《宗教民俗学讲义》（未刊稿），2006 年。

（二）宿命观念产生与维系的心理基础

杨家将传说中除对风水信仰有所映现外，呈现宿命观念的篇目也不在少数。如《杨五郎出家》（2）、《杨七郎归位》（11）、《佘太君招亲》（12）、《吕洞宾盗天书》（16）、《李陵碑》（53）、《"杨公忌"的传说》（169）等传说故事对宿命观念均有投射。下面就择其要者摘录概纳之：

《李陵碑》（53）传说中，辽邦入侵，杨家将英勇杀敌，辽兵败退雁门关外金沙滩一带。韩昌串通奸相潘仁美，假借聚宴和谈，想乘机杀死宋王和杨家将。杨继业识破奸计，让大郎假扮宋王，并送大郎袖箭一支，嘱咐："先下手韩昌，后下手遭殃。"大郎错听为：先下手为强，后下手遭殃。和谈破裂，大郎甩袖箭杀死天庆王，韩昌大怒，杀死大郎。杨家父子血战突围，剩五郎、六郎、七郎。七郎回营求援，继业又与五郎、六郎失散，一人孤身奋战，退至一道山谷中。他人困马乏，碰到一牧羊老人问是何地，牧羊人答道：此地叫两狼山，前面不远是马道头（马到头）村，是辽邦属地。继业听罢长叹："羊入狼口马到绝路，此乃天亡我也。"遂撞"李陵碑"殉国。[①]

《佘太君招亲》（12）中说，杨继业与佘太君在府谷县七星庙中山盟海誓，喜结良缘。佘赛花指着七个神像说："日后照样能生下你们这样七八个。"赛花是王母娘娘的女儿下凡，说了啥就应验啥。于是王母娘娘让七星庙里的七位天神去投她的胎，打发一个神童下凡给她做义子。这就是人们常说的七郎八虎。[②]

在《杨五郎出家》（2）的传说中，广大民众对杨五郎出家的原因给出了这样的诠释：金沙滩大战中，杨五郎奋力杀出重围，却不见一兄一弟。想起随父兄游五台山时，老方丈送给他的小红布包，

---

① 参见《雁北民间故事集成续编》，山西省雁北地区民间文学集成办公室，1989 年，第 159—160 页。赵俊讲述；李振华搜集整理。

② 《中国民间故事集成·陕西卷》，中国 ISBN 中心，1996 年，第 109—110 页。白仓讲述；杨文岩采录。

打开后是剃头刀、僧衣、僧帽等物。原来游五台山时，老方丈讲解佛法，杨五郎听得入神，老方丈看出其心事，遂送他红布小包，并说："这件东西，你随身携带，不要随便打开，如遇到大灾大难，打开一看就知道了。"五郎想到家仇国恨和老方丈的点化，遂含悲忍痛，剃发为僧。①

《杨七郎归位》（11）这则传说更是充满了神话、传奇色彩，体现了深重的宿命观念。传说里讲七郎是黑虎星下凡，有"瞅箭法"，箭射不到他身上。七郎回营搬兵中潘仁美奸计。潘仁美唤一百名弓箭手要射死七郎，但不中，潘要处死弓箭手。七郎为救弓箭手让潘给他磕三个响头，喊三声七爷，教给其破解之法（把脑门上的肉割下遮住双眼）。天兵天将手捧玉皇的圣旨，来召他归位，射了七十二箭才将七郎射死。②

而在《"杨公忌"的传说》里，民众更是把忌讳、禁忌、谶言、偈语等民俗事象与信仰跟宿命观念结合在一起。

> ……传说，宋太宗赵二舍，中了辽国的计策，前赴北国会谈，杨家将在杨继业率领下，七郎八虎闯幽州，前往保驾北征，行兵到两狼山前，杨继业认为此次行兵犯了地名之忌，自己姓"杨"，"羊"遇狼，又遇两"狼"难以取胜，告诫子弟官兵都要小心，结果，在战争中，遇到了埋伏，兵败金沙滩，杨家将受到严重损伤……③

以上之所以列举这么多涉及民间宿命信仰和民众宿命观念意识的例子，目的就是想借此说明、佐证老百姓所秉持的宿命思想影响

---

① 《中国民间故事集成·山西卷》，中国 ISBN 中心，1999 年，第 73—74 页。乔功讲述；石俊文采录。

② 《中国民间故事集成·河北卷》，中国 ISBN 中心，2003 年，第 91—92 页。田世清讲述；赵相如采录。

③ 《中国民间故事集成·濮阳市卷》（上卷），濮阳市民间文学集成编委会，1990 年，第 487 页。王启民讲述；崔金钊采录。

范围及力度之广深。前文所论及的"龙脉"或者风水与宿命之间的因果关系便是宿命观念的表现形式之一。杨家将传说中，像"下凡""转生（世）""预言""谶言""偈语""咒语"等诸如此类的宿命观念的具象表现模式亦是很多的，如在《刘金定招亲》（165）这则传说里讲"唐朝不出刘金定，宋朝不出穆桂英"，说穆桂英是刘金定转生的。传说里对刘金定的成长经历及婚事的讲述更是充满了宿命色彩。

> ……只听庙门内一阵哈哈大笑，走出来一位鹤发童颜的老道长，问道："姑娘，你今日得到的战靴、战马、战刀三件宝，此乃上天的旨意。贫道愿收你为徒，传授武艺，日后去除暴安良，为国效力。"……满师那天，老道长免不了最后嘱托一番，末了又递给她一张纸，上写四句话：头顶冲天冠，腰横一口刀，空山罩古井，忠心保当朝。……①

这种带有先知的预言色彩的偈语是什么意思呢？原来"头顶冲天冠，腰横一口刀，空山罩古井"是一个"谜面"，其谜底是一个"高"字，正暗示刘金定的夫君是一姓高的武将，且又"忠心保当朝"，所有这些都指向了传说里的男主角——高君保。这像猜谜一样的偈语应验方式正是宿命观念的一种体现。后来，刘金定强行招亲，逼迫高君保娶她时，也正应验了高所赌咒发誓时的咒语："我（高君保）若反悔，将死在上不沾天下不着地的地方。"刘吩咐人用藤条拴住了高君保的脚脖，将其吊在离地几丈高的石崖上。高无奈，只好应了这门亲事。更有趣的是，传说讲由于赵匡胤骂了声黄金条和葛藤该"断子绝孙"，因此，大滴水崖和小滴水崖附近，再也不生黄金条和葛藤了。这里由于"真龙天子"的金口玉言，断送了葛藤在此

---

① 陈永省主编：《河南民间文学集成·信阳地区故事卷》，中原农民出版社1992年版。李勇等讲述；张楚北等采录。

处生长的权利，可以说是它不幸的"宿命"。可见，宿命思想、观念在此则传说中得到了充分而集中的体现。其实，在广大民众看来，无论是佘太君生下"七郎"抚养"八虎"、杨五郎出家，还是杨七郎归位、杨继业犯了"羊入狼口马到绝路"的大忌，都是命中注定的，是他们的宿命所致。究其根源，从根本上杨家保赵氏宋室江山就是最本原最本质的宿命，即是说"赵家天子杨家将"这一宿命就规定其家族及内部每一个成员都必定有自己的宿命轨迹。不管是"白虎星"下凡的杨六郎，还是"黑虎星"转世的杨七郎，其人生经历和活动路径终不能摆脱宿命的圈囿和规定。

广大民众所秉持、崇信的宿命观念其产生与维系有着广泛的社会心理基础和深厚的生活内涵，绝不能将其不加分辨地简单地归结为迷信或封建糟粕。宿命观念有其社会的、阶级的和思想文化等方面的根源。在中国社会甚至整个人类文化进程中，由于社会、政治、经济地位的差别和各种不公，阶级或阶层的私利和需要，以及由于种种原因所造成的中、下层民众或群体的相对落后、愚昧、偏见和无知，等等，极容易导致人们产生命由天定或命中注定等宿命论心理和观念。伴随人类认识和科学文化水平的提高，下层民众以至中、上层统治者和特权阶层往往非但不能利用人类知识和科学文化的最新成果去剔除以往文化中含有迷信的成分和糟粕，反而会经常把最新的成果转变成为对过去的迷信和糟粕进行注释乃至翻新的手段。这种现象不仅仅反映在风水信仰和宿命论思想这两种民间俗信上，在其他民间文化甚至上层文化、官方文化上也都毫无例外地反映了出来。处于社会中、下层的中国老百姓，如果其能够享有维持正常生活的温饱条件，他们是最安分守己、与世无争的，然而在现实生活中，迫于自然（天）和社会（替天行"道"者及其制度）双重的压力或打击，广大民众艰难地在夹缝中求生存谋发展。前已提及，如果说风水信仰是"天"在统御物（环境）的话，那么宿命观念就可看作"天"在统御人。基于此，在日常生活中人们往往将生活中的幸福美满抑或黯淡凄凉、事业上的亨通昌达抑或挫折难阻、个人或家庭或家族的兴旺欣荣抑或灾祸凋敝等，归结为宿命、时运等形而上又带有某种神秘色彩的东西上。人们奔劳奋斗的结果无非有二，要么成功，要么失败。成功者，上苍保佑，"命"好也；如若失败，就是时运不济，"命"苦也。而这恰恰又为个人或家族的兴衰成败提供了一个解释的平台和一套自圆其说的文化阐释机制。即便是无神论者（而中国民间大多为杂神信仰者），在一帆风顺，事业有成时往往会臆测一冥冥之中的佑护力量；而多灾多难，不如意时更会假想一"莫须有"的无形力量从中作梗；而这二者最终都会被主观地归结到终极性的"宿命"上。而此种归结途径或结果并非全无利好之处，最起码能在精神上、心理上给人以安慰、抚恤，在情感上找到得以满足或宣泄的突破口。也许人们会在这种"合理"的归因或解释的基础上，重新面对生活、思考问题以便从头再来。因为民间的宿命观念并非是单向的、静止的、无解的，它是圆融的、辩证的：既有时运不济、命中注定之说，但同时亦有"三十年河东，三十年河西""风水轮流转"之动态视角。而这恰恰又是广大民众始终对生活充满信心、积极向上的心理动因。

（三）风水与人和命运

通过透析杨家将传说，基于将民间俗信置于"文化·社会·人"这样一个三维系统从而进行"事态—心态"的互动研究范式，我们可以将风水与人和命运之间在观念意识层面上的互动关系用如下关系三角来表示：

　　传说故事里所反映出来的风水与人和命运之间的互动关系，这一表象背后实际上隐含的是事态与生活和心态的深层互动关系。风水信仰活动在表面上显现为一个民俗事象或事态，而这一事象却又是广大民众对命运或宿命的理解与思考的心态轨迹的映射与表达，它真实地折射出民众精神世界的活动。而不管是事态层面的风水信仰表象还是心态维度的宿命观念质里，二者最终都统御于生活指归的终极性主体——人。这个关系三角里的因素并非是单向流动和运作的，在此框架内的每一极（三角顶点）彼此间都存在着交流与互动。风水信仰事态和宿命观念心态作为民间的民俗信仰文化对表现为社会性的人和文化性的人这样一个复合体有着强大的熏染作用和模塑功能。而作为生活的主体和以生活为终极指向的人无疑又是文化的创造者、享用者和传承者，同时亦是社会的主体性因素。因此，人和人的生活是这个关系三角系统中最积极、活跃及最富有活力和创造性的主导因素。心态的宿命观念由生活着的人来把握和秉持；事态的风水信仰活动由人来开展和扩布传承，并且风水信仰活动本身就是人们日常生活的具象形态之一部分。可见，无论此关系三角中的因子如何运转，具有生活属性的人都是其中必不可少的关键性环节。对此，我们又可将上述关系简化为下列图示：

　　　　　　　　　　事态 ←——→ 人 ←——→ 心态

　　由此，我们可知，民间信仰与民俗文化都是"以人为本"的。民众所产生和秉持的文化心理和观念也好，人们所开展的各种民间信仰活动也罢，其终极目的都是指向于人服务于人，以生活为依托和归宿的。总之，透过杨家将传说所呈现的风水信仰和宿命观念，我们体察到、理解到的是广大民众实实在在、真真切切的生活，这也正是笔者对杨家将传说民俗文化进行研究的本初动因。

三 制度化宗教与民间俗信互动关系之一瞥——从杨家将传说看民间俗信的兼容性

钟敬文指出:"中华民族的传统文化可以分为三条干流。第一条是上层文化,从阶级说,它主要是封建地主阶级所创造和享用的文化。第二条是中层文化的干流,它主要是市民文化。第三条干流是下层文化,即由广大农民及其他劳动人民所创造和传承的文化。……在封建社会里,统治阶级的文化是占统治地位的文化,它要侵入被统治阶级的民俗文化是必然的。但是,就是在阶级对立的社会文化中,也不能排除民俗文化对上层文化的基础作用及不断影响。"① 可见,钟先生认为由中、下层文化共同构筑的具有最广泛的民众基础的民间文化或民俗文化与上层精英文化或官方文化之间既有各自的独立性,而又相互影响和联系。因此,表现为上层官方文化的制度化宗教与中、下层民众所创造、享用的民间俗信之间亦必然相互渗透、交流、吸纳和借鉴,存在一种互动关系。

（一）兼收并蓄,包容整合

"作为民众生产、生活经验的累积和心理信仰的表现,作为人类文化的基座之一,俗信是一种区别于官方文化、上层文化而又在一定程度上受其影响的、具有民族民间特色的、反映民众精神生活面貌的社会文化现象。"② 由于上、中、下三层文化之间的渗透与互动和广大民众"为生活"的实用主义现实目的,造成了中国民间信仰的一个最大特色——兼容性。在杨家将传说中我们亦可窥见民间俗信对制度化宗教（主要指道教、佛教和儒家学说思想）的兼收并蓄、包容整合。

从整个中国文化传统的发展进程和脉络来看,宿命观念应归属于佛教传统,而风水信仰则与道教传统有着渊源关系。佛教传入中国后,佛教的生死轮回、天堂地狱、因果报应等观念对广大民众产

① 钟敬文:《民俗文化学发凡》,《北京师范大学学报》1992 年第 5 期。
② 《论俗信》,载刘德龙主编《民间俗信与科学文化》,山东教育出版社 2002 年版,第 6 页。

生了程度不同的影响，于是属于佛教教义系统的宿命观念逐渐为民间所接受、崇信。在封建帝王时代，由于皇权观念的禁锢和科学知识的缺乏，人们普遍信奉皇帝是"真龙天子"，王侯将相则是天上的"星宿下凡"，这些思想观念在杨家将传说中都得到了呈现。原始的风水谈论与阴阳五行理论相结合才形成了风水学说，风水学说向民间的渗透和扩布才逐渐导致人们形成风水观念及其信仰活动。可是，佛教、道教在民间的传布，并不是靠深奥精邃的教义、玄妙空廓的宇宙图式和超凡脱俗的理念境界，因为"这一切都不是以享受现世人生为最大快乐的中国民众乐于接受的"[①]。道教与佛教尽管无论从教义、教仪上有着极大的不同，但是"它们在中国民众宗教信仰中的作用是一致的：迎合一般民众情感上的需要，甚至不惜脱胎换骨，降格以求"[②]。或许因为中国民众在日常生活中受到太多的约束，所以他们对佛教、道教的礼遇常常出自实际功利的需要。鉴于中国民间信仰的杂糅性、兼容性，对广大民众的实际生活和切身利益真正起作用的并非是制度化了的佛教、道教等精英文化传统，而是与老百姓日常生活紧密相关或者就是其生活之一部分的民俗宗教和民间俗信。可以说，民俗宗教和民间信仰才是中国人的根柢与精神食粮。

道教、佛教等制度化宗教在中国社会历史中可以称得上是命运乖舛，常常被上层官方或统治者视为游戏消遣或求"皇祚永固"的工具，不断酿成兴废的悲喜剧，使其饱尝酸甜苦辣。不过，它们都在民间找到了生存的土壤，成为抚慰普通民众的精神安慰剂。道教从一开始就具有很明显的人间性和世俗性，在许多方面成为人们现实生活的补充，禁醮祈禳、占卜扶箕、祈雨止风、相宅择墓等道术流行于民间，满足了一般民众出于某种动机的福祸长生的愿望。道教为了使注重现世人生的民众接纳自己，便尽力向民间靠拢，从而出现家庭化、伦理化倾向，甚至以儒家伦理纲常为核心，以鬼神信

---

① 侯杰、范丽珠：《世俗与神圣：中国民众宗教意识》（修订版），天津人民出版社 2001 年版，第 42 页。

② 同上书，第 43 页。

仰和巫觋方术等与佛教相结合，从而杂糅融会为对民间社会影响极大的民俗宗教和民间信仰。民间俗信对道教的兼容与吸纳，在杨家将传说中亦有所反映，如在《吕洞宾盗天书》（16）这则传说里，广大民众就将宋辽两国间的交兵对阵、征战杀伐与人们所崇奉敬仰的两个道教人物——吕洞宾和汉钟离的争强斗胜的"打赌"结合在一起，从而将二位仙人的赌局幻化为人间所上演的一出闹剧。这也从另一个侧面反映了民众的宿命观念和心理，认为宋、辽间争斗以及杨家将的作为皆是命中注定的、皆由二仙的争强斗胜所致。由此即可看出民众们秉持的民间信仰体系里业已包容整合进了涉及道教的、佛教的大量基因和内容。宗教信仰的流传、盛衰常常受到社会心理和文化土壤等多种因素的制约。在中国这样一个大文化语境下，佛教作为一个极端出世型的宗教竟能与很注重人间性和俗世性的文化传统打成一片，这期间佛教必然经历了不断适应中国文化、迎合民间信仰的过程。

杨家将传说中体现出来的风水与宿命之间存在着因果关系，从而将风水信仰与宿命观念有机融合这一民间信仰事象，恰恰说明了民间俗信对制度化宗教的兼收并蓄、包容整合。对"龙脉"这一极致风水的执着追求与信仰就充分体现了民众对道教传统的天人合一理念、阴阳五行学说和佛教传统的灵魂不灭、生死轮回观念的融会贯通，包蕴涵并。佛、道两教作为精英文化的产物和官方推行运作意识辖统的工具，在向中国社会中、下层或面向民间渗透、传播的过程中，二者既有相互的攻讦，又在诸多方面互相利用、靠拢。而这一点恰为民间信仰所接受、采纳，在原有民间俗信的基础上又整合了来自佛、道两个不同文化传统的因子和质素，从而杂糅相错，贯通融汇，达到你中有我、我中有你的形态和局面。而这确又是中国民俗宗教和民间信仰的一大鲜明特色。儒、释、道在上层社会的圆融、结合，并流向下层社会和民间得以兼容、整合，使得制度化宗教更加趋向于世俗化、民间化和生活化。这就使得有着气吞万象、海纳百川般具有超强吸附、包藏能力的民间信仰显得有些"不伦不类”，而这正是民间俗信与民众日常生活关系密切的表现。普通中国民众具有的那种开放型、多元型的信仰模式和理念，在制度化宗教与民间俗信及生活伦理的结合中得到整合和满足。

儒、佛、道三家思想在汉族民间信仰和民俗宗教中达成了默契，做到了完美融合。首先，让我们从形而上的角度对儒、佛、道的终极旨归做一番比较（见下表）：

视角 俗信	人生观	世界观	价值观	意识层面
儒家	入世	现实	有为	生存意识
佛家	处世	虚实	可为	生活意识
道家	出世	超实	无为	生命意识

“儒”家，严格意义上我们只能将其称为学说、思想，还不足以上升到“教”的层面，而从信仰民俗的角度来考量，将这三者分别称为“儒家俗信”“佛家俗信”和“道家俗信”更为确切、形象。上表中，笔者分别从人生观、世界观、价值观及更高的意识层面对儒、释、道三家的核心指归做出比较。从“人生观”的维度看，儒家强调积极入世，所谓“君子以自强不息”“穷则独善其身，达则兼济天下”“修身、齐家、治国、平天下”，等等，要求人们要勇敢地“面世”，积极地“入世”，最好能够“成世”；与之相对的则是道家所强调的“出世”“避世”，成为一个超凡脱俗的人；而佛家的经义里面却不乏“处世”的哲理，教导人们什么该做、什么不该做，对自己的命运遭际、前世今生如何看待和把握，只为“前因”，方有“后果”，关键是如何面对和处置当下的“尘”世。同理，如果从“世界观”和“价值观”的维度看，儒家强调“现实”中的“有为”；道家针锋相对地主张“超实”里的“无为”；佛家则调和性地宣扬“虚实”间的“可为”。上升到更高的意识层面，儒家强调的是刚性的、理性的“生存意识”；佛家注重的是柔性的、感性的

"生活意识"；而道家彰显的则是终极性的、灵性的"生命意识"。

而在中国民间，在广大民众的俗信里面，是从来不思量考究儒、释、道三家的区别与差异的，甚至在他们的信仰生活中，从来就没有过"儒、佛、道"的概念区分，有的只是一个个具象化的神祇和顶礼膜拜的偶像。他们的方式完全是"拿来主义"的，现实的和生活的需求永远是第一位的，实用主义的理念和行为方式是一以贯之且理所当然的。他们从未有过自己的信仰是否"鱼龙混杂""不伦不类"的疑惑与尴尬，有的只是"精诚所至，金石为开"的虔诚与执着。"儒门释户道相通，三教从来一祖风"，① 将其用来概括民俗宗教和民间信仰的兼容性特色，恰如其分。民间俗信对制度化宗教的兼收并蓄、包容整合正凸显了广大民众在心理需求与生活指归两个维度上的调适和应用。

（二）心理需求与生活指归

"世界上的每个民族，似乎都生活在两个世界里，一个是客观的现实世界，一个是心灵创造的幻想世界。"② 中国民众生活的现实世界虽然长期被儒家伦理观念所支配，但在民众的心灵深处依然潜藏和不断创造着超脱现实的幻想世界，即被道家学说教义所熏染、浸透，在一定程度上形成了"外儒内道"的思想观念和行为方式。民间叙事活跃在民众的生活中，人们在演述、口传民间叙事的过程中，潜伏于心灵深处的幻想自然流露于传说、故事中，使民间口传叙事浸染着浓郁的道教传统。道教是重生贵生的宗教，主张"天地之大德曰生"，要求人们珍惜生命，重视生命的存在价值。这与广大民众所秉持的"好死不如赖活着"这一素朴而又凝重的生命感悟不谋而合。"恶死乐生"是人们的共同欲望，而追求欲望的满足恰恰又是人性的基本要求。道教的贵生思想无疑契合了民众极力超脱生命局限的文化心理，可以说，民众的生存欲望和生命意识在民间叙事中得

---

① 《重阳全真集》卷1。
② 刘守华：《比较故事学论考》，黑龙江人民出版社2003年版，第410页。

到了充分的映射和展述。

　　传统中国民间信仰中的宇宙观、世界观、人生观及其心理和外在行为的运作原则在表现为上层官方大传统儒家的理念时，则成为"天人合一""致中和"以及"与天地合""与人和""调理四时，太合万物"等形而上的哲学概念；表现在乡土社会和民间地方小传统及日常生活时，则见于实物医药习惯、姓名系统、祖先崇拜仪式、择日占卜、风水地理、神明仪式以及符箓咒法等方面，这些正是一般中国人世俗生活的前提和基础。其实，在日常生活的真实形态上，广大中国民众都能够在上述的内容中找到与其在心灵中相契合的交叉点和心理坐标。如果从心理需求和生活指归这两个维度及其相互间的互动关系来理解、诠释民间信仰的兼容性，我们就很容易将表现为心理需求和情感慰藉情态的民间信仰与以现实和切身利益为指向的广大百姓的日常生活结合起来。意即，民间信仰之所以能够将制度化宗教整合进自己的信仰体系和框架中，是因为广大民众有着建立在生活指归基础上的心理需求和情感需要。本着为现世、为生活的实用目的，民众们自觉或不自觉地将已制度化了的宗教教义和信仰模式涵化转变成能够为其心理和情感所接纳的方式来崇信、践行之。而这种方式或路径的转化正是民间俗信对制度化宗教兼容整合的过程。

　　生活在社会结构的基层的广大老百姓，他们的生活中充满了悲欢离合、喜怒哀乐，充斥着太多的无奈、凄凉与落寞，经历着人情的厚薄冷暖、世态炎凉，承受负载着生活的重压。因此，人们的心理需要抚慰，情感更需宣泄或满足，而这些精神层面的需求是需要一个载体，经由一种方式或途径去实现的。宗教（尤指制度化宗教）之所以被称为"精神的安慰剂"，就是因为其创立之始的本初动因及其实践活动所指都是以帮助人类解脱现世的苦难和精神的重负为终极目的。因而，民众在寻求精神家园和心灵归宿的过程中就会与宗教不期而遇，并携手同行。但是人类的社会性和生活属性又决定了人们必须面对真切的世界、现实的生活。人类寻求心理慰抚和精神乐园其实是为了更好地生活。尤其是受儒家文化大传统熏陶的广大中国民众，入世的心态和心理决定了其以享受现世人生为快事的理念境界。受儒家积极入世思想的影响，普通民众对淡泊、和谐、充满艰辛而又具有无穷魅力的现实生活寄寓了真诚的希冀，付出了极大的热情。另外，中国民众同时亦承传续继了"未能事人，焉能事鬼"的理性精神和传统。儒家学说思想没有把人的情感、观念、仪式等引导向外在的崇拜对象或神秘境界，而是消融在以家族为中心的世俗关系和现实生活之中。因之，以生活为指归的广大中国民众不可能对制度化宗教全盘接收或排斥。一方面，人们确有精神、心理之需求；另一方面，又要求其能够服务、帮辅于实实在在的生活。基于这两个方面的现实原因，民众运用自己的生存智慧和生活经验积淀采取了切实可行又灵活机动的方法和途径：以民众固有的文化观念和民间信仰体系为基础，对佛、道等制度化宗教结合生活实际给予兼收并蓄、包容整合，从而涵化出既能适时满足人们的精神和心理需求又能最终或本质上以生活为指归的民俗宗教与民间信仰体系。因而在杨家将传说中，民众将风水信仰跟宿命观念相结合，其实质则是指向于人们的现世生活的。心理需求与生活指归完美融合的民间俗信则又是广大民众的创造之举。而这又恰恰折射出了中国民间信仰的功利性格及特质。

　　周福岩在研究耿村民间故事时指出："耿村故事展现了民众伦理意识中'命''福'观念的表现形态及其内在矛盾，'命''福'观念为人们提供面对挫败的心理适应工具。"① 体现于杨家将传说中的风水信仰、宿命观念、祸福意识等民间俗信恰恰是普通民众在应对生活的重压时，在遭遇人生的无常与无奈时所寻求的心理调适工具。而这种调适功能的运作又是在心理的层面和生活的维度上进行的。民间叙事者之所以演述传说故事等民间叙事作品，并非都具有明确

---

　　① 周福岩：《"命"、"福"观念与民众伦理意识——以耿村故事文本为对象》，《辽宁教育学院学报》2001 年第 1 期。

的文化传播意识而自觉地去传承扩布文本。人们往往出于此外的各种各样的原因，这些原因必定和他们自身的某种需求相关，"讲故事也是他们自身的文化属性与文化个性的一种表演。……可以说，……故事都是带有其个人文化观念的投射、经过其心灵滤透、具有某种文化印记的精神产品"①。广大民众为了有效地经营社群生活，为了使自我与他者之间能和谐和睦相处，就必须要学会"克制"：克制个人的行为和情绪，使之合乎社群的成文规范和习俗惯制。在这"克制"的过程中，个人的某些欲望经常不能满足或达成，因此便会产生心理上的挫折与忧虑。然而，这些挫折与忧虑是必须要消弭的、排遣的，如果挫折与忧虑得不到及时、有效的化解与消弭而长期累聚沉积，必然在心中纠结、堆砌成"郁垒"。长此以往，人们在心理和精神上便无法承受和负载如此"生命之重"，从而导致心理的失衡和精神的崩溃，其后果难以想象。由于人类在营生上、生活中所产生的这些基本的心理上的困难与应对之需求，所以才会有精神文化的相伴而生。换言之，宗教、文学、艺术等精神方面的文化基本上是帮助人类在心理上作调适而出现的。如果说民俗宗教和民间信仰作为人类在心理上的调适是较直接的、功用的、有明显意图的，那么民间文学和民间艺术在对心理的调适上则是较为间接的、寄托的、隐喻的且意图较不明显、具有隐蔽性。但是人类心理上的忧虑与困难有些是浅显地存在的，但更多的是属于较深层次的，这些深层次的心理郁垒和心理丛结的消弭与调适，就要诉诸民间的文学和艺术了。

人类的心理内驱力中有很多因素（人性之"恶"）是要被社会规范和习俗惯制所抑制所镇压的，如侵略的行为、性的欲求、占有与破坏的欲念以及好奇心，等等，都是不能也不允许随意发挥的，否则将会受到社会的制裁和惩罚。这些驱力与欲求在表面上虽服从于社会规范和惯习而被抑制，但是实际上只是被抑制而并未真正消

①　江帆：《民间叙事的即时性与创造性》，《民间文化论坛》2004 年第 4 期。

除。李亦园从文学人类学的视角指出：

　　　　这些被抑制，但未真正消除的欲望与驱力就必须寻求社会许可的方式来发泄，文学的创作经常是被抑制的心理需求的升华，而文学创造一旦公开之后，又可作为欣赏者发泄或寄托感情的对象，性爱的欲求经常可从爱情作品得以宣泄，侵略冲动可从战争和武侠小说给予发泄得到满足，即使是唯美的表达，也是一种找求完善心理本性的表现。⋯⋯口语文学的表达都与书写文学一样，而且口语文学在调适心理需求上，尤较书写文学发挥更大的作用。①

　　在此，李亦园之所以强调口语文学要比书写文学更有效且更普遍地发挥这一功能（心理调适），恐怕是因为作为"下里巴人"的民间文学（口语文学）要比作为"阳春白雪"的作家文学（书写文学）在消弭、排遣、宣泄由"被抑制的欲望与驱力"而产生的"心理上的丛结和郁垒"方面，其"尺度"更加大胆、其"性情"更为张扬、其"质料"更加灵活、其"款式"更为新潮的缘故吧。如在民间广泛流传的指涉"性"的"荤段子""黄色"故事和极具调侃色彩的政治讽喻笑话、民歌民谣等就是很好的例证。

（三）民间俗信的功利性格

　　民间信仰对制度化宗教具有兼容和整合功能，是与其在生活指向上的功利性格密不可分的。"无事不登三宝殿""用菩萨挂菩萨，不用菩萨卷菩萨""敬神如神在，不敬如土块"等俗信理念真实地反映出中国民众对于宗教或信仰以及鬼神、偶像的崇拜往往是出自一种比较现实的心态，将其作为享受人生的一种辅助方式。他们对宗教信仰的真正要求并不在于其高深的哲理体系、玄妙的彼岸境界

---

　　① 李亦园：《从文化看文学》，《文学人类学论丛》总序一，载吕微《神话何为——神圣叙事的传承与阐释》，社会科学文献出版社 2001 年版，第 2—3 页。

和缜密的逻辑思维。只是希望通过庄严而又随时可行的仪式来满足延年益寿、消灾避祸的心理。费孝通先生说得好：我们对鬼神也很实际，供奉他们为的是风调雨顺，为的是免灾逃祸。我们的祭祀很有点像请客、疏通、贿赂。我们的祈祷是许愿、哀乞。鬼神在我们是权力，不是理想；是财源，不是公道。① 显然，广大中国民众接纳鬼神仙佛，祭拜神灵，多持实用态度和动机。所以梁漱溟认为："中国文化虽进而其宗教仍是出于低等动机——祸福之念，长生求仙之念——如文昌、吕祖之类。"② 梁漱溟这段论述虽然看到了中国民俗宗教的功利性格，但却未能立足于中国文化传统从民众实际生活的维度给予客观公正的评价。诚然，长生不老、成仙成佛、普度众生的幸福等观念，与西方人进天国、见上帝的宗教意识大相径庭，但是人们这种"好善而恶恶，趋利而避害"③ 的功利性行为方式，如果从人本主义视角，从现实生活的维度来考察的话，恐怕就不能将其说成是"出于低等动机"。恰恰相反，这种"以人为本"，注重现世人生的信仰动机才是人类理想的模式。

为了占有世间的幸福欢乐，保持社会生活平顺康泰，广大民众包容整合多种宗教及其信仰，对看风水、占卜算卦、禳灾驱邪等原始宗教形式全都不排拒。中国民众这种注重现世人生、讲求实用、关注民生的俗信理念还表现在人们常会根据需要不断地创造、崇拜新的神仙、偶像，增加已有神灵的管辖范围、应用对象，同时，不断地淘汰只受香火而毫无用处的神佛。"人对于神有求的权利，只有有求必应的神才能证明它的神性，否则崇拜者很轻易地就会另请高明。"④ 因此，所有能受到普通民众祭拜的鬼神仙佛，几乎都与民众的现实生活有关。

民间俗信的兼容性根源于其所具有的功利性。功利性是所有民俗

---

① 参见费孝通《美国与美国人》，生活·读书·新知三联书店 1985 年版。
② 梁漱溟：《梁漱溟全集》第 1 卷，山东人民出版社 1989 年版，第 423 页。
③ 连横：《台湾通史》（下册），商务印书馆 1983 年版，第 402 页。
④ 陈其南：《文化的轨迹》，春风文艺出版社 1987 年版，第 171 页。

事象的共同特征，但对民俗宗教和民间信仰来说，表现得尤为突出，它能给个人和群体以很大的心理满足或行为约束。"民俗信仰的所有活动，都是从民众的现实生活需要出发的，具有相应的功利目的。如与本人、本家、本族、本地的利益有密切的关系等。民俗信仰的实质是求吉、禳灾。无论是预知俗信、祭祀活动，还是形形色色的巫术，万变不离其宗，都是为了自身的生存利益。"[①] 因此，民间信仰中的所有俗信事象都与每个人的切身利益或生活共同体的局部利益密切相关。阴阳风水、选宅择墓、算命卜卦等民俗信仰活动皆与广大民众的日常生活联系紧密，不管是涉及其自身的切身利益还是在心理、情感上都有着某种为生活为现世的实用目的和功能。这也正是有着功利性格的民间俗信拥有众多社会中、下层信众的重要原因之一。

总之，通过透析杨家将传说中所折射出来的风水信仰和宿命观念及二者在民众观念里的兼容、整合关系，我们可以窥见民间俗信的兼容性、包蕴性之一斑。如果从人们的心理需求与生活指归两个向度来加以观照的话，我们便不难理解民间信仰对制度化宗教的兼收并蓄和包容整合了。而这些恰又凸显了民间俗信的功利性格及特质。

综而述之，本节集中论述的是杨家将传说中所呈现出来的宿命观念和风水信仰。通过对相关传说故事的读释，可以看出风水与宿命在民众的观念意识里存在着必然的因果关系及其对广大老百姓之深重影响。从生活层面和社会心理的维度对民俗宗教和民间信仰予以观照理解，我们可得出如下基本结论：民间的信仰活动与民众的日常生活有着密切的联系，其无论在人们的切身利益，还是情感、心理等精神层面上，都起着重要的作用和强大的维系、抚慰功能。在当今大文化语境下，迷信正逐步向俗信转变的过程中，我们对广大民众所秉持、崇信和承传的某些信仰活动应给予充分的理解和辩证的分析，毕竟人是生活着的。

---

① 钟敬文主编：《民俗学概论》，上海文艺出版社2004年版，第204页。

第二节　英雄崇拜与女性崇拜

　　杨家将的传说和故事产生于中国历史上的宋末那个特定的时期。众所周知，那是一个民族矛盾异常尖锐、政治斗争和军事斗争十分激烈的时代。饱受民族压迫之苦和战乱之害的广大民众自然希望能够有可以帮助他们摆脱苦难、战胜邪恶的英雄出现。渴盼英雄、呼唤英雄成为当时人们心理世界和精神生活的主旋律。鉴于此，通过一定的附会假想和"箭垛式"创造，老百姓适时推出了杨家将这一英雄群体，并在不断的扩布与传承过程中对之崇奉仰信、顶礼膜拜，逐渐成为人们英雄崇拜和偶像崇拜的对象之一。女性崇拜的心理和行为自古有之，在杨家将传说里，女性崇拜与生殖崇拜、魔法和巫术信仰、禁忌、通灵和特异功能等民间信仰和观念结合起来。从广大民众赋予女性英雄偶像的功能和划归的偶像性质及其位移与转变，可以看出民间女性崇拜的生活属性、功利目的和实用动机，亦可窥见民间俗信所具有的一般特质。

一　英雄：正义、伟力和精神的化身

　　"杨家将"本身就可以成为英雄的代名词。在传说中，无论七郎八虎、八姐九妹；还是杨家的结义兄弟、家院仆人，凡归属于杨家将这一群体或谱系，个个都是英雄好汉、巾帼俊杰。可以说，在广大民众心目中，杨家将这一英雄群像正是正义、伟力和精神的化身。

　　在中国民间，广大民众之所以对杨家将诸英雄崇信敬奉有加，最首要的原因恐怕要归之于杨家将代表了正义的一方，是正义力量的化身。现实生活中，由于种种原因，人们往往不可避免地受到来自不义或邪恶势力的压迫、打击、陷害，如奸臣当道、流氓恶棍横行等。而处于弱势地位的普通老百姓对此又无力抗争，只得逆来顺受、忍气吞声、无可奈何，当是时，民众自然希望有匡扶正义、

扫除邪祟奸佞的英雄出现，并希冀其能够不遗余力地为民请愿、佑护人民的平安。在民间，人们对英雄的崇拜和纪念大多有特定的日期和方式，"杨家将"崇拜也不例外。先来看《"杨公忌"的传说》：

在金堤河一带，有一个忌日——杨公忌，在农历的正月十三，忌做活，忌出行，这是为啥呢？

传说……杨家将在杨继业率领下，七郎八虎闯幽州……此次行兵犯了地名之忌……结果……杨家将受到严重损伤。大郎替了宋王死；二郎短寿一命亡；三郎马踏肉泥浆；四郎流落在番邦；五郎怕死当和尚；七郎乱箭一命亡；李陵碑前碰死了杨老将；只剩一个杨六郎。杨家将兵败失了散，这一天，正月十三日，杨家将的忌日，人们为了纪念保国忠良，就把正月十三定为"杨公忌"。

后来，甚至把忌日的四七、八七期的日子也叫"杨公忌"。①

可见，出于爱戴拥护之情，"为了纪念保国忠良"，老百姓将杨家将兵败失散的日子——正月十三，定为"忌日"，即"杨公忌"。在民间，人们是十分看重"忌日"的，这反映了民众所秉持的"忌讳""禁忌"等民间俗信，于忌日，人们的行动需特别谨慎小心，如"忌做活，忌出行"等。人们之所以设"杨公忌"这一忌日，原因就在于正月十三这一天正是他们所拥戴的忠心为国为民的杨家将遭难和蒙受不幸的日子。通过"移情"，人们便认定此日不吉利，为了不重蹈其所崇奉的英雄们的覆辙，引以为戒，同时也是为了纪念、缅怀他们心目中的英雄，所以就将正月十三定为"杨公忌"。很显

---

① 《中国民间故事集成·濮阳市卷》（上卷），濮阳市民间文学集成编委会，1990年。王启民讲述；崔金钊采录。

然，正月十三日，本是杨家将的忌日，但民众将其推而广之，将其定为整体性、地方性的忌日，甚至"把忌日的四七、八七期的日子也叫'杨公忌'"，足可见当地广大民众对杨家将的拥戴和崇奉程度之深。

传说人物被偶像化甚至神化、仙化，在中国民间口头叙事中很常见。裴志熙曾指出："劳动人民借用道教的神秘色彩，让自己的理想人物变成不死的'神'。……运用大胆的夸张，而使传说曲折动人，充满了浪漫主义色彩。而且在虚幻的仙境中，又能体验人间的真实。"① 在杨家将传说里，我们就能够看到杨家将被偶像化、神化的现象。在有的传说中，杨家将诸英雄不仅具有神奇超强的伟力与本领，而且几乎直接成了神灵，为民众所崇奉敬仰。杨家将传说中，广大民众赋予杨家将的英雄地位与职能及其属性大致可分人间英雄、神异英雄、地方守护神和文化英雄四类。

（一）人间英雄

杨家将英雄群体首先是作为人间英雄而为民众所推崇、敬奉和仰信的。这其中最突出最明显的例证自然体现在杨家将与"敌人"的争斗上。作为英雄的杨家诸将在与敌人的斗争过程中，不仅表现出高超的武艺和巨大的伟力，而且更充满了智慧与聪颖，彰显了人间英雄睿智的一面。在以战伐争斗为主要内容和表现外壳的杨家将传说中，杨家将以人间英雄的面貌呈现于传说故事中亦是自然而普遍的形式和类型。如《杨六郎智胜辽军》（4）、《六郎的神箭》（5）、《穆桂英大破洪州》（10）、《智入朝阳洞》（38）、《谎粮堆》（40）、《孟良智盗紫罗发》（47）、《杨六郎大摆水牛阵》（73）、《杨八姐大破铁甲兵》（233）等，诸如此类，不胜枚举。下面仅以《六郎的神箭》（5）这则传说为例，窥其一斑：

---

① 裴志熙：《论道教与民间传说的关系》，载中国民间文艺研究会理论研究部编《中国民间传说论文集》，中国民间文艺出版社 1986 年版，第 30—37 页。

　　杨六郎率领众兵将，一鼓作气，杀得辽兵由雁门关退到马邑滩，又由马邑滩退到担子山。

　　⋯⋯（六郎）忽然心生一计⋯⋯命兵将趁黑夜悄悄出动⋯⋯在朔州川堆起了上百个土山包，上面盖上了苇席，用绳子扎好，远远望去，活像一个个"粮草堆"。

　　⋯⋯（辽兵）探子来报："大事不好，六爷爷谋住和咱干呀，一黑夜运来好些粮草。"辽王一听⋯⋯吓得魂飞天外，立即派人和杨六郎和谈。六郎见了来使，笑道："和谈不难，看你退我一马之地，还是一箭之地？"辽使心想：让一马不知要跑多远，让他一箭能射多远呢？便道："干让一箭之地。"

　　话音刚落，六郎走出营外，大喝一声："拿弓箭来！"六郎搭箭上弦，轻轻一放，"嗖"的一声，那箭脱弦而去。杨六郎神机妙算，料定辽王会有这一招，早已暗中派将士骑马跑在大青山，把一根安有犁铧的桦橡插进山石缝中。辽兵一路上找啊找，一直找到大青山，才找到这支桦橡箭。无奈，辽兵只好退到大青山了。至今，朔县人还流传着这样一首民谣：

　　脚蹬雁门关，

　　手攀担子山，

　　一箭射到大青山。[1]

　　杨家将传说中，凡"谎粮堆"型、"神箭"型、"智盗"型等类型的传说故事，大多反映了杨家将诸英雄的机智果敢和临危不惧、随机应变的睿智之举。杨家将不仅靠实力而且更多凭借智力来取胜，这些均与民间所喜爱的机巧型人物故事相契合，因而民众对杨家将英雄人物亦是喜闻乐道，传说不衰。在广大民众的心目中，民间英雄总是平易近人，最具生活性，并被人们赋予了幽默感，充满了生

　　[1]《中国民间故事集成·山西卷》，中国 ISBN 中心，1999 年，第 77 页。刘维青讲述；范金荣采录。

动性。如《孟良盗骨》（186）传说讲：

> ……（住持）让小和尚把给关帝扛大刀的周仓泥像搬走，然后，从锅底抓了一把黑给孟良抹上，让孟良站在关帝圣像左边充周仓。
>
> 不一会儿，肖天佐等人把中寺里里外外搜了个遍，也没发现孟良的踪迹。当他们又来到关帝庙时，见"周仓"的眼睛在动，就有点发怵。哪料想，孟良大喝一声，好似巨雷一般，肖天佐等人以为关帝和周仓显圣，吓得连滚带爬下了山。①

这段充满机智和幽默的传说，正印证了民众所崇信拜慕的杨家将英雄之人间性。其实，民众观念中，英雄之所以成其为英雄，与其所具有的英雄品格、潜质和能力是分不开的，但英雄终归也是人，只不过是人群中的佼佼者，因而其亦必具人的生活属性。在传说里，杨家诸将的行为举止很多都充满了生活气息和人情味，也许由于人们崇拜英雄的特有情结所致，传说中的英雄大多被神化而后加以崇奉，但与之相比，老百姓似乎更喜爱活生生的充斥着凡人品性、与大众生活距离较近的人间英雄。

（二）神异英雄

当然，英雄除了具有生活属性以外，超乎凡人众生的非常能力亦是必备的。在民间传说里，人们所景仰崇奉的杨家将英雄大多具备常人所没有或不及的本领和特异能耐。"马刨泉"型传说故事就是展示英雄之神异的典型。如传说《穆桂英与马蹄沟》（14）里讲：富县城南有一条马蹄子沟，传说是穆桂英起的。穆桂英一次出征打仗，口干舌燥，她的战马把她驮到一条沟里。她说："啥地方有馍?"马蹄子在一块大石头上一刨，石头上就出现了个窝窝，到穆桂英手

---

① 杨香保等主编：《中国民间文学集成·张家口市故事卷》（上），中国民间文艺出版社1989年版，第283页。刘元庆讲述；李佃富记录整理。

里就成了馍；她又说："啥地方有水？"马把眼泪往刨开的窝窝里一滴，就成了泛水泉子。穆桂英当了元帅后就把沟叫作了马蹄子沟。①在另一则"马刨泉"型传说里主人公换成了杨六郎：

> ……杨六郎就对他的战马说："马呀马呀，这里没水给你喝。你要喝，就自己刨吧！刨不出来你就得渴着。"刚说完，就见杨六郎的马竖着耳朵，翘着尾巴，立着鬃毛，用前蹄使劲儿地刨着脚下的土石，刨得石头咔咔作响，火星四溅。大家都觉得挺奇怪，就围过来看。不大会儿，就刨出了一个大坑，一股清亮的水从地下冒出来。……②

所谓"爱屋及乌"，在民众心目中，具有神奇伟力的英雄，就连其坐骑亦是神异之物，具有某种超凡特异的功能。如在传说《杨排风扫北》里，杨排风的坐骑竟是似麟非麟、似马非马，由小泥鳅变成的大家伙——四不象。③ 而《杨文广的故事》（149）里杨文广骑的则是"似虎非虎，似熊非熊，狮身马面"，"身像麒麟，头上没有角，嘴大如斗"，"用手抓它的顶瓜皮，嘴里立刻喷出十多丈远的烈火，抓一回喷一次"的怪物——火驹兽。除此之外，他还有一坐骑"白龙马"，亦神通无比。而他的妻子"苗王公主"的坐骑则是"口似喷泉，大嘴一张，恶水瓢泼一样喷出几丈远"的"水驹兽"。④ 由此可见，连坐骑都如此神奇怪异，就不用说其主人们即杨家将诸英雄的神异和伟力了。而传说《杨宗英破天门阵》（185）更是充满了

---

① 《中国民间故事集成·陕西卷》，中国 ISBN 中心，1996 年，第 111—112 页。陈世林讲述；王永军采录。

② 《中国民间故事集成·北京卷》，中国 ISBN 中心，1998 年，第 300 页。王德江讲述；杨在忠采录。

③ 参见严优《杨家将故事研究——以华北地区杨门女将故事为主》，硕士学位论文，北京师范大学，1999 年，第 31 页。朱永兰讲述；严优采录。

④ 参见《河南民间文学集成·嵖岈山民间故事》，遂平县民间文学编委会，1991 年，第148—150 页。周培林搜集整理。

神异色彩，这里面"变形""托梦""禁忌""巫术"等母题均有呈现，更增添了英雄之神异和传奇的一面。兹摘录几段，让我们来体味一下神异英雄之本色。

……一天，杨宗英的师父唤来杨宗英说："你回杨府去吧，破天门阵非你不可。"并告诉他："寺院外面有一条河，你站在河边吆喝三声'大师兄'，就会有人送你。"……便听"轰隆"一声，从河里冒出一个金水兽，说："师弟唤我为何？"杨宗英说："师父让师兄送我回杨府。"说着便一块去拜见师父。师父做了吩咐，临行时，给了杨宗英一张猫皮，说："到了紧急关头，你披上它就行了。"……金水兽说："你骑在我身上，闭上眼，我不让你睁眼你不要睁。"……只觉耳边一阵呼呼的风声，好像腾云驾雾，不大一会儿，金水兽说："睁眼吧。"他睁眼一看，已来到杨府门口。

……当日，金水兽驮着杨宗英来到姜翠萍的阵盘下，怎奈城高墙陡，杨宗英爬不上去，急得乱转。忽然想起了师父的话，从怀里掏出猫皮披在身上，即刻变成了一只油黑发亮的小猫，一跃便登上城墙。……便跑进了姜翠萍的营帐。……（姜翠萍）也觉得可爱……吃罢饭，脱去外衣，拉开被褥躺在床上。小猫也钻进了姜翠萍的被窝里。姜翠萍觉得这个小猫十分乖巧，便搂住小猫睡了。

鏖战了一天的姜翠萍，浑身困乏，跌倒便入睡了。猫便给她托梦，她梦见搂着个相貌漂亮的光头小和尚睡觉呢，并觉得只有找这样一个郎君才称心如意。她紧紧一抱那个小和尚，猛然一抖，便醒了。定睛一看，眼前什么也没有，被窝里只有一只猫。于是便又睡了。刚睡着，又做起同样的梦来，这样一连做了三个，此后便睡熟了。杨宗英见她确已睡踏实，便爬出被窝，脱下猫皮，穿戴上姜翠萍的盔甲，拿上姜翠萍的兵器，在阵盘里四处转悠。他突然发现一个暗室，没有窗子。他推开门一看，里面亮瓦瓦的如同白昼，暗室的中央，塑着一尊穆桂英的像，塑像的前胸后背别着二十四把尖刀，塑像的四周，点着二十四盏狗油灯，阴森可怖。……他马上拔去二十四把尖刀，用剑打破了狗油灯，毁掉了暗室，来到了姜翠萍的床前。其时，姜翠萍还在宽衣解带，酣然入梦。杨宗英便用力跺了三脚。姜翠萍被惊醒，睁眼一看，床前站着一个小和尚，和自己梦中的那个小和尚一模一样，便呆了。杨宗英说："我叫杨宗英，奉师父之命来破天门阵。你是死还是跟我走，由你选择。"姜翠萍一看自己的兵器盔甲全不在了，自己又是个闺秀，只穿着件内衣，羞得不敢出被窝，想想说："好，我跟你走。"……①

杨家将传说中，有很多具有神怪色彩的奇特角色和奇特情节。杨家将传说在扩布和传承的过程中必然受到民俗宗教和民间信仰的影响、渗透与交融，这样就使得其逐渐成为民间俗信的载体和传播工具。可以说，杨家将传说里不少情节内容和人物形象等，实际上就是从民间宗教与信仰里蜕化或推演出来的。民众对这些神异内容未必相信，未必尽信，但是他们从传说故事角色的神奇相貌和特异本领中得到了心理抑或情感的满足和快乐。讲述、传说含有神怪、奇异内容的故事，既是民众对英雄神异能力的崇拜和认同，同时亦未尝不是他们容易参与、唾手可得的一种消遣娱乐方式，这些传说故事帮助人们从忙碌而平凡的日常生活中得到调剂、放松和超脱。因此在杨家将传说中，神异英雄和某些奇特怪诞的角色，往往是凡人、神祇甚至妖祟的杂糅与混一。上面这则传说里的杨宗英就是一个典型的神异英雄形象。他不仅能神奇地变形（披上猫皮变成小猫），而且还会"托梦"（幻作姜翠萍梦中的光头小和尚），同时亦精通巫术，懂得其中奥秘并会破解。这种既具普通凡人的生活性又

---

① 杨香保等主编：《中国民间文学集成·张家口市故事卷》（上），中国民间文艺出版社1989年版，第280—282页。许军讲述；康凤贤记录整理。

有神奇而特异的本领能耐的英雄，在杨家将传说中应该说为数不少，尤其是杨门女将英雄身上大多具备此种神异性。于此，本书将在下文详加论析，兹不赘述。民众对于神异英雄的崇拜敬奉逐渐导致将其直接当作神，在某些传说里，杨家将被神仙化、圣灵化、偶像化，人们甚至将他们当作地方上的守护神来加以崇奉、信仰。

（三）地方守护神

在华北地区的广大农村，杨家将有时作为祖先，被杨姓家族供奉在家庙祠堂里。有时候，他们又作为地方保护神，被供奉在专门的寺庙中。一些讲述杨家将的英魂显灵抗日或其他侵略者的传说故事就典型地反映呈现了杨家将作为地方守护神的职能和属性。

《杨家将抗日》（326）传说里讲，"敌人……进了长城，立刻就有几位男女将士（指杨家将——笔者注）手执刀枪杀来，还没等敌人辨出方向，就被刺、被砍，无一幸免了"[①]。在这里，杨家将担当起保卫家园、护佑国土的职能和任务，俨然成了人们心目中的地方守护神。这一点儿在《杨家将》（299）这则传说里体现得尤为明显：

> 那阵纣王封天的时候，送子娘娘、催生娘娘、杨家将，都封到东岳庙。国家的人都封神啦。
>
> 杨家将脚底下有"消息儿"，一蹬哪儿，哪儿就起来了。八国联军他那么祸害，都不敢上那儿去。谁要想祸害，一到杨家将脚底下，他就举起刀，举出箭来了，铁盔铁甲的，可不是泥胎呀。[②]

另外，在《七郎坟、令公庙的故事》（300）里讲道，"令公庙"里有杨令公和他八个儿子的塑像，后殿还有佘太君和穆桂英等的塑像。据说，"番邦"每年都要到"令公庙"来上庙。传说每年都有

---

① 参见白天搜集整理《古北口传说故事》，中国文联出版公司1995年版，第106—108页。
② 《北京民间传说故事资料》（第一集），中国民间文艺研究会、北京市文联合编，油印本1960年，第31页。王老太太讲述；黄勤记录。

一支神箭由庙射往"番邦",警告他们不要侵犯边境。相传在日本侵略中国的时候,杨令公率领他的子子孙孙曾抗过日打过日本。据说这一夜仗就是杨令公显圣,第二天,道士在大殿打扫时,发现塑像和战马上还都冒着湿渍渍的汗水,传说那是和敌人打仗累的。[①]

与此类似的《令公庙》(286)传说则是这样讲述的:

> ……人们非常崇敬杨家将,常到庙里朝拜。传说当年杨家将还打过日本鬼子哩。
>
> ……古北口的老乡们整夜听到刀枪碰击的响声和"保卫中华"的冲杀声,敌人的枪炮也响了一夜,可就是没进古北口。直到第二天早晨太阳升起之后鬼子才摸进来。……人们都说,这是杨家将显灵啦:老令公率领杨家将和敌人苦战了一晚上。第二天道人打扫令公庙殿堂时,发现杨家将的塑像和他们的战马身上,挂满湿漉漉的汗水还在冒热气哩。……[②]

可见,传说里的杨家诸英烈虽然为国牺牲了,但他们的忠魂英魄依然在民族危亡、国难当头之际通过"显灵"这种方式抗击侵略者,守护家园,保护一方百姓平安。杨家将之所以能成为地方守护神,是因为其爱国精神和报国情怀并未泯灭,一直承传至今。也就是说,杨家将实际已幻化为一种爱国主义精神,时刻警醒、激励着广大民众。杨家将"神"就神在其事迹作为已转化成一种爱国的精髓、转化成民族凝聚力、向心力,并潜移默化于每个普通民众的心际。人们将其供奉为守护神,其实是在守望爱国的精神和不屈的品性。只要精神不灭,那么这种精神的化身——作为守护神的杨家将及其传说故事,就将永远流传于人们的口头心间。那"保卫中华"的雄壮呐喊,正是杨家将千载不泯的爱国忠魂的呼喊和爱国精神的

---

① 《北京民间传说故事资料》(第三集),中国民间文艺研究会、北京市文联合编,油印本 1960 年,第 45 页。金拔整理。

② 佟志搜集整理:《长城传说故事》,花山文艺出版社 1985 年版,第 55—56 页。

张扬。

作为地方守护神的杨家将有时还担当起降妖除魔、为民除害的重要使命。如《杨六郎斩石精》（200）、《杨六郎的刀枪架》（201）和《杨六郎大战白石精》（199）三则传说就讲述了英雄杨六郎除石精、救百姓的故事：

> ……有一天，河沿上的一块大青石头成了精，经常打劫伤害水上的船只和行人……杨六郎巡查边关来到了满城，听说有石精害人，非常气愤，提枪跨马来到了这里，见了石精就是一枪。石精惨叫一声跳到一旁喊道："你是什么人，敢来伤我？""胆大妖石，怎敢成精害人，俺杨延昭今日特来擒你。"石精听说是威震三关的杨六郎，心中早有三分害怕……那石精哪是杨六郎的对手……被杨六郎一剑斩掉了脑袋。谁知那石精顺着山坡滚到了河里，从水里冒出来之后又长出来一个脑袋。杨六郎这才发现，石精是凭着河水来生存。于是说道："界河听真，为除石精，拯救百姓，命你河水暗流四十！"说罢，一枪扎入河底，那河水果然按照杨六郎的指令，围着枪眼打了个转儿就流入了地下，一直流到四十里外的一亩泉水才涌出地面。……（杨六郎）把铁弓拉圆"嗖"的一箭射中石精后心，石精惨叫一声，显了原形。杨六郎让人们用那块成精的青石头刻成刀枪架子，仿造了他的大铁枪竖在上面，永镇着河神与石精。……①

传说里将英雄崇拜的心理和崇敬之情展现得生动而形象：就连成妖作祟的石精"听说是威震三关的杨六郎，心中早有三分害怕"；河水也听起杨六郎的调遣，暗流四十里；甚至身为神仙的河神也向六郎"躬身施礼说道：'元帅大驾光临，小神迎接迟晚，望乞恕

---

① 《中国民间文学集成·保定市故事卷》（卷二），河北省保定市民间文学三套集成编委会，1988 年，第 197 页。陈玉林讲述；李占其搜集整理。

罪！'"（199·杨六郎大战白石精）可见，在民众心目中，他们所崇敬的英雄的能耐和本领及威望权信等都在神或怪之上，因此可以借用数学公式表示为：英雄＞神/怪。这亦从一个侧面反映出人们普遍怀有"以人为本""人为万物之灵长"的心理和愿望。在杨家将传说中，不仅杨家诸英雄充当着人们守护家园的保护神，而且就连其生前所乘的坐骑亦体谅人民疾苦，显灵来惩恶扬善，帮助、佑护老百姓的生活。《令公祠的白龙马》（28）传说讲道：

> 在古北口杨令公祠的正殿里，有一匹泥塑的白龙马，膘肥体壮，活灵活现。关于这匹马，有一段传说。
>
> 原来，那年天大旱……旱得庄稼点火就着，潮河也干了，人们连吃水都困难了。……大财主郝阎王又逼着穷人交租。……
>
> 一天晚上，（大家）突然听到了阵阵来回跑的马蹄声……第二天……当他们走到菜园子时，突然都惊住了。昨天还干得冒烟的地，不知是谁给浇得湿透湿透的。
>
> ……人们躲在园子东头的墙根下观察着动静。……只见一匹又高又大的白龙马飞似的跑到地头上，低下头，张开嘴，就听"哗——"一声，一股清凉凉的水像泉眼一样从白龙马嘴里流了出来。就这样，白龙马一趟又一趟地跑到千里以外的山泉中喝饱了水，又跑回庄稼地里吐了出来。……人们认得出，那是老令公生前骑过的那匹白龙马。[1]

后来，显灵的白龙马不仅惩罚了贪婪自私的郝阎王，并且真的让他去见阎王了。

在广大民众观念里，作为地方守护神的杨家将这一英雄群体，

---

[1]　《中国民间故事集成·北京卷》，中国 ISBN 中心，1998 年，第 374—375 页。王志民讲述；王长青采录。

不仅包括杨家诸将，还囊括了与之相关的一些事物，如"坐骑"、"兵器"、生活用具等。凡此种种皆能显灵显圣，为守护广大民众赖以生存的温馨家园，为匡扶正义、惩恶扬善、造福一方百姓而担当着守望者、看护者、保卫者的职能和神格角色。

（四）文化英雄

在职能、属性与神格方面，杨家将除了具有或担当人间英雄、神异英雄和地方守护神三类角色之外，在有些传说里，他们有时还充当着文化英雄的角色。其中以《杨家葱的来历》（197）和《杨家葱和杨家菜》（220）两则传说最具代表性。《杨家葱的来历》讲述了杨六郎向人们传授种葱经验的故事：

> 从前，人们栽葱，都是春季栽，秋季刨，为的是怕葱烂在地里。后来就不这样了，冬天也不往家刨了。来年春天，葱芽子长得又旺盛又壮实，人们管这种葱叫"杨家葱"。这究竟是啥缘故呢？
>
> 有一年深秋季节，杨六郎……前去山海关抵御辽兵。来到燕山脚下一个十字路口不知怎么走了，正愁找不到向导，忽然发现道旁有个老头儿正在刨葱。杨六郎上前请他给带路，老头儿为难地说："我这葱再晚刨几天就要空心了，大帅还是另找别人吧！"杨六郎听说老头儿怕葱空心，便赶忙说道："老丈，何必秋刨春栽，多费事！在我们那儿，葱冬天也在地里，来年长得更好。"老者摇摇头说："冻死了怎么办？"六郎保证说："明年我还从这条道上回来，如果葱长不好我赔你。"……
>
> 第二年春天，老头儿到地里一看，哈哈，遍地绿油油，真乐死人，比往年强多了。这消息一传十，十传百，都知道这是杨家传的好经。于是，人们便把这种冬葱起名叫"杨家葱"。①

---

① 陆羽鹏主编：《承德市故事卷》，中国民间文艺出版社 1989 年版，第 742 页。刘文联讲述；于广搜集整理。

　　杨六郎教授人们种菜的经验，让老百姓得到了实惠，而聪慧的杨八姐却反串了"神农"的角色，于不经意间发现了一种做菜的好作料。传说《杨家葱和杨家菜》中，民众解释了"杨家菜"的由来：

　　　　……杨家菜是怎么回事呢？

　　　　想当年穆桂英大破天门阵，在阵上生下了杨文广。只因军中不便养月子，又加上行伍里忌讳这个。所以，八姐、九妹就把穆桂英送到一个百姓家里去调养。可是，当地百姓已被辽兵搜刮得一贫如洗，啥好东西也没有。……一天，杨八姐在村边上犯愁散步，无意中从道边捋几棵蒿子叶放在嘴里嚼着玩。忽然，她眉头一扬："嘿！这蒿叶怎么这么香？"随即顺手薅了一大把，回去洗洗，和了几个鸡蛋炒炒……穆桂英一尝："嘿！真香！这是什么菜？"杨八姐告诉她是一种野菜。消息传开，谁都知道了，人们纷纷到野外去采，采不到就弄点种子到家里往菜园子种。大家都说这是一种好菜，可惜以前就是没发现，多亏了杨八姐。人们为了感谢她，就把这蒿子叶叫"杨家菜"。至今已传遍全国，成为一种有名的做菜的好作料。[①]

　　将自己所崇奉的英雄附会为文化的创造者和传播者，是广大民众英雄崇拜的表现形式之一。而于被人们崇仰的杨家将诸英雄而言，以文化英雄的身份或面貌出现，是最接近于老百姓日常生活的一种英雄属性和职能。从以上所列举的两个例子可以看出，作为"文化英雄"的杨家将身上充分体现了人的生活属性，传说的情节内容充满了生活气息和浓郁的人情味。在一般老百姓的观念里，王侯将相大多为"不稼不穑"、"五谷不分"、离普通民众的"生活距离"较

---

　　① 《热河民间故事之七·汤泉》，承德地区文化局、承德地区文联编，1984 年，第 160 页。于广整理。

远的显贵人物，而于杨家将而言，则全然不是。杨六郎不仅仅是一个爱国爱民、能征惯战的大英雄，而且对农业耕作和农作物种植经验驾轻就熟、非常了解。这就使得杨家将成为人们"身边的"生活性英雄，消除了其高不可攀、不食人间烟火的神圣性，缩小了与广大民众间的情感距离。如有的传说就讲杨六郎与农民兄弟一起耕作、收获，从事农业生产，从而得到了老百姓的称赞和爱戴（270·杨六郎把守三关口）。能帮着百姓种地，与百姓同甘共苦，这样的英雄恐怕是民众最乐意拥护爱戴和崇仰的。而"杨家菜"的发现与推广更是充盈着浓厚的生活气息。让敌人闻风丧胆的穆桂英更是与常人无异，为了"养月子"和避讳行伍里的禁忌，只得到百姓家里调养。而杨八姐正是为了给"坐月子"的穆桂英增加营养，才于无意中发现了"杨家菜"。这里民众将最基本的生活常识铺垫于传说当中，其实人类在创造、发展文化的过程中，其每一步都有现实的生活基础。

　　另外，在青海东部地区流传着一则解释"洋芋"的由来的传说。传说讲：有一年杨家将行军打仗到今青海境内时，军中粮草断绝。杨家将在寻找食物的过程中发现了埋在地下的芋头，于是将其刨出用来食用充饥并把这种美味的食物告诉了当地百姓。人们为了纪念杨家将的功绩便将这种芋头称为"杨芋"，只是后来"杨"字才逐渐衍变为今天的"洋"字。① 可见，杨家将之所以能够担当文化英雄的角色，根本上是与其接近生活、接近民众分不开的，正因有了日常生活经验的积淀和生活智慧的闪现，才使得其成为文化知识的发现者与传播者，从而让百姓得到实惠和便利。也许离广大民众的生活距离最近，最能给他们带来切身的利益和现实的好处的文化英雄才是人们真正需要和虔诚信奉的。

　　总之，人们之所以赋予英雄种种职能和属性抑或神格，就在于在他们的意识里，英雄是完美的，是正义、伟力和精神的化身。而

---

① 《洋芋的传说》，赵宗福讲述；梁家胜搜集整理。

对于英雄，民众总是先由拥护爱戴出发而后景仰崇拜。英雄崇拜具有瞻前性和顾后性。瞻前是指人们对英雄的纪念和缅怀；顾后则是指人们对英雄的祈盼和期待，而二者均同时指向于当下的英雄崇拜行为和心理。

二　女性：神秘、灵性与魔力的一体

常征在《杨家将史事考》一书中指出："就舞台人物而论，'杨门女将'比那些男将更让人喜爱，这不仅由于她们是'巾帼英雄'，威武中夹有三分妩媚，主要还是因为她们表现了高尚的爱国情操。"[①]诚然，广大民众似乎更喜爱那些鲜活的杨门女将，他们总是乐于讲述谈论杨门女将的威风事迹或趣闻逸行。但是，笔者以为，赞赏她们高尚的爱国情操，只是民众喜爱杨门女将的原因之一，其与民间流传深广的女性崇拜的观念、心理和行为当有密切关系。体现在杨家将传说中，女性们除了具有闺帏和日常生活的属性以外，往往还呈现出神秘性、灵异性甚至某种魔力性，成为几种质素的载体或杂糅的一体。同时，女性崇拜又与原始的生殖崇拜、女性魔力心理以及民间辟邪、禁忌等文化观念有着某种联系。

（一）神秘与魔力的杂糅

由于女性特殊的生理构造和功能，受原始的生殖崇拜、女阴崇拜和女性魔力、女性禁忌等民间观念影响，杨家将传说里对于女性在争战中取胜或打败对手的描绘常常带有某种神秘性、诡异性，充斥着魔法与魔力色彩。杨门的女将们与男性形象相比，除了作为凡性常态的军事将领而存在，还兼具了仙姑、女巫等通灵者的角色。如果说男性形象较实，更容易被还原成常人，那么女性形象就相对较虚，她们往往表现为神秘、魔力与灵异的一体，凡人、神仙甚至巫师、妖怪的杂糅。

杨家将传说里的女性角色及与之相关的神异情节，不同异文说

---

① 　常征：《杨家将史事考》，天津人民出版社 1980 年版，第 277 页。

法不尽相同。如有的说佘赛花是王母娘娘的女儿下凡（12），而有的传说又说她由长虫精变成了女将军（224）；穆桂英则是"木头成精"变化而来的，杨排风是南海老母派下来保杨家的，等等。这些人——神——妖杂糅混同的女性人物在杨家将传说里大量存在，这也从一定程度上反映了民间巫术观念和记忆在民众思维中的遗存。杨家将传说在广大民众中间通过各种渠道、经过多次辗转口耳相传，其人物、情节、结构等发生变异，产生众多异文是很自然的事情，这是民间文学或者说民间口承叙事的共同特性。正是这种口传性和变异性给了民众广阔的想象和再创造的空间。如由佘赛花和穆桂英的姓氏通过谐音衍化，将"佘"衍化为"蛇"（即长虫），将"穆"衍化为"木"，从而分别将二人说成是长虫精和木精。欧达伟曾指出："民众对于神灵的想象，从本质上说，不是伦理的，而是魔法的。"①杨家将传说里的神怪魔力内容，是民众对于神灵的想象和寄托。杨门女将明显地杂糅融汇了凡人、神仙和妖怪的诸种品性，同时，她们更是一些充满民间智慧的形象。民众创造了半人半神、亦人亦仙、多姿多彩的杨门女将形象，在她们的身上投射了人们自己的民间宗教思想和民间俗信观念。当然，出于顶礼敬奉的崇拜心理，神秘与魔力交汇杂糅的女将们在用自己的奇门法术和特异本领愉悦广大民众的同时，杨家女英雄们亦通过其神通广大的法力、神力保佑了他们。因此，无论在情感上、心理上抑或精神上，老百姓与他们所崇奉的英雄之间都发生着关系。

　　杨门女英雄的神秘与魔力在"阵前生产"型传说故事里表现得最为明显。《穆桂英大摆迷魂阵》（276，295）、《穆桂英大破天门阵》（138）和《红蓑草》（262）等均属此类型。下面先来看《穆桂英大破天门阵》这则"阵前生产"型传说：

---

　　① 欧达伟（R. David Arkush）：《中国民众思想史论》，董晓萍译，中央民族大学出版社1995年版，第15页。

　　……杨宗保败阵回营……（穆桂英）当即披挂上阵，要亲自去闯"鬼门关"。因穆元帅怀孕在身，众将力劝无效，只好跟随助阵。……穆元帅一看，白天祖要逃，就说："上天我追到你凌霄殿，入地我赶到你鬼门关，请——"……刚刚进入天门阵，白天祖七绕八拐不见了，只听见梆锣一响，刹那间，阴云密布，天黑得伸手不见五指，冷风嗖嗖，群魔乱舞，恶鬼拦道，个个手握兵刃，张牙舞爪地扑上来。穆桂英一看退兵已晚，这时又觉得肚子一阵疼痛，翻身落下马来。在一片茅草地上生下了女儿杨金花。她见恶鬼扑到眼前，就割下一块战裙；沾血挥洒起来，片刻时间，魔鬼消失。原来白天祖用的是左道妖术，最忌女人经血。事有巧合，也是天意，就该穆桂英建立奇功，无意竟破了白天祖的妖术。顿时云开雾散，一轮红日金灿灿地挂在天空。……白天祖终于在混战中死于穆桂英的刀下。……①

　　在这个传说里，作为凡人的穆桂英凭借生孩子时的"经血"，破解了妖道白天祖的邪门妖术。所谓"一物降一物"，用老百姓的话语解释，就是"冲"着了。穆桂英在此以巫师和通灵者的身份出现，她在特定时间的特殊事件中通了灵。女人生孩子时所流之血和女人的"经血"，在民间观念中本来就是神秘之事和神秘之物，即使在今天，民众对它也是厌恶、恐惧或回避的。郑晓江主编的《中国辟邪文化大观》中就指出："产妇不洁，秽气深重，民间俗信以为'产妇冲宅'、乃'热血扑门'，是不吉利的。"② 在普通民众看来，女人的"经血"中含有某种自然的神秘的力量，这使得女性的生理现象与巫术、神术或妖术有了联系，使之成为神秘而又充满魔力的制敌武器。利用女性生理上的神秘性而作为制敌利器的情节，在其他传说故事或文学作品中亦有呈现。如《杨家府演义》中"破天阵"一

---

　　① 《中国民间文学集成·河南兰考县卷》，兰考县民间文学集成编委会，1990 年，第9—11 页。武新田口述；李书民记录。

　　② 郑晓江主编：《中国辟邪文化大观》，花城出版社 1994 年版，第 460 页。

节，黄琼女在辽军天门阵中镇守"太阴阵"，女兵们"赤身裸体，台上阴风凛凛，黑雾腾腾"。另：

> 却说柴郡主引兵三万去打青龙阵……将及半午，郡主用力战久，动了胎气，忽觉肚腹疼痛，渐渐难忍，郡主遂大叫一声好苦。……须臾郡主坠下马来，产一婴孩，昏闷倒地。铁头太岁，见郡主落马，拍马来捉……被郡主生产腥气所冲，忽拍马而走，桂英忙抛飞刀砍去，铁头太岁遂化一道金光，冲霄去了。
>
> （《杨家府演义》第三十回）

让一个有孕在身的女将出征打仗显然有悖常理，故事情节如此安排更增加了破天门阵的神秘性，原来因为"钟道士曰：'但去无妨，今正要以孕气压胜此阵之妖孽也'"。铁头太岁正是被柴郡主生产时的腥气所冲，才被穆桂英手起刀落，化作金光冲霄而去。而在《女元帅妇好的传说》（163）中，"小国的王子招收一批年轻的女兵，趁她们的经血来临之日，叫她们赤体裸身，披头散发，面涂草灰，顺腿流血，狼嚎鬼叫，直往妇好的军阵冲去"。这种神秘而令人恐惧、带有巫术性质的"疯女阵"威力极大，"妇好的兵士见了这些如妖似怪的疯女，人人害怕，个个胆寒，触目惊心，不战而退"。而妇好破解"疯女阵"的战术亦颇具巫术色彩："叫士兵们用冷水往敌人身上泼去。"① 这里实际上是女性魔力崇拜和女性禁忌以及巫术信仰的投射与呈现，女性禁忌增加了女性的神秘。在民众意识里，女性生理的神秘和诡异也使她们理所当然地拥有更多与神灵相通的条件和机会。

尽管人们对神秘叵测的"污血"和"经血"心存顾忌，甚至惧怕回避，但出于英雄崇拜和女性崇拜的文化心理和观念，人们所信

---

① 参见胡德葆等主编《河南民间文学集成·安阳故事卷》，中原农民出版社1992年版，第42—45页。冯新志讲述；李存让采录。

奉崇拜的女英雄的"污血"反而成了"吉祥物"。《红蘘草》（262）
传说这样讲道：

> ……因为它（红蘘草）能治百病，人们又叫它红灵芝。说
> 起它的来历，要扯到穆桂英大破天门阵了。
> ……法师念动真言咒语，神钵被祭上天，"呜呜"地怪叫着
> 朝穆桂英飞来。说来真巧，就在这个时候，穆桂英腹疼难忍，
> 在草地上生下了杨文广。神钵惧怕污血没有砸下来……
> 从这以后，穆桂英生孩子血染的蘘草就成了红色。后来人
> 们还发现红蘘草能治百病，特别对痨病、伤寒，更是药到病除。
> 如今这里还流传着这样一首歌谣：
> 红蘘草，红蘘草，
> 吃了神草治百病。
> 不是老天赐的宝，
> 感谢当年穆桂英。[①]

可见，尽管民众对女性的神秘与魔力有所恐惧，但正因其神秘
性，才使得她们能够通灵，甚至可以赐福禳灾，利好百姓。由此种
复杂的情感和心理而产生了女性崇拜的观念和行为，由恐惧到敬畏
再到崇奉，这样一条心理活动的路径和轨迹，也为我们呈现了民间
神祇偶像生成、发展、定型的一种模式与过程。除了利用自身生理
上的神秘和魔力以外，女性有时还担当了"巫师"或"法师"的神
圣职能，借助通灵的方式来请求上天运用神力助己。在传说《穆桂
英与米面圪垯》（164）中，故事的讲述者是这样描述穆桂英通灵、
施法、祈神的过程的：

---

① 陈德来编：《历代名女的传说》，山西人民出版社1983年版，第125—126页。许衍明
讲述；周宝忠整理。

……一天，穆桂英坐在元帅大帐里，双手托着两腮在发愁，一阵香风吹来，只吹得她迷迷糊糊的。她正在纳闷，忽然从大帐外面飘然进来一位花白胡须的仙人。穆桂英见了慌忙下拜，口称："桂英不知大仙降临，有失远迎。"大仙说："俺本元始天尊是也。只因宋辽交战，吕洞宾违背天意，擅自下山辅助北辽。前不久，我已奉祖师之命派师弟铁拐李下来协助大宋，今见宋营粮草无望，特来相助。"说罢，转身就向帐外走去。穆桂英随着走出大帐一看，只见一堆闪亮亮的金黄小米，像小山一样堆放在那里，高兴得转身又要拜谢，却不见大仙哪里去了。她正在左看右看地寻找大仙，忽听有人呼喊，睁眼一看，原是南柯一梦。

……穆桂英沐浴更衣，摆设了香案，双膝跪在香案前，焚香祈祷，请上天运用神力，变沙为米，以保佑大宋江山。说也真怪，过了一夜，这些沙丘都神奇地变成了黄灿灿的金黄小米。宋军有了粮食，军心大振，一举破了天门阵。……①

"托梦""设坛祈神"等在民间观念中皆是通灵的方式和路径。穆桂英"沐浴更衣，摆设了香案，双膝跪在香案前，焚香祈祷"，俨然是一个法师或巫师在设坛施法。这里展现的不仅仅是女性神秘，而且更呈现了其神通、神性的一面。通过祈神，竟神奇般地将沙丘变成了"米面圪垯"，之所以有此种离奇的故事情节，正是广大民众对女性神力、魔力敬畏崇拜的间接体现及其心理、意识投射的结果。上述这种祭天祈祷的仪式带有一定的交感巫术性质，穆桂英在一定程度上充当了高级巫的角色——祭司。"巫术是企图借助超自然的神秘力量对某些人、事、物施加影响或给予控制的方术。"② 它是最古老、最普遍的信仰之一，许慎《说文》："觋，能斋肃事神明也。在

---

① 胡德葆等主编：《河南民间文学集成·安阳故事卷》，中原农民出版社1992年版，第154—155页。张东德讲述；张怀恩采录。

② 乌丙安：《中国民俗学》（新版），辽宁大学出版社2003年版，第312页。

男曰觋，在女曰巫。"徐锴注巫觋："能见鬼神。"巫觋亦人亦神，二重身份，故民间有"又做师娘，又做鬼"之俗谚。受原始的"万物有灵论"和自然崇拜的影响与支配，古人认为，世界除了自然界外，是由人和鬼神组成的，彼此存在于一个宇宙之中，但是人神异处，又有联系，人类为了取得与鬼神的密切联系，就必须有沟通人与鬼神的桥梁，于是出现了一种媒介——巫觋。许慎《说文》言："巫，祝也，女能事无形，以舞降神者也。"其所说"事无形"，即指事鬼神，这是巫的原型。人类信仰活动的初期，还没有专门的执事者，当时人大多都会施巫，随着氏族的出现，信仰活动的增加，氏族长才较多承担宗教事务，后来连氏族长也难以兼管了，才出现了专门的巫。古典神话中"重、黎绝地天通"的典故，实质上就是巫祝或祭司专职化的历史记忆。从信仰灵媒发展的角度看，最初的巫是女性，直到汉代还盛行女巫。《汉书·地理志》："国中民家长女不得嫁，名名曰'巫儿'，为家主祠。嫁者不利其家。民至今以为俗。"只是后来才出现了男巫。祭司是由巫觋发展而来的，是一种高级的巫，即大巫，皆为男性垄断担任。最初的祭司也能通鬼神，但主要从事较大的祭祀活动，如祭天、祭祖等。"祭祀是民众向民间神祇乞求福佑或驱避灾祸的一种行为惯制，它世代传承，具有相应的仪式制度。在祭祀活动中，经常运用法术，有时也使用一些巫术，以解决人们在现实生活中遇到的某些问题。"[1] "天"或"老天爷"在民众观念中当属最权威、最大的神和崇拜偶像，穆桂英所主持的祭祀活动其实就是一种祭天仪式。祭天的祈神仪式，充满着庄严的神圣性和神秘的宗教气氛。祭祀是通神的主要手段，是祈神、谢神的基本形式，其用意在于防灾殃、求好运。显然，在这则传说里，穆桂英充分显示了其人、神杂糅，巫祝、祭司汇通一体的神秘性质。主持祭祀活动是女巫的基本职能之一，民间信仰中最大的安全感是有神灵护佑、赐福。祭天是民间祭祀活动中最普遍、

---

[1] 钟敬文主编：《民俗学概论》，上海文艺出版社2004年版，第200页。

最典型的内容之一，也是有特异灵性的巫祝等通神通灵的主要方式与路径。而这一切皆是由女性英雄穆桂英来担当和主持的，由此可见，女性在广大民众心目中的神秘地位和魔性力量。凡此种种呈现于传说故事中，也从一个侧面折射出人们的女性崇拜心理及文化观念。

杨门女英雄不仅其自身在生理上、本领上具有神异性，就连她们所使兵器、所乘坐骑、所用器具等，无不具有神奇的功用和魔力。因此，"女性魔力"观念既体现在女性使用神异法术打败敌人，又反映在她们的"法器"上。《烟火棍》（252）传说中杨排风使用的兵器"烟火棍"厉害无比，"排风将棍抛出，顿时燃起漫天大火，映红了天际，烧化了岩石，敌兵大败"。而在《杨排风扫北》这则传说里，女将杨排风的宝器更是让人耳目一新：

> 她（杨排风）有几件宝，是仙家给她的。一个是火棒，烧火棍。烧火的丫头吧，火棒头子也是好的。……二来人家有一个小筐，筐上面弄个嘴，底下小，上头大，没底。这玩意儿是个万宝囊，一万个宝贝在这个筐里。它里头是嘛呢？烙饼的烙子、匝线锤子、蒜水舀子、小挠子……烙子是遮云日的，在空中一举，遮天蔽日，没大没小，四外冒火，多少人马也得在里头，不烧死弄啥，上哪儿跑啊？……人家这个蒜水舀子可真是个宝贝，真要上空中一举，咒言咒语一说，遮天蔽日，要多么大有多么大。要说那个小挠子，你多么远，挠子上前一勾，就勾住了。人家使的是宝贝。……①

这个传说对法宝的描述既多且奇，尽是些破敌制胜的利器。正如朱永兰老太太所讲述的那样："嚯，人家净宝贝。人家不用人打，

---

① 严优：《杨家将故事研究——以华北地区杨门女将故事为主》，硕士学位论文，北京师范大学，1999 年，第 30 页。朱永兰讲述；严优采录。

净使宝贝，就破了阵。"杨排风的神器仙技，让凡常人孟良、焦赞等相形见绌。然而有趣的是，这里所列的法宝，全都是家常什物，并非稀世珍宝：烧火棍、小筐、烙子、蒜水臽子、小挠子……凡此种种，皆是终日围绕锅台灶边的传统家庭主妇日常操持的"宝贝"。这一方面体现了民俗信仰的生活性，另一方面也说明，由于传播方式和性别角色的差异，民众中女性与男性对杨家将传说的接受和解读也各有侧重。

传说《傅友林和杨八郎》（325）讲，"河西老人"傅友林看见令公庙里的八郎像破损了，就将它送到泥塑师那里去塑画修补。事后，他梦见自己来到杨府，杨排风将手心向他手心上一按，说道："送给你一生健康！""从那天起直到现在，六十多年了，傅友林不论大病、小病，乃至伤风感冒、腰酸腿疼，磕着碰着，疮疱疥癣等，一律没有得过。"① 在这则传说里，杨排风能够赐福赠寿、保佑人身体健康，类似于民间所供奉的王母娘娘、观音菩萨、碧霞元君等神灵。赐福、增寿、赠禄等施惠舍利行为是财神、禄官、关公、文曲星乃至孔圣人等神灵仙家的职能，杨排风可以赐予人间福禄寿等福祉，说明她与民间供奉的其他诸神诸圣，在神格属性和神职功能上并无二致。民众显然已将她当作司职神业的神圣偶像加以崇奉敬仰、祭祀膜拜，而不再仅仅将其视为一员能征惯战、神性与魔力交相杂糅的杨门女将。

总之，在杨家将传说中，女性英雄大多呈现出神异性、魔力性和通灵性，是诸种品性交汇与杂糅的复合体。笔者以为，这与原始的女性崇拜观念、民间禁忌和辟邪巫术以及女性魔力心理等是分不开的，此类传说故事投射了较多民俗宗教、民间俗信等方面的内容和广大民众的文化心理。而人—神—巫—妖杂糅的女性英雄最终由人格上升为神格并具有了多种神性职能，成为人们崇拜信

① 《古北口传说故事》，中国文联出版公司 1995 年版，第 103—105 页。白天搜集整理；傅友林讲述。

奉的偶像。

（二）智慧与灵性的交融

在民众观念中，杨门女将除了具有凡常人等无法企及的神性和魔力外，她们的身上还闪现着智慧之光，充满了灵性。杨家将传说里，女将们往往是以"救兵"的身份出现的，即当杨家男将陷入困境或无计可施之时，杨门女将便及时站出来献计献策，起到了扭转战局的效果。与男将相比，女将们显得更加聪颖智慧、灵气十足。这恐怕亦是人们喜爱杨门女将并加以崇拜的原因之一。

《杨八姐大破铁甲兵》（233）讲，韩昌带铁甲兵攻打三关，杨六郎与之大战，结果伤亡惨重。杨八姐女扮男装到军营献计，并亲自将铁甲兵引到宋六口，致使其陷入泥淖，最终铁甲兵大败。[①]《杨八姐盗金刀》（273）更是讲述了杨八姐利用自己的智慧和机巧女扮男装混入辽营盗取令公金刀的传奇经历：

……这时，八姐从女将群里走出来，说道："娘，孩儿愿去将爹爹的金刀盗回来！"

佘老太君一愣："我的儿，你能成？"

八姐说："能。孩儿自幼跟您学了一身的好武艺，又有爹爹的在天之灵护佑，定能把那国宝盗回来！"……

八姐路遇辽国铁净公主与之厮杀，结果寡不敌众躲到一道观中，在老道人的帮助下女扮男装，被铁净公主看上。

铁净公主听他说话脆脆生生，又见他长得白白净净，十分俊俏，早就动了心，两眼直勾勾地盯着他，转着看了一圈儿，早把别的事都丢在了脑后，就对那些辽兵辽将说："没追上那个大宋女子，却得了这样一个后生，把他给我带走！"……

---

① 参见《廊坊民间故事》，廊坊市委宣传部、廊坊市文教局编辑，第227—231页。肖雨搜集整理。

八姐将计就计，骗得铁净公主的信任并夺得辽军先锋大印。战场上八姐让六郎假装败走，于是她被招为北国驸马。后来，八姐又骗得萧太后的令箭，伺机盗取令公金刀得手。①

上面所举的以杨八姐为主人公的杨家将传说中，都含有一个相同的故事母题：女扮男装。"女扮男装"母题是民间故事里一个常见的母题，如花木兰替父从军、祝英台离家求学等，都是女扮男装的典型例子。这一情节单元并非中国独有，在世界上较为普遍，汤普森（Stith Thompson）在《世界民间故事分类学》的类型514"性别的变换"中涉及："一个少女装扮成男子，代替她的兄弟（或父亲）去从军参战。""在一些故事中，她娶了公主，而公主则为她保密。"②"女扮男装"母题是"性别的变换"类型之一种，此外还有"男扮女装"母题，如《西游记》中孙悟空在高老庄扮作高小姐戏弄猪八戒。杨家将传说中，"性别的变换"是单向的，只有女扮男装一种情形。与花木兰等女扮男装出征的英雄不同，杨门女将上战场是不用扮男装的，她们只需更换战袍，"摴绣甲跨征鞍整顿乾坤"（评剧《穆桂英挂帅》唱词）即可。杨门女将换男装、扮男相，不是为了上战场，而是为了在社会的其他领域和场所活动方便。"女扮男装"母题与角色的职能转换紧密相连，"换装"意味着角色身份的转变，转变后的新的临时性社会角色可以实施新身份所允许的行动，从而实现原有旧身份所规定的社会角色所不可能实现的功能或完成的任务。杨八姐正是通过换装改相顺利混入辽营从而盗取金刀的。在大传统文化语境下，社会的许多领域和场所，女性都受到了约束和限制，而若想打破这种束缚和社会规范，通过换装从而改变其身份是途径之一。这实际上是社会性别偏见的一种投射和表达。基于长期以来社会角色机制所造成的性别刻板印

---

① 参见赵云雁搜集整理《穆桂英大战桃花漫》，中国民间文艺出版社1986年版，第66—76页。刘增兰讲述；赵云雁搜集整理。

② ［美］汤普森：《世界民间故事分类学》（The types of the folktales, a classification and bibliography），上海文艺出版社1991年版，第67页。

象或性别角色规范，民众在创作、扩布、承传民间传说故事时亦将此种文化观念掺入其中，将性别差异及角色定位的社会心理投射进去。因为性别刻板印象具有持续性和普遍性，它"反映出了天生、稳定的本质特性"①。当然，这里我们姑且抛开性别角色转换的深层社会心理机制不谈，在民间广大民众之所以对女扮男装的女性主人公喜爱有加，对这种类型的传说故事喜闻乐道，是因为这类故事不仅充盈着由于性别角色的换位而造成的喜剧效果，而且它更多地反映了女性的睿智、聪颖与机巧，彰显了女性英雄的灵性和魅力。

　　杨家将传说里斗阵拼杀的疆场，基本上就是杨门女将活动的社会场域。在传说中，杨门女英雄打破了传统的社会性别角色规范的束缚，参与甚至主导了国家的军事斗争活动，做了传统观念中原本该由男人来做的事情，这与她们的智慧和机巧是分不开的。同其他民间英雄传说一样，杨家将传说中的人物形象也具有类型化的特征。从容貌、武艺、品性等各方面综合而言，杨家将传说里的女将形象大多属智勇双全型：智慧、勇武、机巧和灵性等诸品质在她们身上得到了交融和统一。智勇双全型的女将，在民众心目中既是地道的女人，又是崇敬的偶像。容貌美丽、武艺高强，智勇双全，更重要的是她们善于"使巧"，善于以柔克刚，能够"一巧搏千斤"，而善于"使巧"在传统观念里正是典型的女人做派和天性禀赋。杨门女将中的大多数都是美、智、巧、灵的统一体。以佘赛花、穆桂英为代表，佘赛花是"面如满月、目似秋水，白马银甲，挎弓提枪，脑后两根雉鸡翎，看上去真叫帅"；② 而穆桂英则是"骑着一匹枣红马，背插弓，腰挂剑，手里提着一把绣绒大砍刀，脑后两根雉鸡翎，小脸蛋被早霞映得像朵桃花，好不威风！"③ 她们所操持使用的武器

---

① ［美］戴维·迈尔斯（David G. Myers）：《社会心理学》（第 8 版），侯玉波等译，人民邮电出版社 2006 年版，第 250 页。

② 《杨继业和佘赛花成婚》（263），赵云雁搜集整理：《穆桂英大战桃花漫》，中国民间文艺出版社 1986 年版，第 1 页。刘道喜讲述。

③ 《穆桂英大战桃花漫》（272），赵云雁搜集整理：《穆桂英大战桃花漫》，中国民间文艺出版社 1986 年版，第 56 页。王兴等讲述。

的名字亦秀气雅致，带有典型的女性特质："绣绒大刀""小飞剑""柳叶宝刀"，等等，她们往往还备有"捆仙绳"之类的仙家法宝。当与敌人对阵搏斗时，她们一般不与敌人硬拼，而是"瞅准空隙，卖个破绽""虚晃一枪，拨马就走""杏眼一转，便心生一计"，抓住时机，利用对手的疏忽，将敌人打得"狼狈而去""望风而逃""溃不成军"（70，276，329）。在民众的认识里，女将们能够败敌取胜的关键和诀窍就是"有脑筋、使巧劲"，她们的"心跟窗户纸一样，一点就透了"（276）。智巧的巾帼英雄们的身上更多地体现着民间的生存技巧和生活智慧，因此通过"移情"作用，人们很容易感同身受，产生共鸣，从而愈加喜爱这些女性英雄的形象。而智慧与灵性交融一体的女性偶像，亦是民众所乐意敬奉崇拜的。

总之，杨家将传说所呈现给我们的女性英雄其形象特征具有杂糅性、混融性。她们既充满了智慧、机巧和灵性，又蕴含着神秘和魔力，是人—神—巫甚至妖的结合混一体。广大民众在对这些亦人亦神的偶像崇奉信仰的过程中，逐渐丰富、完善她们的神格，赋予其愈来愈多的神性职能甚至与经典女性崇拜的偶像（王母、观音等）并驾齐驱。这亦从一个侧面凸显了民间俗信的包容性、功利性及生活性等性格特质。

三　挥之不去的情结：英雄崇拜与女性崇拜的社会心理透视

英雄崇拜和女性崇拜，这两种心理倾向和文化信仰活动现象的背后有着深厚的社会心理基础和背景。尤其是英雄崇拜，甚至可以说已经形成为广大民众心中挥之不去的独特情结。由于政治的、经济的、文化的等诸多方面的社会性或自然性原因，生活于社会中、下层同时亦是民俗文化的创造、享用和传播传承者的广大民众，生活中充满了太多的变数和不稳定性，或者是难以预测的天灾或者是无法预期或无可奈何的人祸，都足以让一个处于弱势地位的个人或群体蒙受巨大的痛楚和不幸，甚至是灭顶之灾。自古及今，中国的底层民众尤其是农民付出的极多、承受的巨大而得到或回报的太少。

当不幸、无奈、凄凉、苦楚充斥着现实生活，当人们遭受来自各方面的压力和沉重打击甚至不义或邪恶势力的迫害而又无力抗争，当民众不能成其为自身命运的主宰而逆来顺受时，广大老百姓只有在心理上、精神上寻求慰藉和解脱，以抵消现实的重压。于是乎，民众将呼唤英雄、祈盼英雄的心理投射到民间传说和故事里，让种种现实中的不可能在心理和精神的层面，在口承叙事（包括叙事行为过程和叙事结果）里变成可能。因此，杨家将传说中的英雄主人公们为国为民、铲除邪恶、造福百姓、护佑家园等正义之举实际上是生活在现实中的广大民众真实情感和意愿指归的呈现与表达。通过这种方式，人们的情感得以宣泄或满足、心理得以平衡和抚慰，从而确保了生活秩序的维持和制衡。人类的生活不仅是物质性的，其还有精神性的一面。民众的心中之所以怀有英雄崇拜的情结，是因为这种情结是一种美好的理想和愿望，有理想方有希望，而且这种情结也可以抑制因长期的情感压抑和阻滞而沉淀、累积成的寻求宣泄的暴力症结，从而引导人们通过一种平和而理性的方式来弥补某种心理的缺憾和情感的缺失。广大民众在讲述传播杨家将传说等英雄传奇故事的时候，实际上是在进行一项情感投资，而这种投资所收获的则是一种感同身受的"移情"体验。移情是双向的，即人们对英雄的崇拜之情正是通过讲述传说故事来投注其间的，也就是说，传说里的英雄人物的情感意愿实际上是现实生活中的人们的情感和意愿的投射与表达；另外，传说故事中英雄主人公的正义之举也在某种程度上强化了民众的意愿指归与情感倾向，满足、愉悦了其情感，抚恤、慰藉了其心理。

从某种意义上看，民众对英雄的崇拜及有关英雄人物事迹的讲述活动充当或发挥着节日或仪式这种阈限过程中"反结构"或"交融"的功用。民俗事象构建了平等对话的平台。按巴赫金的理论，民俗属于"杂语"，有别于"权威话语"和"独白话语"。民俗的"杂语"指的是不同语言、文化和阶层的人们围绕统一民俗事象（如传说"杨家将"这一具体事象）的彼此交融。每个人在民俗活动中都有自己的位置而不至于被忽视。在人情味十足的生活场域和民俗语境中,排除了任何单一的"真理语言"和"官方语言"的霸权约束。民俗场域是一个"杂语喧哗"的社会,人们的价值和地位是完全平等的,没有人因争夺话语权而去诋毁别人,而只是在自觉地维护和强化亲情、友情等分内的事情。"在整个社会运行体系中,尤其是节日民俗更能显示出平等交融的生活意义。民众在节日及其他民间仪式场合的尽情狂欢,反衬出官方场合的矜持、枯燥。"① 民俗杜绝官方权威,民俗场域中的唯一权威即是传统,而非某一集团或个人。

维克多·特纳(Victor Turner)将这种节日庆典的仪式定义为"地位逆转的仪式"。在这一仪式过程中会出现一种"地位反串"的象征场面:那些同属一个群体或类别,在社会结构中固定地处于低下地位的人就会积极地联合在一起,对那些地位处在他们之上的人进行仪式性的领导。通过这种"颠倒性"的展演,民俗传统的神圣慑服了掌权者们的高傲,使之心甘情愿地因循民俗场域中的权威——传统,自觉地论资排辈。因为在这一民俗情境中,角色和地位并不是外力强加或争取到的,而是与生俱来的。人与人在温馨的、弥漫着亲情友情等"人情"的自然的社会结构之中相互沟通、融合(交融),社会矛盾得以缓和,社会秩序得以巩固。而传说"杨家将"的过程无疑具备了这种"地位逆转的仪式"的功用和特质,或者说"反结构"的"交融"作用。特纳指出:"交融所具有的自发性、即时性、具体性的特点……是与社会结构所具有的受社会规范所辖制、制度化、抽象化的特点相对立的。……结构是一个分类性的体系;是一个对文化和自然进行思考,并为个人的公共生活赋以秩序的模式。交融还有一个潜在的方面,它总是以虚拟语气出现。在总体性的存在事物之间的关系之中,能够产生象征、暗喻,以及类比;艺术和宗教就是这些关系的产物,而不是法律结构和政治结

---

① 万建中:《关于民俗生活魅力的随想》,《山东社会科学》2010 年第 7 期。

构的产物。"① 特纳所强调的交融（反结构）的现实意义就在于它是社会生活的一种调节机制，这种调节机制（特纳称为模板或模型）通过周期性的仪式过程对现实情况和人与社会、自然以及文化之间的关系进行重新分类，并且它在引发人们思考之外，还促使人们采取行动。因为"交融并不仅仅是从文化的局限下解脱出来的'人类传承的原始动力'的产物。它应该是人类所特有的智能的产物，其中包括理性、意志，还有记忆，而且随着在社会中的生活经历的发展而发展"②。由此，我们亦可将英雄传说故事看作"一套模板或模型"，当成社会生活的调节机制之一。英雄崇拜同样可以视为"为人类本身所怀有的情感"，而英雄崇拜活动及与之相关的民间叙事也"并不是什么群体性本能的附带现象，而是具有完整性的众人全身心地参与其中的产物"。诚如特纳所指出的那样："阈限、边缘性以及结构中的低下地位都是各种前提条件，在这些条件下，往往会产生神话故事、象征手段、仪式行为、哲学体系，以及艺术作品。这些文化形式为人们提供了一套模板或模型。"③ 可见，特纳的阈限理论同样可以就杨家将英雄传说故事的产生、创造与流变衍化为我们提供一个阐释的平台和框架。在社会结构中处于中、下层地位的广大民众所创造和享用的民间叙事作品亦必然为人们提供一套悖异于日常生活秩序、"含有颠覆社会性和逆反仪式性的行为，日常生活规范受到了最为首要的对抗"④ 的模板。而传说故事中的英雄主人公正是对抗日常生活规范的理想模型和偶像，广大民众将临时性的情感满足与心理慰藉通过"移情"的方式转嫁到英雄偶像的身上，从而产生一种喜爱与敬仰之情，经过长久的重叠和积淀，这种感情得到了

---

① 维克多·特纳：《仪式过程：结构与反结构》（The Ritual Process：Structure and Anti-structure），黄剑波等译，中国人民大学出版社 2006 年版，第 128—129 页。

② 同上书，第 129 页。

③ 同上。

④ 罗杰·D. 亚伯拉华（Roger D. Abrahams）：《仪式过程：结构与反结构·序》，载维克多·特纳《仪式过程：结构与反结构》（The Ritual Process：Structure and Anti-structure），黄剑波等译，中国人民大学出版社 2006 年版，第 7 页。

升华，逐步升格转变为崇拜之情并进而产生英雄崇拜的集体无意识和社会性心理，最终发展为一种独特的情结。

　　研究表明："存在外表吸引力的刻板印象（Physical-attractiveness Stereotype）：美的就是好的。"① 如孩子们很小的时候就形成了这种刻板印象：白雪公主和灰姑娘是美丽的——也是善良的；女巫和继母是丑陋的——同时也是邪恶的。而这一研究成果为我们从社会心理学的维度来阐发民间的女性崇拜提供了一条路径。前文已经提到，智巧的杨门女将其外貌大多美丽漂亮，她们"面如满月、目似秋水""小脸蛋……像朵桃花"，如此这般美丽动人的女性形象很容易让人们对之产生"外表吸引力的刻板印象"，认为其外表的美与心灵的美是一致的，由此引申出其他方面的品质也是好的，从而对她们产生了好感和喜爱之情。俗云："爱美之心，人皆有之"，而刻板印象的关键在于让民众将自己所喜好的偶像的外表美与内在美统一起来，将其视为"兼美"甚至"完美"。在此种社会心理的诱发和作用下，再加之民间固有的女性魔力崇拜、生殖崇拜、女性禁忌和巫术等民间俗信观念，民众逐渐生发出对杨门巾帼英雄的敬仰之情和崇拜心理。当然，女性崇拜的心理和情结是相当复杂的，在此只不过又为其存在的合理性提供了一个小小的佐证罢了。在广大民众那里，女性崇拜观念往往显得更加朴实真切。如《杨奶奶庙的传说》（130）讲述了"杨奶奶"显灵赠财的故事，这则传说里所说的杨奶奶庙是为纪念杨家功绩而修建的，在此，杨门众女将的形象已变得模糊起来，而呈现出整体性、统一性的形象特质，以"杨奶奶"之名概而括之。而"杨奶奶"这一称呼也体现出民众已将其与泰山老奶奶（碧霞元君）、王母娘娘（西王母）、送子娘娘等女性神灵形象等同视之，完全将其纳入女性神灵崇拜的序列当中。这也足可见杨家女英雄在老百姓心目中的位置及信仰程度。

----

① ［美］戴维·迈尔斯：《社会心理学》（第 8 版），侯玉波等译，人民邮电出版社 2006 年版，第 317 页。

　　另外值得一提的是，杨家将传说中，杨门女将英雄群像的出现和塑造与明代后期涌现的诸如肯定"人欲"、争取人权、男女平等、同情妇女等进步的社会思潮在民间叙事中的投射是分不开的。受宋明理学影响，宋明时期，在君权、父权、夫权专制下的妇女地位最为低下。自《周礼》提出"四德"，《白虎通》提出"三从"，千百年来，"三从四德""三纲五常"就成了封建统治者压迫妇女的伦理道德的理论核心。特别是程朱理学，把贞节作为评价妇女的唯一标准，北宋的程颐更是提出了"饿死事极小，失节事极大"的贞节观。杨门女将的塑造是以明末进步的思想解放思潮为背景的，佘太君、穆桂英等女性深明大义、有勇有谋、武艺高强，是深入人心的民族英雄。她们一反传统女性相夫教子、三从四德的伦理模式，体现了对儒家理学思想束缚的大胆反抗和对妇女解放和男女平等的强烈呼唤与追求。

　　总之，无论英雄崇拜还是女性崇拜，在民众当中似乎都形成了一种挥之不去的情结，甚至将此情结转化为实际的行动。正如人们在《七郎坟》（287）传说里所表现的那样："纷纷跑来哀悼，给七郎上坟，把坟堆越堆越高。"这不正是民众对英雄的特有情结和集体意识及社会心理的投射和呈现吗？

　　总而言之，杨家将传说因其民间英雄传奇性质，又因杨门女将这一独特群体形象的存在，使之成为民间英雄崇拜和女性崇拜等民间俗信观念的表达载体和投射路径。民众在生发创作、传播扩布、传承流变杨家将传说故事的过程中，呈现了一种挥之不去的独特情结；而通过传说"杨家将"又反过来加深强化了这种情结和社会文化心理。

第三节　互为表里的生活与俗信

　　中国文化的根基和源流在民间文化，在充满理性色彩的精英文化产生之前，民间文化业已存在，并在漫长的历史岁月中不断地吸收其他各种文化资源。民间文化或者说民俗文化之所以能历经数千年而不衰，表明其具有很重要的社会和文化功能，否则早就湮没在历史的演变和时代冲击的浪潮之中。在精英文化、上层文化甚至官方文化受到各种异邦别域文化冲击而发生变异时，民间民俗文化就像永不移动的河床一样，依然承载着中华文明之基脉。这在很大程度上取决于民俗文化中最本质最核心的民俗宗教和民间信仰正是以民间社会的文化内码的形式而存在的，而这种文化内码标识和定义了民间文化的属性和特质。任何文化都由其自身发展出来的象征和符号来标识和表现，人类学家克利福德·格尔兹（Clifford Geertz）认为："文化是一种通过符号在历史上代代相传的意义模式，它将传承的观念表现于象征形式中，通过文化的符号体系，人与人得以相互沟通、绵延传续，并发展出对人生的知识及对生命的态度。"① 文化象征的符号抑或在一个共同的话语系统中人们得以沟通、彼此了解并代代相传的人生知识和生活态度以文化内码（cultural code）的形式表现出来，这些具有意义的象征符号或文化内码对了解一个社会的民俗文化和真实生活形态非常重要。在这个浑融共同的系统中，人们拥有共同的生活目的、生存智慧与策略和对生活一致的思考、理解及看法。充斥于日常生活的文化内码，并非那些零乱而毫无章法的迷信与盲从，而是一个充满意义，并以生活伦理为导向、以生存理性为指归、以民间辩证法为内核的圆融整体。以杨家将传说为代表的民间口承叙事，表现出文化内码作为民间共同认同并传承的文化基因所具有的象征意义，从而帮助我们认识民间信仰活动的价值。因为在诸如讲故事、听故事这一公共活动中，文化内码为民众提供了一种集体的表征，这种表征能超越经济利益、社会身份和社会背景，只呈现出一种特定的生活形态及属性，从而使人们融合到一个社会共同体中。

民俗宗教和民间信仰活动构成了广大民众日常生活的组成部分，

---

① C. Geertz, *The Interpretation of Cultures*, New York: Basic Books, Inc, 1973, p. 89.

在民间文化中扮演了重要角色。中国老百姓有着自己的信仰活动，而这种信仰是历经生活的磨砺而存在流变下来的。对于研究中国社会和民众生活，民间信仰活动固然不是唯一的切入点，但民间信仰活动可以帮助我们理解中国地方乡土社会里广大老百姓的日常生活形态，从中透视社会的深层内容并了解与现代社会结构迥然有异而在乡村却行之有效的地方社会网络。作为集体性质的民间信仰活动，它一方面与实际生产生活需要相关，如体现于杨家将传说的风水信仰；另一方面与历史传统和习俗惯制有联系；同时它也是地方凝聚力和集体无意识的体现。民间俗信往往有其自身的一套组织结构和物质的或非物质的（如民间口承叙事）文化载体。地方乡土社会的民间信仰属于乡村生活的层面和日常生活的维度，集中表现在诸如祖先崇拜、英雄神明崇拜、风水信仰、宿命观念等信仰活动及文化观念上。

民俗宗教或民间信仰与制度化宗教最本质的区别在于前者具有生活弥散性和世俗功利性，它更强调民俗或民间文化中的宗教精神弥散于民众日常生活的各个角落，无处不在且一以贯之。民俗文化是在生活层面上表现出来的文化，因此，民俗宗教也是归属于生活层面的信仰文化，而对民间俗信的研究也是立足于民众的日常生活从生活的维度来研究民间民俗文化。作为民俗现象的民间信仰和作为宗教现象的民间信仰二者是一体的并最终统一于民众的日常生活，它们是以生活为终极指归和诉求的。以民间的风水思想、观念及其信仰为例，风水体现了人们对人与自然、与社会、与人生的关系之思考与理解，它是人生观、宇宙观、世界观的一种图示和表达。风水信仰的实质其实就是广大民众将自身赖以生存的环境加以神圣化，以使其生活具有优越感，心理上或情感上得到慰藉和满足。在这里，如果将风水信仰活动看作"面表"的话，那么人们的实际生活需求就是"衬里"；反向视之，如果将日常生活看作"表"，即生活之表，那么风水观念这一民间俗信就是"里"，即信仰之"里"、精神之"里"。因此，可以说，生活与俗信构成了互为表里、共容共生、不可割舍的辩证统一关系。观照民间俗信的宗教性精神，民俗宗教的实体性和可操作性是制度化宗教所无可比拟的。这一点亦可从民俗宗教所具有的观念与仪式相结合的特征予以佐证，如民间信仰中的祭祀（供）与祓除（傩），具有明显的操作性、实体性及功利性。民俗是文化在生活层面的表现和运作，民间俗信是生活实践层面的文化，而非书面、理念层面的。民众所崇奉仰信的偶像和神灵都是人想象创造的，并且符合老百姓的实际需要。民间俗信作为生活中或生活层面的宗教、信仰现象，是人们生活中所必需的，它所表征出来的实际上是民众结合自己的生活经验对自己的生活行为的理解、观照和践行。从地方社会建构和小传统内民众生活的维系的角度来理解民俗宗教和民间俗信，其可以起到整合地方社会结构，维护生活秩序的稳定之功用，成为构建和谐社区或村落的一种调节力量。它本身所具有的兼合包容性造就了群体思维或集体意识中的宽容性，从而减少了不安定不平和因素，而这一切均是采取具体而微、弥漫散布的形式来直接影响生活。这种生活层面的信仰形态既与当地的实际生活相结合，又是对生活规范的认同与接受。

大多数的俗信同人们的生产、生活经验有着直接联系，民众的俗信活动也有着生产与生活的实用动因。俗信就其本质而言属于"生产与生活经验的累积"。尽管俗信中的有些内容是对生产、生活常识片面的甚至歪曲的反映，虽然一部分俗信往往笼罩着一层神秘的面纱、充满神异色彩，然而将其逐层剥开，透过外表看内里，就会发现其源头乃深深地根植于民众的生产、生活。民俗宗教和民间俗信是民众生产、生活经验的累积和心理信仰的呈现，是民间文化的基座之一。俗信在日常生活中有着独特的作用机理，往往能起到许多行政手段、法律规范所起不到的作用。俗信主要靠文化心理导向和控制起作用，而不是靠仪式的规定性和过程的强制性，这是它与原始崇拜、制度化宗教信仰的显著差异。其文化基础，正是民众求吉避祸的心理和实际生活需求，可以说，生活属性是民间俗信最基本的品性和特质。民俗信仰的所有活动都是从民众的现实生活需要出发的，具有突出的世俗功利目的。无论是风水信仰、祭祀活动，还是英雄崇拜、神明崇拜以及形形色色的巫术，万变不离其宗，都是为了自身的生存和生活利益。

在现代社会学领域，由常识和日常生活构成的世界，被认为是最高的实在，表现为三种活动形式：1. 以个体的肉体生命延续为宗旨的日常生活资料的获取和消费活动，即日常消费活动；2. 以日常语言为媒介、以血缘关系和天然情感为基础的日常交往活动；3. 与日常消费和交往活动相伴随的、以重复性为特征的、非创造性的日常观念活动。[①] 如果我们从民俗学的维度对上述三种活动形式加以全新审视的话，那么第一种所谓的"日常消费活动"，我们可解读为物质生活民俗，具体包括生产民俗（物的生产和人的生产即种的繁衍两方面）和生活民俗（衣、食、住、行等物质消费方面）；第二种所谓的"日常交往活动"，可解读为社会生活民俗，包括社会结构和组织民俗（如家庭、家族、婚姻等）、人生仪礼（如婚礼、葬礼等）；而第三种所谓的"日常观念活动"，则可解读为精神生活民俗，包括"以重复性为特征的、非创造性的"民俗观念、民间俗信以及岁时节日民俗等。

依据民俗事象所具有的生活属性，物质生活民俗、社会生活民俗和精神生活民俗这三者最终又渗透于并指向民俗生活。这是因为任何一种民俗事象的呈现和展示，都表现在日常生活的层面和情境之中，充溢着生活本身的无穷魅力，而这些方面都是广大民众所具有的日常行为和基本需求。"民俗是'感性的生存'，属于民众本能的活动，不论物质的活动还是精神的活动，都是民众生存最需要的也是最基本的活动，而不是'思和想'的活动。……民俗作为一种文化形态，是在人的生存本能及生活本身中的文化。民俗文化是生命的文化，是没有从生活中挣脱出来的文化，所以又称为民俗生活。

---

① 衣俊卿：《现代化与日常生活批判》，黑龙江教育出版社1994年版，第14—20页。

生命需要歌唱、需要听和说、需要哭和喊、需要各种民俗仪式活动，这就是民俗产生的原动力。民俗事象把一切崇高的、精神性的、理想的和抽象的生活意象下移至不可分割的物质和肉体的层次，即人世、日常与身体的层次。在世俗和日常中表现出精神信仰和广阔、深刻的思想境界。"① 由此可见，包括民间俗信在内的一切民俗事象都是在日常生活的维度和层面上生发、运作的。俗信必须以生活为终极指归，而生活又为俗信提供了天然场域，二者形成一种互为表里的、不可分割的互融共生关系。

总之，民间俗信与日常生活是互为表里的互融共生关系。俗信离不开生活，它是生活层面的信仰活动和文化现象，其必须以生活为基础和载体并服务于生活、以生活为终极指归；生活同样离不开俗信，俗信活动本身就是广大民众日常生活的一部分，生活中需要俗信这种调节、制衡机制让人们更好地生活。生活属性和世俗功利目的是民间信仰的基本特质，而宗教精神唯有在生活层面上彰显和运作方成其为民间俗信。

小　结

民间传说故事是民俗宗教和民间信仰的载体和表达方式之一。杨家将传说为我们窥探、理解民众的文化心理、信仰观念等提供了一个平台和路径。无论是传说中所体现出来的宿命观念与风水信仰，还是英雄崇拜与女性崇拜等民俗信仰活动，都可以佐证民间俗信与日常生活互为表里的互融共生关系。民间的信仰活动与民众的日常生活有着密切的联系，在生活的层面上、在常态的前提下，民俗宗教和民间信仰在其自身机制的运作下对人们的情感、心理等精神领域都起着重要的慰藉作用和强大的维系功能。生活是民俗信仰的终极指归，俗信的原初动机和实际目的都是以生活为依据或依托的。

---

① 万建中：《关于民俗生活魅力的随想》，《山东社会科学》2010 年第 7 期。

民间信仰的内在动力就在于基于生活的"趋福避祸"的世俗功利指向，民众对各种"福祉"的祈祷和追求与其生活需求是相吻合的，因此，民间信仰在一定程度上成为人们追求现代性生活并参与现代化社会建构的潜在动力。

第四章

民间叙事的视角与路径

"叙事"又称"叙述",英文翻译为"narrative"。叙事可谓是当代人文学科中最具争论性的问题之一。叙述就是"讲故事""传故事",叙事来自民间(即"folk")。广大民众是民间叙事的生发者、演述者、承传者和扩布者,叙事成为他们生活中不可缺失的部分。杨家将传说作为一种民间叙事,自然处处体现和彰显着民间叙事的视角与路径。本章笔者将从叙事视角、话语权力与叙事霸权、传说同地方风物的结合以及民众文化心理建构等层面和维度对杨家将传说予以观照和透析。

第一节 生活着:叙事视角的位移和转变

叙事视角即叙述视角,也称叙述聚焦,是叙述话语系统中对故事内容进行观照和讲述的特定角度。同样的事件从不同的角度看去就可能呈现出不同的面貌,在不同的人看来也会有不同的意义。根据法国结构主义叙事学的理论,叙事视角分为三种形态:①叙述者 > 人物的"非聚焦型视角"即"全知视角",也就是叙述者比任何人物知道的都多,他全知全觉,而且可以不向读者解释这一切他是如何知道的;②叙述者 = 人物的"内聚焦型视角"即"人物视角",也就是叙述者所知道的同人物知道的一样多,叙述者只借助某个人物的感觉和意识,从他的视觉、听觉及感受的角度去传达一切;③叙述者 < 人物的"外聚焦型视角"即"后视角",这种叙述视角

是对"全知全能"视角的根本反拨,因为叙述者对其所叙述的一切不仅不全知,反而比所有人物知道的还要少。①

民间叙事的演述视角,指的是演述者选择、审视和演述民间叙事事象的独特角度。民间叙事事象如恒河沙数,可谓品类繁多、浩如烟海,而演述者要"观古今于须臾,抚四海于一瞬"(陆机《文赋》),总是根据自身对叙事作品的独特认知和体悟,选择、观照、审视和演述不同的叙事事象。于是,由不同的演述视角所折射出的叙事作品,便呈现出各自不同的面貌,或繁复、或单纯,或深邃、或浅显,或斑斓多彩,或线条明快。

一 聚焦:叙事视角移转的秘密

不同的演述视角决定了民间叙事作品不同的构成方式,同时也决定了接受者(听众)不同的感受方式。非聚焦型的"全知全能"演述,叙事朴素明晰,可以使听者感到轻松,只管"听"下去,演述者会把一切都告诉我们。内聚焦型的"人物"演述,可以使听者共同进入角色,有一种身临其境的真实感。外聚焦型的"后视角"演述,给人无穷的诱惑力和悬念感,并给人极大的想象空间,韵味十足。每种演述视角都各有优劣、互有利弊。我们不能把某种视角定于一尊,而又无条件地排斥另一视角。因为判断一部民间叙事作品的价值并不是完全依据它的演述视角来决定的,而且每一类视角在具体的文化语境下的使用都是一种社会历史现象。在民间叙事中被广泛使用的"全知全能"的演述视角,其最大最明显的优势在于视野无限开阔,适合表现诸如杨家将传说一类具有"史诗性"意味的时空延展度大、矛盾复杂、人物众多的"宏大叙事"。再者,"全知全能"视角便于全方位(内、外、正、侧、虚、实、动、静)地描述人物和事件。另外,可以在局部灵活地暂时改变、转移观照或

---

① 参见〔法〕热拉尔·热奈特《叙事话语·新叙事话语》,王文融译,中国社会科学出版社 1990 年版。

演述角度，这既多少增加了叙事的可信性，又使叙事形态显出变化并从而强化其表现力。

杨家将传说故事中纷繁复杂的"历史事件"需要演述者采用全知视角来进行大规模的场景转换，这一点在杨家将传说文本中表现得尤为明显。这种时空观念要求一个全知全能者才能贯彻始终，唯有如此，演述者才能围绕叙事的中心事件进行广阔的历史场景和社会背景的描写，给我们描绘出历史文化语境下事件发展的脉络。但在演述的过程中，如果演述者个体的价值体系和评判观念开始了与普遍的价值评判标准体系有所分歧，即当叙事中民众文化心理建构遭遇阻力时，出于某种动机、借助叙事智慧，那么他就会把一些观点和评价转嫁、移位到叙事作品中的人物身上。亦即将叙事视角由非聚焦型转向内聚焦型或外聚焦型，从全知视角转到人物视角或后视角。以《八姐九妹为啥没出嫁》(7)为例：

> ……她（佘太君）指着赵恒说："我杨家为保大宋江山出生入死，血染沙场，命丧黄泉，皇上听信奸臣，不顾江山，不管黎民，如今又欺到我太君头上来了。"刘文晋看见这般情景，皮笑肉不笑地劝道："这是万岁对你女儿的宠爱，您不要不识好歹！"佘太君冷笑一声说："刘大人，这样的宠爱我们杨家不稀罕。你不要凭着你女儿的一双绣鞋，狗仗人势。我杨家马上马下，南征北战，东闯西杀，为大宋江山，为黎民百姓效犬马之劳，没有做娘娘千岁的那个福分。"……

在广大民众心目中，杨家将世代忠勇，满门忠烈尽怀效命疆场、忠君报国之心。如今国难当头，当朝国舅（刘文晋）不仅不思如何临危拒敌，反唆使纵容皇帝寻欢作乐、胡作非为，这是听者所不能容忍的。虽然传说的演述者深谙民众的心思，同样支持听者的这种想法和意愿，但他出于某种动机（封建时代，更多地表现为防范心理和自我保护机制）不能以演述者的身份直接痛斥最高权威——皇帝，于是乎便让皇帝自己表现：

> 真宗皇帝猛地站起，拍案问道："难道为保江山，你女儿就
> 不出嫁了吗？"这一问，问得佘太君气上加气："万岁，女大当
> 嫁，这是正理。我杨家之女自然要出嫁，只是现在还小。"真宗
> 皇帝急忙问："但等多大？"佘太君知道宋真宗昏庸无能，怕把
> 女儿送入虎口，于是咬咬牙，狠狠心，说："八十！"
> 结果，八姐九妹都没有能活到八十岁，因此一生未嫁。①

在封建社会，皇权至高无上、无法撼动。昏君奸臣的无理取闹
只有通过塑造临危不惧的佘太君这一形象来化解矛盾、抵制不公。
出于主动防范的心理和自我保护的动机，演述者对此持沉默的态度，
既不公开地支持，也不公开地反对。但透过字里行间，从演述过程
中佘太君的"冷笑一声"到"气上加气"，再到最后的"咬咬牙，
狠狠心"的表情变化，我们还是能够觉察、捕捉到演述者真实的情
感态度和意愿指向的。这种演述策略和叙事逻辑可以说是演述者对
叙事文本的间接干预。

另外一种情形是，叙述者有时主动放弃自己的叙述，让故事中
的人物讲述自己或是他人的经历。如果我们把上引例子的演述者称
为内叙述者（"人物"叙事）的话，那么此处的叙述者便可称为外
叙述者（"后视角"叙事）。在《杨家将演义》中，我们可以多次看
到这种情况。如讲述杨五郎的逃亡：

> ……六郎一人一骑出谷，正遇辽将黑嗒，交战数合，忽山
> 后一骑杀来，手持一斧，劈死黑嗒，杀散众兵。六郎视之，乃
> 兄延德也。……六郎曰："当时与哥哥战败，离散之后杳无音

---

① 《中国民间故事集成·山西卷》，中国 ISBN 中心，1999 年，第 79—80 页。乔功讲述；
石俊文采录。

信，却缘何到此出家？"延德曰："当时鏖战辽兵，势甚危迫，料难脱身，遂削发为僧，直往五台山来……"

可见，文学作品的叙述者并没有直接交代杨五郎的下落和遭际，而是待到杨五郎狼牙村救出杨六郎后，才由其自己叙说当初逃难的经历。这样叙述者便主动退后，退居并潜隐于故事背后，减轻了叙述者对故事的干预程度，增加了故事的悬念感和诱惑力，同时亦吊起了读者的胃口。但民间故事家或叙事演述人则不然，为了便于在场听众的理解和接受，干脆直接把话语权交给传说故事中的人物，这样故事情节的发展更自然顺畅，叙事逻辑更真实合理，让听者有身临其境之感并且为听众提供了一个新的获知角度。正是这个原因，民间叙事中的演述者往往会受到叙事文本的约束和限制，从而导致演述者"自我意识"的消退和遮蔽。与之伴随的则是民众文化心理的建构和彰显，这亦是民间口传叙事的集体性表征之一。

民间叙事的文本都预设一个"全知全能"的叙事操纵者，这一"叙事操纵者"，刘魁立将其称为"隐在演述人"，刘先生指出："隐在的演述人在给每一次的叙事定调……在真实的演述人的背后，在不同的叙事演述中都有一个隐在的演述人无形地控制着或操纵着每一次的演述。……隐在演述人是一种角色规范……或者说，隐在演述人是真实演述人对角色的理解。"① "叙事操纵者"或者说"隐在演述人"知悉传说故事的全部过程和每一场景的细微情状。而听众则渴望在最短的时间内获取最多的信息，以满足对事件的好奇心和体验一次次情感波动所带来的愉悦。在演述者和听者的双重作用下，非聚焦型视角即全知全能型视角在杨家将传说故事以及文学作品中得到了充分展现。以《杨家将演义》为例，其绝大部分篇幅均是使用全知全能的非聚焦视角进行叙述的，它详尽介绍了宋辽双方每一次重大作战的步骤，细致交代君臣将士的内心想法与实际行动。这

---

① 刘魁立：《民间叙事机理谫论》，《民俗研究》2004 年第 3 期。

样的叙事视角虽然缩小了读者与作品中所有场景和人物的距离，却无形中增加了读者对情节的疏离感和陌生感。因而，作品的叙述者在运用"全知全能"这一特权时，表现出了一定的谨慎和智慧，往往通过变化、转移叙事视角使得作品在若即若离、相得益彰的叙述中达到多样的统一、变化的协调。如书中叙写宋太祖死亡时的情形和场景：

> 却说开宝九年冬十月，太祖有疾，晋王入问安。太祖谓之曰："汝龙行虎步，他日当为太平天子。"……晋王曰："愿陛下万万春秋，臣安敢受之。"太祖曰："卿且退，来日定夺。"晋王遂退。是夜疾重，复召晋王、赵普入内，嘱咐后事。太祖谓赵普曰："卿今为证，夫谨遵太后立长之命，将位传与晋王。日后亦当轮次传之，无负朕之心也。"言罢，命立盟书，置之金藤椅中。复命赵普及左右远避，召晋王至卧榻之前，嘱咐后事。左右皆不闻声，但遥见烛影之下，晋王时或离席，若有逊避之状。复后太祖引斧戳地，大声谓晋王曰："好为之！"俄而帝崩，时已漏下四更矣。

通过阅读，我们可以了解故事的基本内容，但至于说太祖究竟对晋王嘱托了什么事情，不得而知；只能隐约看到晋王"时或离席，若有逊避之状"，至于为何如此则不知所以；太祖为什么"引斧戳地"更令人费解且引人思忖揣摩。其实，这里正是内聚焦型视角和外聚焦型视角二者相结合的一次综合运用。从"却说开宝九年冬十月"到"无负朕之心也"，是典型的内聚焦型视角，即让作品中的人物角色替代作者来进行叙述，从而增强叙事的临场感和真切感；而从"言罢，命立盟书"到"时已漏下四更矣"，又属具有代表性的外聚焦型视角，即叙事者一下丧失了原有的"全知全能"这一"天赋""异能"，而蜕变为"少知少能"或者干脆"不知不能"，从而来干预、限制读者的所见所闻。此处，这一"内"一"外"两种叙述视角对接得可谓天衣无缝，契合得丝毫不差，巧妙而又自然。这二者的结合使用表面上阻滞了读者获取更多信息的途径，实质上却吊足了大家的胃口，让人产生一种"打破砂锅——问（纹）到底"的追究心理，从而建构了一种破解谜团、了明真相的想象空间。叙事者一方面通过内聚焦视角营造了逼真的现场感、临境感；另一方面又借助外聚焦视角成功地制造了悬念从而激发了读者的探求欲望和想象力，显得意犹未尽、后味十足。而也因此弥补了非聚焦型叙事视角的天然不足与缺陷，达成了叙事的理想效果。

民间艺人或者民间叙事者从不同的角度进行叙述从而带来不同的效果。文人、作家在整理编创或独立创作文学作品时，都刻意地模仿这种叙事策略和叙述智慧，在叙事视角上进行更多的尝试，或分化或合流，或移转或整合，满足了广大读者听众在故事细节上的欣赏要求和审美预期。而叙事者为了使故事情节更加真切形象生动，他们会于内聚焦型、外聚焦型和非聚焦型等诸种叙事视角间不停地穿梭、移转，以期达成理想的叙事效果。

二　分化与合流：文化审美取向的嬗变轨辙

民间叙事是演述者或民众在某个视角（或某几个）的特定位置上，在观察、体验、感悟社会文化生活之基础上对现实世界或社会历史的重构。也就是说，文化审美视角是建构民间叙事的基点。如果说叙述视角是叙事者对叙事内容予以营构的特定角度，那么文化审美取向则是广大民众接受、审视民间话语的特定角度。下面，笔者将就杨家将传说中所体现出来的广大民众的文化审美取向作一纵向梳理，看在不同的历史时期内，在不同的伦理观念、文化心理、价值指向以及叙事者不同的创作倾向等因素的共同作用下，其所呈现出的嬗变轨辙和印迹。

"杨家将"英雄群像经历了从简单到复杂、由单薄到饱满、由历史真实到"历史记忆"的真实，表现出虚实结合、美善相济的审美特征。而有关杨家将的传说、故事以及文学作品则呈现出层累推进、

渐次变异、淀积放大的演变轨迹。纵观"杨家将"传说故事及文学
作品的整体流变,其文化审美取向呈现出如下轨辙:

娱乐审美→伦理教化→娱乐+教化→生活态多维整合

从纵向流变的维度加以观照,"杨家将"传说故事的文化审美视
角从宋元时期的娱乐审美指向,到明代的伦理道德教化功能,再到
有清一代娱乐指向和教化功能的分化与并存,直到民国时期及至当
下广大民众在生活层面和实用向度上对之进行的多维整合。此即
"杨家将"作品(包括民间层面的和作家层面的)在流传嬗变过程
中所体现出的文化审美特征及指向,它在一定程度上折射出了社会
背景、历史语境以及民众的文化观念、心理指归、意识形态等深层
次的内涵和情状。

(一)源始期:娱乐审美蕴含

宋、元时期,杨家将故事以流传下来的话本和杂剧为代表。这
一时期,叙事者所处的阶层怀有一种对社会、民族未来发展的"忧
患意识",使得其创作悖离了"历史真实"、祛除了"文以载道"
(文学的伦理教化功能),而是在作品中倾注了想象和热情,摹写现
实的社会与人生,从文学艺术本身出发,以感性、审美的视角展开
文字游戏,将"杨家将"故事娱乐化、审美化。

随着宋代城市与商业的发展,市民阶层力量逐渐增长,娱乐场
所如"勾栏""瓦舍"等日益繁盛。这些场所里所演出的"说话"
技艺,在当时十分盛行。"说国贼怀奸从佞,遣愚夫等辈生嗔;说忠
臣负屈衔冤,铁心肠也须下泪。……说人头厮挺,令羽士快心;言
两阵对圆,使雄夫壮志……"① 可见,"说话"所涉社会生活内容广
阔,其中就包含忠奸斗争、沙场征伐等。而从"澶渊之盟"到"靖
康之变",再到南宋偏安一隅,宋代统治屡弱,民众痛感民族危亡,

---

① (宋)罗烨:《醉翁谈录》,古典文学出版社 1957 年版,第 5 页。

渴望保家卫国的英雄出现。故而流传于民间的杨家将传说故事受到"说话"艺人的关注，《杨令公》《五郎为僧》等话本应运而生。可以想见，这两部话本经说话艺人们的想象和加工再创造而脱离了"历史的真实"，成为当时人们寄托情感和意愿的"虚构的真实"，从而具有了"通俗性"和"市民性"的审美特征和娱乐功能。

元代流传的"杨家将"杂剧有《昊天塔孟良盗骨》《谢金吾诈拆清风府》《杨六郎私下三关》（已佚）等。[①] 元代"杨家将"杂剧的创作者出于抒发自身抑郁心理和重塑中原文化的理想，其创作倾向于审美娱乐需要而悖离伦理教化功能。这些杂剧均表达了对于辽兵异族的憎恨，故事中所承载的人类情感中深重的悲壮、悲愤和悲凉，契合了元代民间原生态的社会生活气息，带有元代俗文化的痕迹和民间文化意蕴，一定程度上迎合了元代民众的思绪情感和文化审美的心理需求。"杨家将"杂剧将这种"攘夷"思想意识具体化并表现在杨家将英雄群像类型化、单一化、雷同化的性格特征中。通过对人物形象的塑造，达成了创作者与当时社会民众内心情感意愿的"共鸣"，也满足了观众的情感体验、审美需求及其娱乐目的。

（二）转变期：伦理道德取向

封建社会发展到有明一代，统治者尤为提倡程朱理学。朱元璋及其继任者都以程朱理学作为统治思想。朱元璋在开国之初颁布的檄文中就批评蒙元时代"父子君臣夫妇长幼之伦渎乱"，"废坏纲常"[②]。次年又要求天下都"讲论圣道，使人日渐月化，以复先王之旧，以革污染之习"。[③] 他要求只读孔子所定的经书，对于科举考试则"专取四子书，及《易》《书》《诗》《春秋》五经命题试士"，[④] 而且应试之文必须是八股文章，从而禁锢士人思想。永乐年间，编

---

① 据赵景深《元人杂剧钩沉》，古典文学出版社 1956 年版。

② 《明太祖实录》卷二十六，历史语言研究所缩印影印本《明实录》第一册，1968 年，第 127 页。

③ 《明太祖实录》卷四十六，历史语言研究所缩印影印本《明实录》第一册，1968 年，第 257 页。

④ （清）张廷玉等《明史》卷七十，志第四十六，选举二，中华书局 1974 年版。

成《五经大全》《四书大全》《性理大全》，特别是《性理大全》，
"以周、程、朱、张诸儒性理之书类聚成编，"① 倡导以朱熹为代表
的正统派理学。

　　正是在官方意志及其文艺政策的驱动和助推下，明代文人普遍
怀有自觉、深沉而理性的儒家"兼济天下"的志向和理想。这就使
得这一时期"杨家将"文学作品的主题意蕴、思想内涵、审美趣味
和价值取向等发生了转变，开始趋向于警世、醒世，注重伦理道德
的教化作用，文学经世致用、文以载道的功利化实用功能凸显出来。
另外，明代中后期，皇帝昏庸，朝纲腐败，党争不断，忠良遭陷，
国家政治生活紊乱，社会浮靡，边防失修，外患频仍，广大民众向
往和平稳定的生活，渴盼出现像"杨家将"式的英雄和忠烈，然而
在残酷的社会现实中却难以实现，只能将此种情感意愿和心理诉求
寄托于传说故事等民间叙事和文学作品中。

　　明代，有很多关于"杨家将"的口头传说和故事，可惜收录下
来的却很少。留存下来的有代表性的杂剧有出自《脉望馆钞校本古
今杂剧》中的三种：《八大王开诏救忠臣》《杨六郎调兵破天阵》
《焦光赞活拿萧天佑》。《孤本元明杂剧》还收录了《黄眉翁赐福上
延年》。这些杂剧均以政治斗争为主线，表现出道德伦理、政治宣教
的思想主题。与之前元代杂剧相比，强化了忠奸斗争，民族矛盾居
次，出现了"忠良战胜奸佞"式的大团圆结局。杂剧的叙事风格和
主题意旨充溢着伦理道德色彩，其中的忠臣、义士、绿林好汉等类
型化人物都打上了士大夫"胸怀天下"般的人文关怀印记，以理节
情，人物性格符合封建正统伦理道德的评判标准并逐渐趋于完善，
彰显了道德宣扬、伦理教化的目的。

　　"杨家将"小说以《杨家府世代忠勇演义志传》和《北宋志传》
（即《杨家将演义》）为代表。两部小说的主题意旨皆以儒家伦理化

---

　　① 《性理大全》卷首《御制性理大全书序》，《孔子文化大全》影印本，山东友谊出版社
1989年版，第10页。

政治思想为主，小说中所叙述的上层皇帝贤王、中间士大夫阶层和杨家英雄群将及至下层庶民百姓都无一例外地关心国家命运、追求建功立业、树立道德完美典型。他们尤其注重社会的秩序化，希冀和企盼在一种封建理性的秩序框架内经营各自有序的生活。这种追求道德伦理化的社会建构诉求是文人士大夫阶层对于政治教化和正统伦理的自觉认同和维护，也反映出在世风日下的明代中后期社会，广大民众在社会中树立理想的英雄典范的企图和意愿。

（三）分化期：官方的强化与民间的回流

清代社会已经进入我国封建社会的末期，统治者出于维护封建统治的目的，继续强化宗法制度和正统道德伦理，严格控制文化思想舆论。清王朝是我国封建社会制度全面走向没落的时代，统治者虽然不断加强封建正统思想对人们的钳制，如大兴文字狱，但民间仍有一股"反正统"的力量，并表现出旺盛的生命力。有清一代，"杨家将"戏曲非常盛行，其又分为具有官方指向的"宫廷戏"和具有民间指向的"地方戏"两大阵营。宫廷戏的创作者多为御用文人，其作品表现出歌功颂德、营构太平盛世、大力宣扬封建社会"纲常"思想等政治化、伦理化特征；而地方戏多为社会底层文人所作，风格清新自然，出现了反正统文学的潮流。此间，"杨家将"作品出现了两种文化审美取向的分流：一种以宫廷大戏为代表，其延续了明代道德伦理主题并强化了宗法等级秩序；另一种则以地方民间小戏为主，其回归到宋元时期的娱乐审美源流并增强了消遣、愉悦功能。而这两种主题意旨的分化与当时的社会文化思潮的发展是密不可分的。

"杨家将"戏曲里的宫廷大戏以《昭代箫韶》最具典型性和代表性。剧中"杨家将"英雄群体不仅是战场中的骁将，更是忠臣孝子，他们都秉持着"君为臣纲""父为子纲""夫为妻纲"的理念来行动，突出强调以"家""国"为重，敬业乐群、上报国君、下安黎民。戏剧大量灌输封建伦理道德，宣扬"忠、孝、节、悌"，提倡勤俭克己、谦让宽厚，是一部纯粹的为封建统治者歌功颂德的伦理教化工具，体现了封建社会末期谨严、绝对的宗法制度。内府本《铁旗阵》，依据其故事内容的通俗性以及人物形象的叛逆性格，可推知剧本当是出自底层文人之手。剧中的人物不乏底层民众的世俗气质，语言素朴、俚俗、诙谐、幽默，不时对昏君进行戏谑、嘲弄，表现出脱离政治制度框架的民间艺术思想、价值取向和民间智慧。故事中的人物表现出一种不安于现状、反叛正统、追求理想生活的性格特征。尤其剧中女性群像气质颇佳，她们不是生活在太平盛世的大家闺秀，也不是温文尔雅的小家碧玉，而是主动请缨、报国杀敌、追求幸福、挑战夫权、充满豪气和霸气的巾帼俊杰。剧中所塑造的这些敢爱敢恨的人物形象，折射出创作者对于社会与人生的独特的价值取向和文化审美视角，对于禁锢人们的礼教思想和官方意志表现出悖离和逆反。

（四）合流期：生活层面的多维整合

民国以降及至当下，杨家将传说故事和文艺作品在推翻封建帝制的"新时期"，其文化审美取向呈现出一种合流的趋势。即体现在杨家将叙事中既有生活层面的娱乐审美取向，也有社会维度的道德伦理教化取向，还有政治层面的鼓动、激励之实用目的，更有心理向度的宣泄、排解、寄托等调节功能。而且诸种文化审美的取向或视角彼此之间相互交融、渗和，具有一种功能分区的模糊性，更多地表现在广大民众日常生活层面的多维与多向整合，从而使杨家将传说更多地表现出生活属性和民俗文化价值。当然，此期间亦有两个例外的阶段，即抗日战争时期和"文化大革命"时期。由于"文化大革命"相对敏感，我们重点来看"抗战"时期"杨家将"叙事作品的文化审美取向：

抗日战争时期（20世纪中叶），由于中国遭受内忧外患的困扰，此时文艺作品为政治服务、"文以载道"的审美取向又占了上风。"杨家将"故事俨然成为"革命的一块砖，哪里需要哪里搬"。此期间，"杨家将"被到处搬上戏剧舞台，借以鼓舞、激励军队的抗日士气和民众的抗日热情。如20世纪40年代初，北平评选出新的"四大须生"（马连良、谭富英、杨宝森、奚啸伯）都曾主演过有关杨家将的戏曲。如马连良的《碰碑》、杨宝森和奚啸伯的《杨家将》等戏。全国各地戏曲界还排演了《杨排风》《四郎探母》《李陵碑》等，有力地激励了民众的抗日斗志。就连这一时期的学术研究亦是"经世致用"的，如卫聚贤的《〈杨家将〉考证》一书，将杨家将故事与《宋史》比照，"考证《杨家将》在历史上的真确性"。笔者揣测其目的是以"杨家将"在历史上实有其人其事来证明中国素有不畏强敌、抵御外辱、精忠报国的优良传统，从而唤起民众的爱国热情和抗战斗志。可以说，此一时期的"杨家将"故事被利用得适逢其时、恰如其分，其宣教、鼓动取向再次被凸显。

及至当下，杨家将传说故事之于广大民众生活层面的作用和意义，前面章节多有论述，兹不赘言。总之，无论是作为统治者宣教、鼓吹其意志理念的工具而呈现出较多的道德伦理取向，还是成为民众或创作者消遣、娱乐手段而折射出更多娱乐审美指向，"杨家将"故事或叙事作品都从不同侧面、不同角度描摹了社会人生、建构了理想人格，并寄托了广大民众对于政治压抑、社会污浊、精神禁锢、人格糟践等现实深刻而凝重的体悟与思考。这些形而上的体悟与思考最终促成了"杨家将"叙事及其文化审美取向的嬗变，而透过这一嬗变轨辙，我们亦可读解出潜隐其后的广大民众的社会心理、文化观念、思想意识、情感意愿等更"形而上"更本质的东西。

三 民间立场的审美表达和多维呈现

叙述立场是叙事者在叙事文本（口传或记录）中所表达的思想观念或主体意识。民间叙事的叙述立场自然就是民间立场，所谓"民间立场"就是指叙事者以民间的视角通过民间文化形式（诸如民间文学、民俗仪式等）和民间文化意象（民俗事象）自觉地表达民间文化心理（如民间俗信、民俗观念、民众情感及认知逻辑等）和传统文化遗存的叙事立场。

虽然"民间立场"是中国现当代文学研究中经常使用和标榜的

一个概念，但是需要指出的是，笔者在此所定义的"民间叙事"的"民间立场"与现当代文学研究中的"民间文化理论"所主张的"作家叙事"的民间立场在性质上有着不同的意义指向。民间叙事的民间立场（以下简称"前者"）与作家文学的民间立场（以下简称"后者"）二者相比较而言，其区别主要体现在以下几个方面：（1）前者是自觉的、天然的、无意识或下意识的，属于无意而为或者说自在而为的行为；后者则是自发的、后天的、有意识的，属于有意而为的行为。（2）前者在叙事过程中是一以贯之、彻头彻尾的；后者在创作过程中则是时断时续、可有可无的。（3）前者在叙事中呈现为一种过程性"存在"，具有必然性和唯一性；后者在叙事中呈现为一种视角或策略的"秉持""采用"，具有或然性和选择性。（4）前者在别无选择的状态下没有过多的顾虑和考量，完全是发自内心的、不由自主的；后者往往体现为叙事者在精英意识与民间立场之间权衡，而权衡的结果将视叙事者个人的偏好而定。（5）前者在性质上表现为"真"和"纯"；而后者在性质上则更多地表现为"善"和"杂"。

之所以作出以上对比，并没有贬低"民间文化理论"或者作家文学的民间立场的意思。恰恰相反，正是为了说明和强调"民间立场"在民间叙事和作家叙事各自领域中的独到作用和重要性。当然，更是为了凸显民间立场与民间叙事之间内在的天然联系，可以说，二者是相依相伴、形影不离的。可将二者比作"灵魂"与"肉体"之关系，即如果说民间叙事是"肉体"的话，那么民间立场便是与"肉体"不可分割的"灵魂"，唯有灵魂附体，民间叙事方能展现出生机与活力。

（一）民间立场的审美表达

杨家将传说故事中所呈现出的民间立场更多地表现在其与所谓"正史真传"的对比上，也就是说杨家将传说中体现的是不折不扣的"民间立场"，而"真实的"历史载录所采取的则是"官方立场"。正史承担的是为封建帝王作"家谱""族谱"的任务，主要记载统治者改朝换代的丰功伟绩，或担当为封建正统文化和统治阶层的意志"载道"的使命。其所代表的是统治者、特权阶层和上层官方的利益，传达和宣教的是封建正统理念。而民间叙事是以民间的视角和立场来表达广大民众的思想观念和情感意愿的，其更突出地表现在对社会中、下层劳动民众的生存方式、思维方式、文化心理以及情意指向的体谅和观照方面，而且这种体谅和观照洋溢着人文情怀、负载着人道精神。在民间立场的观照下，杨家将传说中渗和了叙事者更多的感情色彩。如关于杨（继）业的死因，《宋史》载："马重伤不能进，遂为契丹所擒。其子延玉亦没焉，业不食，三日死。"①可见，杨业是被俘后因绝食而壮烈牺牲的。而在传说《杨继业头撞李陵碑》（1）中，经过民间的虚构、重组和渲染，传说中虽保留了"被俘"和"绝食"这两个叙事单元，但呈现给我们的则完全是与史书记载迥异的情形面貌：

> ……杨继业虽英勇善战，终因寡不敌众，受伤被俘。辽邦为了劝降杨继业，把他软禁在两狼山下。……他以为又是辽兵前来送饭，转过身去，呵斥道："快把那猪狗饭拿回去。我杨继业是大宋将官，哪能吃你辽邦的囚饭！"原来，杨继业被俘后，决心不吃辽营的饭，每天只吃山里的野菜野果……

前来送饭的正是其四子杨延辉，金沙滩战败被俘后，杨四郎改名木易，被辽主招为驸马，得知杨继业被囚禁，假借劝降为名，前来探望父亲。

> ……他双手捧起饭盒，说："爹爹，孩儿听说您来到这里后，不吃一口饭不喝一口水，今天前来给您送饭。孩儿劝爹爹还是保重身体，先把饭吃了。何苦为一个昏庸的宋君，自残而

---

① 孔另境：《中国小说史料》，上海古籍出版社1982年版，第116—120页。

轻生呢！"

　　杨继业一听这话，恼了，骂道："畜牲，我杨家是堂堂大宋之臣，忠君报国是我杨家的家训，怎能违反？你这贪生怕死的小人，有何面目来见我？快给我滚！我生为宋朝人，死为宋朝鬼，我宁可吃草咽菜，决不吃辽邦一口饭。"杨继业猛地一掌，把饭盒打翻在地，狠狠踢了杨延辉一脚，背转身去，再不说一句话。杨延辉羞愧地低着头走了。

　　四郎走后，杨继业更加烦躁，不由得在帐外踱步。他走着走着，猛然发现帐外不远处，竖立着一尊石碑，走过去一看，原来是匈奴为悼念汉朝降将李陵而立的碑。杨继业厌恶李陵没有骨气，想到汉武帝时的使者苏武，在匈奴被困十九年，忠贞不屈，终于回到汉朝，流芳千古。不由感慨万端，觉得自己负伤被俘，求生不得，不如以死报效大宋君民。杨继业想到这里，转身向南，整整衣服，拜了三拜，然后一头撞在李陵碑上。

　　……在他头碰石碑的地方，留下一片圆圆的血痕。经过近千年的风吹日晒，越来越明亮，很像一面明镜。当地人们说：这是杨继业的一颗忠心，感动了玉皇大帝，把李陵碑幻化为一面明镜，察看人世间的善恶忠奸，也是杨继业对宋朝江山的赤胆忠心。①

　　很明显，这则传说文本显然是被采录者"格式化"了的文本。但是我们不能因文本被"格式化"而否认它是"以传统为取向"的文本，从而否认"文本能说话"。关于文本的"格式化"和"以传统为取向"的文本对我们理解和把握作品的意蕴内涵的影响，前文已有论及，兹不赘述。此处我们重点关注的乃是"民间立场"之于这则传说的"在场"和"贯穿"。民间叙事的民间立场主要体现为

---

　　① 《中国民间故事集成·山西卷》，中国 ISBN 中心，1999 年，第 72—73 页。陈殿耀讲述；谢庆荣采录。

在叙事过程中对民间的主体意识和思想观念的观照与呈现。关于"杨业之死"，在正史里寥寥数语、简而述之，而且是以极其客观的口吻"直陈其事"，不带有任何主观评判和感情色彩。而反观此则传说，与之相对，广大民众或者说叙事者不仅将史书中的"只言片语"铺陈、渲染、嫁接、拼组成一个有骨有架、血肉丰满、生动感人的历史故事，而且投入和渗和了民间的思想观念和意愿情感，亦即给故事附上了"民间"之魂魄、注灌了民众之意念。在这则传说里，民间立场的审美取向和表达展露无遗。杨四郎劝其父吃饭的理由是："何苦为一个昏庸的宋君，自残而轻生呢！"这完全是叙事者借故事中人物之口言说，表达了他所代表的广大民众的意愿心声，同时也折射出人们对最高权威的不满、不敬和不屑。而杨继业斥责回绝杨四郎的理由则是："我杨家是堂堂大宋之臣，忠君报国是我杨家的家训，怎能违反？"受传统儒家正统伦理的熏陶染习，在广大民众的意识观念里，"君"可以"昏"，因为"君"的明与昏于臣而言是被动的，是无法选择的；而"臣"不能不"忠"，因为"臣"的忠与逆于自身而言是主动的，是可以抉择的。也就是说，为人臣子的在正统伦理的层面，不管君主是贤明还是昏庸，精忠报国是应尽的义务和职责，是唯一的出路和选择。因为在封建社会君与国具有同一性，即便不对"昏"的"君"负责，也要对形而上的"国"和抽象的"民"负责。所以杨继业才以"堂堂大宋之臣"自居且以"生为宋朝人，死为宋朝鬼"为荣耀。接下来，杨继业见到李陵碑而触发的感想实为广大民众在思想观念和价值评判准绳向度的心理揣摩和情感归指："厌恶""李陵没有骨气"；"苏武……忠贞不屈……流芳千古"；"以死报效大宋君民"；"杨继业的一颗忠心，感动了玉皇大帝"；"……明镜，察看人世间的善恶忠奸……赤胆忠心"。这些褒贬意义指向分明的词语诸如"厌恶""没骨气""忠贞不屈""流芳千古"等，其心所指、情所向，毋庸多说，溢于叙事者（民众代言人）之言表。而纵观整篇传说，叙事者的民间立场是贯彻始终、天然在场的，并且不加掩饰、坦然直露，毫无做作之感。而由此一点，笔者借以推演出民间叙事中民间立场的多维呈现方式。

（二）民间立场的多维呈现

笔者依据杨家将传说"文本"所推演出的民间叙事中民间立场的多维呈现方式可以说是一种理想的"效果图"，至于其科学性与合理性，有待进一步研究探讨。这里所强调的多维即指在民间叙事的演述、听受、记录和读解这四个环节步骤中，其中最活跃、最本体的因素——"人"即"说者"（演述者）、"听者"（接受者）、"记者"（记录者）和"读者"（研究者）无一例外地都秉持和把握着民间立场。而且他们在互动的过程中，相互影响、相互制约、相互调和，从而对民间立场的凸显、稳固起到了强化作用。

1. "说者"的民间立场

"说者"即演述者的民间立场主要表现在三个方面：

（1）"说者"来自民间、生活于民间，具有民间立场。即是说民间叙事的演述者本身就是以"民"之一员的身份存在和出现的，而其生活的场域或者说空间就是"民间"。他所掌握的知识、负载的传统、怀有的情感、传承的文化、把持的观念、从事的生产、经历的生活、崇奉的信仰、表达的话语等均是民间的。也就是说，说者是具有民间性的人，说者的生活空间是具有民间性的场域，而说者的生活亦时时刻刻体现出民间性特质。通俗来讲，说者说的是民间的话，办的是民间的事，为的是民间的人，处的是民间的世。就这样一个载体而言，在他身上时时刻刻、彻头彻尾、完完全全、地地道道地体现和彰显着民间性。那么，他在演述民间叙事时自然秉持民间立场。

（2）"说者"在讲故事、述传说、哼民谣、说笑话等（即我们所谓的民间叙事）时，其实是在经历一种生活，具有鲜明的生活属性，而我们寻常所说的生活往往是民间维度上的。在全方位的审视中，民间叙事是生活的、文化的而非文学的、审美的，具有浓郁的生活属性。民众（演述者）在表演和传播民间叙事时，是在经历一种独特的生活，他们一般不会意识到自己在从事文学活动。说者的创作活动，基本上是一种无意识或下意识的，其常常是伴随着物质生产或生活一道进行的。意即民间叙事活动是"说者"生活之一部分，而生活又是民间维度上的，所以叙事者秉持民间立场进行叙事亦在情理之中。

（3）"说者"身份具有"二重性"即真实说者与隐在说者合二为一。民间叙事的演述人不是通常意义上的一般的说话人，意即说者此时表现为不是正在"说话"的人本身，"而是一个秉承了某一地方传统并在传播和演绎传统的人物，一个人一旦进入叙事，他就必须改变自己的身份、角色和角度"。[①] 也就是说，此时的叙述人成为一种角色扮演，是"说者"所创造、所想象、所虚构的角色，这一角色扮演之于说者是如鬼魅般附体的代言人，他身上携带着民间的、集体的影像和印迹，秉承着地方的、民间的传统。因而，具有"二重性"的"说者"同样秉持着民间立场。

2. "听者"的民间立场

"听者"即接受者与"说者"是相对应的。"听者"的民间立场相对于"说者"同样体现在三个方面：

（1）"听者"来自民间、生活于民间，具有民间立场。

（2）"听者"在听受民间叙事时同样是在经历一种独特的生活。听故事是一种生活体验，生活是具有民间性的。

（3）"听者"的身份同样具有"二重性"，即真实听者和隐在听者的合体，同样秉持民间立场。

由于听者的民间立场与说者的民间立场具有对应性，这里就不详细展开了。需要强调的一点是，听者的民间立场深深地影响甚至有时决定着说者的民间立场。如果把听者、说者比作买卖的双方，那么对于说者而言，没有听者就等于没有了"市场"，说者也就无法体现其存在的价值和意义了。而且作为"卖方市场"的说者更加关注"买方市场"的动态和风向，以便决定作出何种"供给"以满足

[①]　万建中：《寻求民间叙事》，《民族文学研究》2004 年第 4 期。

"消费者"的心理需求。"市场"的供求关系中,买方即消费者永远掌握着主动权和话语权,要不说"顾客就是上帝",而"上帝永远是对的"。基于此种考量,我们便不难理解听者之于说者的重要意义了。如果"说者"不是以民间立场和民间视角来进行民间叙事的话,那么"听者"完全可以"不买账"甚至拒绝"消费"。换言之,"听者"想听什么,"说者"就必须讲什么,唯有如此,听者的心理和情感方能得到满足、宣泄或寄托,而说者才能体验并享受讲述所带来的乐趣和快感,从而彰显叙事的意义。

3. "记者"的民间立场

"记者"即民间叙事的记录、整理者。虽然出于研究者的学术癖好,学界一再强调"忠实记录"的重要性和必要性。但笔者以为,只要是"人"的"记录",就不可能"忠实"。因为民间叙事对于听者、说者而言,是一种生活,"忠实记录"其实就是要求记录者去复制或者说复原生活,而生活具有单线向性、是不可复制的。而且让"记者"仅仅用文字或者科技性更强的录音、摄像等手段去复制生活更是不可能的。笔者尤其反对用"高科技"的手段进行所谓的"真实记录",马克思将"科技异化"界定为:"在一定历史条件下,现实的人作为活动主体通过对象化活动创造出的客体逐渐和主体疏远,变成独立于客体的东西,反过来反对主体,并成为支配和控制主体的异己力量。"① 科技的异化,显示了伦理价值的缺位和人文精神的匮乏。其实,针对"科技异化",更凸显了记录者民间立场和人文关怀的重要性。"记者"的民间立场突出地表现在以下两个方面:

(1)"记者"与"听者"的民间立场具有同一性。"记者"首先是作为听者而存在的,也就是说要想对民间叙事进行记录整理,首先要成为听者。这样,听者所秉持的民间立场自然而然地就转嫁到"记者"身上,所以,"记者"必然怀有民间立场。

(2)"记者"作为有主观意识和情感价值取向的"人",出于种

---

① 马克思:《1844 年经济学哲学手稿》,人民出版社 1985 年版,第 48 页。

种原因，在记录整理过程中难免对民间叙事进行"格式化"或"美容"处理，从而呈现给我们一个经"误读"的文本。然而从某种意义上说，解读阐发本身其实就是一种误读，由此推之，学术研究（尤指人文社会学科领域）的过程其实就是研究者对其所研究对象的"误读"过程。因此，对于"记者"尽管有诸如"格式化""误读"之类的诟病和非议，但丝毫不能掩盖其在记录整理过程中所秉持的民间立场，因为记录整理本身就是"记者"以民间视角和民间情怀对民间文学进行人文观照的途径和方式之一。

兹引一例，让我们来体察"记者"于记录整理过程中的民间立场。《耿村民间故事集》（第三集）中所收录的《潘杨和》（229）其后有一简短的"附记"，交代了故事采录整理的背景：

附记

1988 年 6 月 2 日，普查工作将要结束了，仁礼又来找我说："老杨你们快走了，我再给你个故事吧，这还是四清队上的指导员在开会前讲的，他说这是真人真事。"接着讲了《潘杨村奇案》这个故事。他对原故事又有较大扩展。讲时蛮带劲的，在板凳上一会儿蹲下去，一会儿又坐上，情绪很好。

在整理时，和他商量改名为《潘杨和》。①

短短几句话，记录整理者——杨志忠对叙事者——王仁礼的理解、体谅之情跃然纸上，而这正体现了"记者"转述、传达民众主体意识和思想观念的自觉性，从而凸显了其秉持的民间立场。

4."读者"的民间立场

"读者"即读解者、研究者，其民间立场与前三者相比而言，则显得有些"特立独行"。因为前三者面对的都是处于"声音"和演

---

① 《潘杨和》附记，《耿村民间故事集》（第三集），河北省石家庄地区民间文学三套集成编委会、藁城县民间文学三套集成编委会编，1987 年，第 268 页。王仁礼讲述；杨志忠记录整理。

述状态的动态的民间叙事或民间话语，他们更多地体现于"在场"和"过程"中；而研究者面对的则是处于"文本"和文字状态的静态的叙事话语，更多地体现于在"书斋"里对文本进行更深层次的"误读"和阐释，即"误读"之误读。意味深长的一点是，根据"否定之否定"原理，研究者所进行的"误读之误读"极有可能得出"肯定"的"正解"，从而进行有意义的理论探索和阐发。与前三者相比，"读者"（研究者）的民间立场更多地源自学术自觉和学术理性，即是说研究者是理智地、有意识地、自觉地利用自己所偏好的学术取向和掌握的学术资源站在民间立场、以民间视角对民间叙事和民俗文化进行审视和观照，进而表达自成一格的学术思想和学术主张。

总之，在笔者所推演的民间叙事中民间立场呈现方式的"多维效果图"里，无论"说者""听者""记者"还是"读者"在民间叙事的演述、听受、采录以及研究过程中，都无一例外地自觉地秉持着民间立场。正是这一特性和机制的运作，民间叙事才凸显了其民间性、生活性和娱乐性，从而使其成为广大民众生活中不可缺失的重要的生活元素。

四 民间叙事的生活属性和娱乐功能

笔者将从"民间叙事是一种生活方式"和"民间叙事是一种'狂欢'"这两个维度来阐释民间叙事的生活属性和娱乐功能。

（一）民间叙事是一种生活方式

万建中指出："民间文学具有浓厚的生活属性，民众在表演和传播民间文学时，是在经历一个独特的生活，一般不会意识到自己在从事文学活动。民众的创作活动，基本上是一种无意识，或下意识的。"[1] 也就是说，民众在创作和表演民间文学之一部分的民间叙事时，并不把它当作艺术创作来对待。民间叙事活动，常常是伴随着

---

① 万建中：《民间文学的再认识》，《民俗研究》2004 年第 3 期。

物质生产和精神生活一道进行的。民间叙事的创作和流传过程是民众重要的生活方式之一，它与民众其他的生活方式是融为一体的，而并非一个单纯的创作和审美过程。民间叙事具有审美性，但同时又具有生活属性，而生活属性又是其最本真的特质。民间叙事之于文学创作，其区别主要体现在以下几个方面：

（1）民间叙事是"说"和"演"出来供人"听"的；而文学创作是一种写作活动，是"写"出来供人"读"的。

（2）民间叙事与社会生活"零距离"且具有同一性，即叙事本身即是生活，生活中少不了叙事；而"文学是一定社会生活在人们头脑中的反映的产物"，① 亦即文学创作与社会生活是反映与被反映的关系。

（3）民间叙事的本质属性是生活性；而文学的本质属性则是审美性。民间叙事是在一定的民众生活场域和过程中产生的，离开了民众生活，所谓的"叙事"就成了"伪民间"的，就不是真正意义上的民间叙事了。同样，文学离不开审美，离开了审美，就变成了应用文书而非文学作品了。

（4）民间叙事是在共同的文化语境下、相对统一的文化"大传统"中，一个民族的历史、宗教、信仰、伦理、民俗等留有先民心理痕迹和经验残存的话语符号，是一个族群的心理生活、情感生活和现实生活在历史的演进中不断映射和渐次演化之产物的"群体记忆"和"历史记忆"；而文学则是来源于生活又高于生活的语言艺术，是话语蕴藉中的审美意识形态，是特殊的艺术生产者对特殊的社会生活的反映。可见，民间叙事与文学创作有着很大的区别。

因此，民间叙事在全方位的观照和审视中，它是生活的、文化的而非文学的；是历史的、心理的而非审美的。而民间叙事的生活属性最重要的两个表征：一是运用口头语言；二是体现出鲜明的地方性。

---

① 《辞海·文学分册》，上海辞书出版社1979年版，第1页。

1. 运用口头语言是民间叙事生活属性最重要的范式

民间口传话语与当地口传传统是融为一体、紧密结合的，但是丰富而鲜活的民间口头语言的表达往往又自相矛盾地呈现为模式化与重复性。对某一叙事作品的反复演述而使之成为老生常谈，又因其为当地人耳熟能详而显得单调乏味。然而民间口头语言具有高度生活化、具象化的特点，所以使之能够在民间叙事中进行形象而又生动的表达。篇幅短小凝练的民间叙事诸如俗语、谚语、格言、歇后语等正是出于重复的需要才被创造出来，亦即它们被创造出来正是为了被重复。正像传说或故事等篇幅较长的民间叙事一样，它们无一例外地显现出模式化与重复性的特点。民间叙事通常是"不隔"的，不含未知、暧昧与歧义，是当地人都能够听得懂、能领悟和理解的。因为民间生活传统更注重观念的认同而非特异性，所以正是基于民间生活的此种特质，民间叙事才能够被模式化地反复演述。

口头语言范式与书面语言范式相比，是具有优越性的。民间叙事与社会生活的一体性决定了没有交流就没有民间叙事，人们面对面的口头交流是民间叙事最基本的存活形态。"口头讲述者却直接与听众发生接触，话语总是对话的和互动的。一位言说者总是会被打断。从某个角度来看，说者与听众之间没有严格的界限。谁都是说者，谁也都是（某一类）听众，始终存在着交谈，常常是不完整的句子，也几乎总是未完成的叙述。"① 而鲍曼（Richard Bauman）所强调的"表演"，"是交流实践的一种模式（one mode of communicative practice），是在别人面前对自己的技巧和能力的一种展示（display）"②。可以说，秉持地方小传统的村落就是一个口头交流的社会，其间的社会生活基本上诉诸口头交流，人们在不断的口头交流中形成了诸多民间叙事的传统模式。

民间叙事的口头演述范式是建立在其生活属性基础之上的。创

---

① 杰克·古迪：《从口头到书面：故事讲述中的人类学突破》，户晓辉译，《民族文学研究》2002 年第 3 期。

② 杨利慧、安德明：《理查德·鲍曼及其表演理论》，《民俗研究》2003 年第 1 期。

作和传播民间叙事本身就是民众不可或缺的生活样式之一，它和民众其他的生活样式共同建构了民间生活的有机整体。民间叙事是没有脱离现实功利性的生活向度的民俗文化审美活动。民间叙事是民众在生产和生活的实际过程中生发、流转和传播的。民众不是专业作家，文艺创作也不是其谋生的必要手段，更没有多余的时间专门从事文艺创作。民众的日常生活及仪式性的民俗生活往往都伴随着口头的民间叙事活动。在田间地头"唠嗑"时，在街头巷尾的闲谈中，在南墙根儿、在棚户下，在中秋、在春节，无论何时，不管何地，只要有"人"生活的地方，只要在口语交流的场域，就会有民间叙事的存在。即便讲个笑话，说个趣闻，哪怕传个"谣言"，民间叙事都成为人们日常生活之一部分。

　　民间叙事之于作家书面文学，具有无可比拟的优势。对此，李亦园先生有过精辟的论述：

　　　　书写的文学作品大致都是一个作者的作品，而口语文学作品则经常是集体的创作。一个人的创作在某种情形下通常都不如集体创作那样能适合大众的需要。而且书写文学一旦印刷出版，就完全定型而不易有所变化了。口语文学的作品，即使是一个人的创作，一旦经过不同人的传诵，就会因为个人的身份地位以及传诵的情境而有所改变，这样因时因地的改变正好是发挥文学功效最好的方法，所以说口头文学最能适合大众的需要。①

　　换言之，民间叙事是一种活的传统，而书写文学则是固定的作品；民间叙事是一种多形式的存在，书写文学则是单形式的存在。听者与读者之别是民间叙事与书写文学另一重要不同点。民间叙事

---

　　① 李亦园：《从文化看文学》，《文学人类学论丛》总序一，载吕微《神话何为——神圣叙事的传承与阐释》，社会科学文献出版社 2001 年版，第 3—4 页。

是演述的、口传的，所以对象是听者；而作家文学是赏读的、书写的，其对象是读者。听者与读者之根本区别在于听者是出现于演述者面前的，而读者与作者通常不会碰面。用传播的模式来说，"书写文学可以说是一种单线交通（one way communication），作者很不易得到读者的反应，即使有亦不能把内容改变了。口语文学则可说是双线的交通（two ways communication），作者或传诵者不但可以随时感到听者的反应，而且可以借这些反应而改变传诵方式与内容。因纽特人的传说讲述者，经常会在讲述过程中受到听众的抗议，而不得不改变内容以适合当时的需要。台湾高山族中若干族群有时也有类似的现象出现。口语文学的这种'应变'能力，确比书写文学更能发挥'文学'的作用"[①]。

口语交流是全方位、全时段的交流方式，是具体场域和空间中的交流方式；而文字则是单线向性的和脱离情境的。美国学者休斯顿·史密斯认为："说话是说话者生命的一部分，且由于如此而分享了说话者生命的活力。这给予它一种可以按照说者以及听者的意愿来剪裁的弹性。熟悉的话题可以通过新鲜的措辞而重新赋予生气。节奏可以引进来，配以抑扬、顿挫、重音，直到说话近乎吟诵，讲故事演变成了一种高深的艺术。"[②] 可见，"说话"即口头语言具有书面语言无可比拟的优越性。"语言是苍白的"这句话，恐怕仅仅适用于书面语言而非生动形象的口头语言，因为口头语言是最富生命力的。而民间叙事的生活属性亦在其运用口头语言范式时得以凸显和强化。

2. 鲜明的地方性是民间叙事生活属性的显著表征

民间叙事的生活属性更多地体现在其地方性上，因为生活从来都是地方的，是"小传统"的，是特定时空和场域中的。鲜明的地方性更凸显了其生活性。实际上，只有将民间叙事置于其生存的现

---

① 李亦园：《从文化看文学》，《文学人类学论丛》总序一，载吕微《神话何为——神圣叙事的传承与阐释》，社会科学文献出版社 2001 年版，第 4 页。

② ［美］休斯顿·史密斯：《人的宗教》，刘安云译，海南出版社 2002 年版，第 398 页。

实环境和文化语境中加以考察，才能凸显诸多作家书写文学所不具有的现实意义和生活价值。以传说为例，传说是某个社会群体对某一历史事件或历史人物的"历史记忆"或者说"群体记忆"，属于"社会叙事"（social narrative）。叙事就是"讲故事"，而民间叙事就是以民间立场和民间视角用民间形式、民间话语在民间场域来"讲故事"。"讲故事"是"叙事"这种文化活动的一个核心功能。"讲故事"是人类活动中一项不可缺失的文化活动和民俗事象，"不讲故事则不成其为人"。① 正如《一千零一夜》所隐喻的：从人最终的命运来看，"叙事等于生命，没有叙事便是死亡"。同样，没有传说和故事的村落也是不存在的。如果某个传说故事为全村人所共知共享，那么它便成为村落的群体记忆。在村落内，叙事和记忆相互支撑、相互营造，共同建构了村落的口述史，即"口传的历史"。

"传说、记忆和口述史往往三者合一，成为具体时空中人们共同拥有的传统。"② 而乡村社区或村落里的传说是如何被建构的？建构传说具有怎样的社会功能？对这些问题的考察和研究不仅要依赖传说的记录文本，还必须要进入传说生发、存活、演述、承扩的具体环境和文化语境之中。

民间叙事的根本性手段——口头交流都是通过地方性语言即方言进行的。因此，民间叙事以地方方言为载体，成为其突出的特征。任何一个"人"都出生并成长于某一特定的方言区，其思维习惯、表达方式、交流手段等必然受到方言的影响。其实，在地方小传统的文化语境和场域内，人们最习惯最擅长也最乐意使用自己的方言。所谓"乡音难改"更多的不是在技术操作层面，而是由于文化、心理、惯习等维度的原因所致。在现实生活中，民间叙事都是用方言演述的，即便用"普通话"，各地也有难以消除或者说根本就不情愿消除的"乡音"。方言是造就民间叙事地域性特色的根本因素之一。

① ［美］浦安迪（Andrew H. Plaks）：《中国叙事学》，北京大学出版社1996年版，第5页。
② 万建中：《民间文学的再认识》，《民俗研究》2004年第3期。

任何民间叙事作品，只有用其传统文化场域中通行的方言进行演述，才能达到最佳的叙事效果；而用剥离了文化情境的普通话或负载其他地方传统的异地方言演述，必然失去其本真的特有的艺术和生活魅力。下面举采录于青海省平安县的《杨家将辈辈挂帅的传说》（222）为例，看民间叙事生活属性中鲜明的地方色彩：

　　　原先，宋王爷家没做皇帝前，家境很贫寒。而杨家却家豪大富，姓赵的只是个为杨家放羊的挡羊娃，挡羊娃早上赶羊出去，天黑了收羊回家，春去冬来，天天如此。

　　　有一年，就在挡羊娃经常放羊的河沿边，出现了怪事儿。快近晌午时节，羊群卧倒歇息，挡羊娃也从怀里取出圈圈子，到河边准备吃晌午饭。突然看见河里波浪翻滚，水面上露出了一个怪物的头，伸长脖子，张着血盆大口，眼看要跳上河岸，一口吞掉挡羊娃。挡羊娃张慌失措，忙将手中的圈圈子顺势撂进怪物的大口中，只见这怪物嘴一合，头向挡羊娃左右一晃钻进了河水中，游走了。……第二天……挡羊娃又饿了一天肚子，赶着羊回家了。圈好羊，他把这两日见到的事情给杨家的东家诉说了一遍。东家听了挡羊娃的诉说，知道挡羊娃见到的是神龙。东家心里的主意下来了，他对挡羊娃说："这两日你饿了肚子。明早你赶羊出去时，我们家里给你烤给个大圈圈，再看见怪物从水里出来，你把这个大圈圈喂给它，你揣的个家的圈圈子你吃上。"

　　　……家里的大人听了娃娃的诉说，知道自家的娃娃遇了神龙，心里的主意也下来了。大人对娃娃说："你这两天见到的是神龙。明早家里好好儿重烤个圈圈子，你挡羊再看见神龙出水，一定把家里的圈圈子喂给神龙。它会给我们带来大福。"

　　　这一天，挡羊娃一早起来，家里早准备好了他要揣的圈圈子。挡羊娃揣在怀里，再到东家去赶羊。杨东家亲自把烤好的圈圈子交给了挡羊娃，又再扎（嘱咐）挡羊娃，怪物出水时一定把这个圈圈子喂到怪物口里。挡羊娃答应了一声，赶羊出了门。

　　晌午时分，神龙又从水中出现了。挡羊娃听了大人们的话，知道神龙不会害自己，他走上前从怀中取出自家的圈圈子投进了神龙的嘴里。神龙合上嘴一仰脖子扭头就要钻入水中。挡羊娃手中还拿着东家的圈圈子，着了慌。这时，正好水中漂来三根麦草。挡羊娃捞起麦草，用麦草穿上东家的圈圈子，顺手挂在了龙的犄角上。

　　后来，挡羊娃家发了迹，做了皇帝。杨家世代挂帅，保宋王。原来两家做的圈圈子里都有自家的主，赵家做皇上，杨家挂角帅保宋王，杨家保宋王还受到潘仁美、齐庆美、陈世美三美的捆绑。①

　　这是一个虽经采录整理者部分地"优化"但并未完全"格式化"的文本。文本中仍使用了大量的青海河湟地区的方言土语，让我们深切地感受到了传说鲜明的地方文化色彩和浓郁的生活气息。诸如"挡羊娃""圈圈子"（青海河湟地区的一种干粮，面粉和好捏成圆圈状，埋在草木火灰中烘烤熟，食时松脆醇香，多为杂面制作）、"给你烤给个大圈圈"、"你揣的个家的圈圈子你吃上"、"好好儿重烤个圈圈子"、"再扎"（嘱咐）、"着了慌"、"圈圈子里都有自家的主"（主：先祖的神主、精气）等词句都是青海河湟地区特有的方言，并且体现了当地的表述习惯。"圈圈子"更是该地区的特色面食。这里需要给大家特别指出的是，传说中为何又"扯"上了"三美"（潘仁美、齐庆美、陈世美）呢？青海河湟方言中，"麦"（mai）读作"mei"，与"美"同音，所以人们将"三根麦草"这个"三麦"的捆绑衍化为"三美"的捆绑，足可见方言在传说故事（尤其地方风物传说）的演化建构中所起到的重要作用。可以说，方

---

① 《中国民间故事集成·平安县卷》，青海省平安县文化馆汇编，1991年，第112—113页。

言是民间叙事重组、衍生、建构过程中的重要因素之一。这里如果笔者不加以说明，恐怕这一方言区以外的很多人不知其中所以。这则传说里的演化附会方式与流传于当地的《洋芋的传说》颇为相似，只不过敷衍的方向与轨辙不尽相同，一个是"顺叙"，一个是"倒叙"。即这则传说里将"麦"（mei）衍化为"美"，人们由"三麦"联想到了"三美"，音虽同，义却相去甚远；而在《洋芋的传说》里，则是将"洋"逆向衍化为"杨"，因为土豆在青海地区本来就称作"洋芋"，而"洋芋"这一地方物产与杨家将传说相结合，人们才进行了"音同义异"的解释性敷衍和转化。这也从一个侧面折射了传说故事与地方风物相结合的一个机制和过程。

总而言之一句话：民间叙事是生活的，而生活从来都是地方的，所以鲜明的地方色彩是民间叙事生活属性的显著表征。

（二）民间叙事是一种"狂欢"

关于杨家将传说所体现出来的"狂欢化诗学"性质，笔者在前面的章节中已多有涉及，这里仅以巴赫金的"狂欢化诗学"理论[①]为切入点和基本阐释框架，试从整体上述论民间叙事是一种"狂欢"这一观点。

巴赫金"狂欢化诗学"的理论蕴含可以从两个方面加以概括：一方面，开放的艺术思维是"狂欢化诗学"的内在要求；另一方面，体裁的多样性和对话性是"狂欢化诗学"的外在特征。以此反观民间叙事，"开放的艺术思维"和"体裁的多样性与对话性"恰恰是民间叙事所具备的特征。我们可以把"开放的艺术思维"变通为民间叙事的"开放性"。"民间叙事文本并不是一个自足的、超机体的文化事象和封闭的形式体系，它形成于讲述人把自己掌握的有关传统文化知识在具体交流实践中加以讲述和表演的过程中，而这一过程往往受到诸多复杂因素的影响，因而塑造了不同的、各具特点的民间叙事文本。……民间叙事的讲述与表演是一

---

① 参见巴赫金《陀思妥耶夫斯基诗学问题》，生活·读书·新知三联书店 1988 年版。

个充满了传承与变异、延续与创造、集体性传统与个人创造力的不断互动协商的复杂动态过程。"① 毋庸置疑，民间叙事是开放的，而"开放"是"狂欢"的前提和基础。"体裁的多样性与对话性"于民间叙事而言更是显而易见。神话、史诗、传说、故事、叙事诗、曲艺小戏、笑话乃至民歌、童谣、谚语、谜语、歇后语等体裁和样式均可以纳入民间叙事的范畴之内，从而成为佐证其体裁多样性的有力支撑。而民间叙事的对话性则更多地体现在叙事过程的互动性上，即"说者"与"听者"的互动。说者与听者在面对面的"双线的交通"过程中，演述者不但可以随时体察感受到听受者的反应，而且可以根据这些反应而改变叙事的方式、策略甚至内容。可见，民间叙事与巴赫金"狂欢化诗学"所囊括的两方面的蕴含是完全契合的，而二者的契合点就在于他们民间立场的生活指向和"狂欢化"娱乐性特质。因此，从这个意义上来说，民间叙事是一种"狂欢"。

在巴赫金看来，"狂欢"不仅是民间节庆生活和广场文化特有的情绪状态，是一切民间诙谐文化形式的基本情感特征，而且体现了一种看待世界和生活的独特的民间立场、感受生活的独特方式、一种独特的双重世界关系。它以鲜明的"非官方性"即民间性、在野性质疑和解构官方的严肃文化和等级关系，以轻松、狂放、怪诞的节庆诙谐形象对抗死板严肃的官方节日。"无论是狂欢活动的原始性，还是这类活动的全民性，表现出来的都是对现实规范的某种程度的挑战。"② 而民间叙事的"狂欢"功能更多地体现在它是一种宣泄和释解人们郁积的仇视、反抗、叛逆情绪和心理的有效手段，从而起到缓解、调节社会矛盾的作用。作为"民间诙谐文化"表现形式之一的民间叙事正是以其民间立场和民间视角为框架，以民间文化和民俗生活为背景，以民间情境和文化场域为空间，搭建着属于

① 杨利慧：《民间叙事的传承与表演》，《文学评论》2005 年第 2 期。
② 赵世瑜：《狂欢与日常——明清以来的庙会与民间社会》，生活·读书·新知三联书店 2002 年版，第 130 页。

民众自己的"狂欢"舞台。

狂欢化诗学是一种快乐的相对性精神,与中国的老庄思想如出一辙。它作为一种否定中心、瓦解权威的力量是有力的。"狂欢精神是一种快乐哲学。它能发现矛盾并用玩笑的态度将矛盾排除(哪怕是暂时的),从而获得一种精神超越和心理满足。它是人类精神的一个重要方面,它不仅仅只存在于狂欢节之中,它在狂欢化的文学,甚至在整个人类的文化中,都是普遍存在的。"① 就心理和情意机能而言,它具有"释放"的功能。它是"一种自由意识的突然放纵","心理的一种解脱,一种心灵的松弛,一种压迫被移除的快感"。(柏格森语)② 它是民众能量释放的一条途径。它具有理想化和乌托邦的意义。尽管民间叙事所建构的"狂欢世界"是暂时的、相对的、象征性的、想象性的,但其乌托邦的意义并不因此而缺失,它的意义正在于它与现实的距离,它对现实的批判和超越。从某种程度上来说,民间叙事的"狂欢"正体现了人类追求至善至美的精神力量。狂欢精神不灭,民间叙事永存!

第二节　话语权力与叙事霸权

"话语权力"即"话语权",简言之,就是说话权,即控制舆论的权力。掌握了话语权往往就掌握了社会舆论的走向。在当代社会思潮中,话语权指影响社会发展方向的能力。话语权是目前文化与传媒研究中出现频率甚高的一个词。作为社会意识形态工具的话语权主要是指一种信息传播主体的潜在的现实影响力,如中国自古就有"一诺千金""一言九鼎""君无戏言"之类的俗语。传统话语研究的主要领域是修辞学和诗学,主要研究对象是演讲和文学艺术。

---

① 夏忠宪:《巴赫金狂欢化诗学理论》,《北京师范大学学报》(社会科学版)1994 年第 5 期。

② 转引自夏忠宪《巴赫金狂欢化诗学理论》,《北京师范大学学报》(社会科学版)1994 年第 5 期。

形成于 19 世纪后期的文化人类学一经诞生，便对民俗学、民间文学的研究产生了极大的影响。更有意味的是，文化人类学是伴随着地理大发现与西方资本主义的殖民扩张而出现的，在 20 世纪的长足发展中，却成为解构各种文化霸权与消融自我中心主义的有力推动者。这种解构与消融，既包括东/西方国家之间的权力关系，也包括东方国家内部不同族群之间的权力关系。借助于文化人类学的视野，民间叙事中所潜隐的话语权力可以得到一定程度的彰显。

　　话语权作为一种潜在的现实权力，更大程度上体现的是一种社会关系。对于权力的理解，以科尔曼为代表的"信任—权威"模式认为，权力只能存在于群体中，权力是个人基于利益的权衡由信任（尽管在具体个体上并不总表现如此）而出让对自身一定行动的控制所形成的外部管理约束机制，也就是说个体出于自身利益的考虑，出让自身的一部分利益由他人掌控的一种社会行为。后现代主义思想家福柯进一步指出，人类的一切知识都是通过"话语"而获得的，任何脱离"话语"的事物都不存在，人与世界的关系是一种话语关系，话语意味着一个社会团体依据某些成规将其意义传播于社会之中，以此确立其社会地位，并为其他团体所认识的过程。[①]"话语权力"理论是福柯的核心思想，话语是一种秩序，更是一种权力结构和结构性的权力。话语、知识和权力三位一体：话语是载体、知识是表象、权力是实质，没有话语的生产就没有权力的实施，人与世界的关系就是一种"话语"关系。[②]话语权力思想与叙事霸权相辅相成：叙事霸权是"话语权力"的一种表现形式、一种实践形式，话语权力则是叙事霸权的深层逻辑和内在本质。作为负载和承传民间文化与知识的民间叙事，从来都不是"不食人间烟火"、发生在真空中、远离政治意识

————————

①　参见百度百科·话语权（http：//baike. baidu. com/view/683325. htm）。
②　王蜜：《福柯的"话语权力"观及其对翻译的镜鉴》，《黑河学院学报》2012 年第 1 期。

形态斗争和世俗喧嚣的活动行为。叙事霸权是文化霸权的重要组成部分，客观上发挥了争夺话语权力的作用。依据"话语权力"理论不难理解，叙事是一种话语的重组，这种话语本身就是一种权力，这种话语以何种模式、面貌组合成什么样的结构，往往受制于其背后的权力杠杆。民间叙事背后的民间立场、民间视角、民众心理、民间文化等本身就是一种民间的权力模式，而这种民间的权力模式规约着民间话语的结构和取向，民间叙事的话语结构和取向自然也包含其中。民间叙事已成为广大民众表达民间话语和民间立场进而形成"口碑"的重要方式，而民间的"口碑"与社会的"舆论"对于官方而言具有同等重要的效力和影响。对于民众而言，在话语权力的视野中，这亦是必然的选择。在叙事活动中，"没有固定文本约束的个人创作、个人体验、个人意志表达，以及每一个参与者包括叙事者、听者、研究者之间的理解与诠释都是个体行为，这些因素构成一个多向互动的关系丛，可以说，整个讲述过程中的个人都有演示文化与自我的权力"①。

具体到杨家将传说而言，传说的一个基本功能是使传说的内容合法化和富有权威性。这也是叙事霸权的一种体现。传说故事的每个演述者都声称是由于听到过这个传说因而才具有了演述它的能力。叙事被宣布为完全是"转述"的，而且历来都是转述的。每个叙事者都能够以这种方式获得演述它的权威。由此，也许我们只能得出这样的结论：传说里的主人公本人才是这个传说的最早的演述人。正如利奥塔所指出的："固结的时间，即描述的行为发生的时间，和描述这一行为的实际叙事发生的时间不受干扰地交流着。两个措施保证了这样一种泛时性：名字的永久性，和被指名的个人在三个叙事实例（叙述者、听者、故事主人公）之间

① 黄向春：《自由交流与学科重建》，载叶舒宪编《文化与文本》，中央编译出版社1998年版，第20页。

的可互换性，这种可互换性在所有场合都是由仪式支配的。"① 演述的传说的内容似乎是属于过去的，而事实上演述行为与演述内容是同时的，具有同步性。这种逻辑和结构具有让"叙事"合法化、权威化的功能。按照米歇尔·福柯（Michel Foucault）的现代权力观，知识与权力有关，在人文学科里，所有门类的知识的发展都与权力的实施密不可分。② 福柯把历史话语理解为"口述或书写的仪式"，其传统功能就是"讲述权力的权利"。历史话语在福柯看来，"伴随着对古人的追索，日复一日的年鉴，流传着的典范汇编，仍然是而且永远是权力的表现，它不仅仅是一种形象，而且是刺激人的一套程序。历史，就是权力的话语，义务的话语，通过它，权力使人服从；它还是光辉的话语，通过它，权力蛊惑人，使人恐惧和固化。简言之，通过束缚和固化，权力成为秩序的奠基者和保护人……"③ 而传说作为"口传的历史"，是典型的集体叙事的产物，是一种"群体记忆"和"历史记忆"。它与书写的历史相比，同样是一种"权力的话语"，是"口述的仪式"，是"讲述权力的权利"。所不同的是："书写的历史话语"显现的是上层官方和统治者的话语权力；而"口传的历史话语"则凸显了民间的处于社会中下层的广大民众的话语权力。

一 选择性的"记忆"与"失忆"

王明珂指出："在一个社会中，通常只有部分的人有权记录与诠释历史。这种历史，忽略了许多个人的、社会边缘人群的历史记忆。"④ 就官方正史与民间叙事相对而论，二者分别处于权力与"历史话语"的两极，作为"书写者"的官方历史，显然无法传达出作

---

① ［法］利奥塔（Jean-Francois Lyotard）：《后现代性与公正游戏》，谈瀛洲译，上海人民出版社1997年版，第168页。

② ［法］米歇尔·福柯：《权力的眼睛》，上海人民出版社1997年版，第32页。

③ ［法］米歇尔·福柯：《必须保卫社会》，钱翰译，上海人民出版社1999年版，第60—62页。

④ 王明珂：《历史事实、历史记忆与历史心性》，《历史研究》2001年第5期。

为"口传者"的广大民众的真实声音与心态。更进一步说，历史表述本身即是一种权力叙事，无论是"书写的历史"还是"口传的历史"，叙事者通过选择性的"记忆"与"失忆"，建构起了以自我为中心的历史叙事或"历史记忆"；而这种叙事一经构建，反过来又成为叙事合法性与权威性的确证。

在关于"杨家将"的历史叙事中，除"表述/被表述"的权力关系外，还有一层"文字书写/口传演述"的权力关系。因为"作为控制权力的文化，其本身并非是力量本身，而是借助符号、书写、意象、记忆、意义、表征以及这些内容之间的相互组合而形成类似力的效果的非力量的掌控"。① 在中国历史上，掌控文字书写特权的士大夫阶层的文吏史官们自然是按照封建最高统治权威的意志和所谓的"正统史观"理念来"选择性地记忆"、建构"真实的"历史。而在统治者"愚民"政策下养成的所谓的"没文化的"广大民众只有说话口传的权利，而没有文字书写的权利。口传虽然不具有像文字书写般的神圣性、权威性，但其"口口相传"的特色却也具有了文字书写所无可比拟的优越性。而广大民众在口传的过程中自然也没有忽略自己的话语权力，同样经由选择性地"记忆"与"失忆"来建构属于民众自己的"口述史"，从而彰显了民间特有的"叙事霸权"。"文字/口传""书写/演述"的权力关系经由各自不同的叙事话语和符号体系得到了进一步强化。

如果说官方的、上层的"记忆"更多关注宏观历史本身的客观过程而建构"真实史传"的话，那么民间的、中下层的"记忆"则更多观照民众心理向度的情感和意愿而凸显为一种群体记忆。当然，后者往往通过对微观上的叙事细节"真实性""生活性"的强调，使得民间传说在一定程度上具有了"历史"的性质。这种"记忆的真实"与"历史的真实"的互渗，表明叙事者在自觉建构关于"杨家将"的历史印迹和群体记忆。其实，这种关于"英雄"的历史记

① 赵旭东：《人类学视野下的权力与文化表达》，《民族学刊》2010 年第 1 期。

忆恰恰折射出真实历史进程中特定时期特定群体的特定的、无奈而纠结的社会心理和意愿诉求。

在群体记忆中，除"选择性记忆"外，还存在"选择性失忆"，因为"对于过去发生的事来说，记忆常常是选择性的、扭曲的或是错误的，因为每个社会群体都有一些特别的心理倾向，或是心灵的社会历史结构。回忆是基于此心理倾向上，使当前的经验印象合理化的一种对过去的建构"[①]。因此，体现在杨家将传说中，广大民众经过长期的、有针对性的滤涤、筛选、甄别、择选，那些与"英雄"身份不兼容的元素被一一剔除，于是我们看到的"杨家将"是全忠全孝、至仁至义、武艺超群、英烈满门的英雄群像。在民众的心理层面，既然是英雄，就应该十全十美，容不得丁点儿瑕疵。故而在传说杨家将的过程中，人们会有意识地对那些与自己心目中的英雄品质格格不入的东西进行"选择性失忆"，从而模塑出理想的、完美的、可歌可泣的"民族英雄"。当然，"选择性失忆"还表现在与杨家将英雄群像相对立的"反面"人物的塑造上。如在《赵匡胤坐皇帝》（204）这则传说里，广大民众完全"失忆"了正史真传里所记载标榜的宋太祖赵匡胤的雄才伟略、文治武功，"记忆"的反而是其市井无赖、流氓痞子、不务正业的丑恶嘴脸：

> 相传，宋太祖赵匡胤从小是个吃、喝、偷、赌，不务正业的家伙。有一天，他趁村外看西瓜园的老杨头儿午睡，自己偷偷地越墙进了瓜园，摘了个又熟又大的西瓜抱起来就走，不小心被瓜蔓儿绊了一跤，把窝棚里的老杨头儿惊醒了，还没等赵匡胤爬起来，就被老杨头儿抓住了。
>
> 以前，他为偷西瓜，已挨过老杨头儿的耳光子，今儿个见又落到老杨头儿手里，便吓得慌了神儿，忙哀求说："你……放了我吧，我再也不来偷瓜啦！"

---

① 王明珂：《华夏边缘》，社会科学文献出版社2006年版，第27页。

……

　　赵匡胤一听，唉，原来是这么码事儿。他小眼珠一转，心想：我如果把我爷爷的尸骨送进石龙嘴里，我不也能当皇上吗！听说皇上整天吃香的、喝辣的，还有不少美女陪伴着，那比我整天偷着吃，可是强多了……①

　　在此，民众对"记忆"的选择性展露无遗。民间叙事，尤其是传说正是在选择性的"记忆"与"失忆"的基础上来建构、续传着与正史迥异的民众"口述史"。通过选择性的"记忆"与"失忆"，秉持民间立场的口传叙事得以完全确立。而"书写"的历史的真正形貌，却最终为传说建构起来的民间话语和话语权力所遮蔽。对于"赵匡胤坐皇帝"的历史记忆，经过广大民众强势话语霸权的改造，成为解释"赵家天子杨家将"这一真实历史形态和人物命运格局的"合理性"的口传叙事。潜隐在这则传说背后的深层文化功能与心理动因，是通过对英雄命运的"想象"与"建构"，达成民众对"历史记忆"的群体认同，从而彰显其"演述"历史的话语权力。

　　二　"自我"与"他者"：叙事者的强势话语模式

　　杨家将传说中，"自我"即指杨家英雄群像及贤王良臣，包括杨家男将、杨门女将、结义的兄弟、贤明的亲王、清良的大臣甚至像烧火丫头一样的仆从家丁；"他者"则是指杨家将的对立面，主要包括"内奸"与"外敌"两类形象，内奸如潘仁美、王钦若、谢金吾之流，外敌像韩昌、萧银宗、白天佐甚至概念化的"辽兵"等辈。就自我与他者而言，叙事者采取了一种强势的话语模式：对自我的同化、圣化和神化；对他者的异化、平庸化和妖魔化。先来看几个例子：

――――――――――

　　① 朱彦华等主编：《中国民间文学集成·承德地区故事卷》（上），中国民间文艺出版社1989年版，第134—135页。赵荣春讲述；王起记录整理。

1. 《六郎的神箭》（5）

……六郎见辽兵大败，心中暗喜。转念一想，军中粮草不多，如何是好？六郎在营中转来转去，忽然心生一计……命兵将趁黑夜悄悄出动……在朔州川堆起了上百个土山包，上面盖上了苇席，用绳子扎好，远远望去，活像一个个"粮草堆"。

辽兵几次来吃了败仗，一路上丢盔弃甲，就像老鼠见了耗夹子，终日惶惶不安。辽王身在军帐，坐卧不安……探子来报："大事不好，六爷爷谋住和咱干呀，一黑夜运来好些粮草。"辽王一听……吓得魂飞天外，立即派人和杨六郎和谈。六郎见了来使，笑道："和谈不难，看你退我一马之地，还是一箭之地？"辽使心想：让一马不知要跑多远，让他一箭能射多远呢？便道："甘让一箭之地。"

话音刚落，六郎走出营外，大喝一声："拿弓箭来！"六郎搭箭上弦，轻轻一放，"嗖"的一声，那箭脱弦而去。杨六郎神机妙算，料定辽王会有这一招，早已暗中派将士骑马跑在大青山，把一根安有犁铧的桦橼插进山石缝中。辽兵一路上找啊找，一直找到大青山，才找到这支桦橼箭。无奈，辽兵只好退到大青山了。至今，朔县人还流传着这样一首民谣：

脚蹬雁门关，

手攀担子山，

一箭射到大青山。①

2. 《刀劈崖的传说》（17）

……穆桂英的人马武艺高强，杀得辽兵败退到山上。经过

---

① 《中国民间故事集成·山西卷》，中国 ISBN 中心，1999 年，第 77 页。刘维青讲述；范金荣采录。

一夜激战，辽兵死伤了一半。……只听"哎呀"一声，韩昌就从马背上滚了下来。穆桂英举刀冲到他面前，韩昌慌张应战……穆桂英的刀法真是厉害，她东一下，西一下，韩昌的叉术被破了。他见招架不住，便虚晃一叉，夺路而逃。众辽兵一见大元帅逃了，也跟着跑。穆桂英拍马就追。……眼看韩昌就要跑掉了，急出一身汗。她用力一挥手，绣绒大砍刀朝辽兵逃去的方向飞去。可她用力太大太猛，大砍刀一下子砍在了山头上，只听得"咔嚓"一声，山头被砍下了一半儿，韩昌的五百人马全被埋在了山下。幸亏韩昌骑马逃得快，才免去了一死，带着重伤逃回了大营……①

3.《杨元帅的镇妖剑》（99）

> ……
>
> 北宋时期，杨继业的儿子杨六郎，奉命从东京汴梁到边关抵抗辽兵，路经这里时，就在女妖洞旁安营扎寨……
>
> 村里的老百姓听说是杨六郎来了，都纷纷跑来说道："这个洞里有个女妖精，每天吃人肉，喝人血，非常可怕。……杨元帅快离开此地吧！"又有村民告诉他，村西的山坡上，还有一个蝎子精，东南边的大淙里，又有一个鳄鱼精。这三个妖精被当地人称为河郊沟的三大怪，也叫三大害。害得人们一天也不得安宁……
>
> 这杨元帅天生武将英雄性格，听了众人的话后，禁不住怒发冲冠，把银枪一抖，说："这还了得！我堂堂大宋领兵元帅，还怕这些个小小妖怪不成！"于是他立即带领兵将杀了鳄鱼精，斩了蝎子精。可是，当他捉拿女妖时，刁滑的妖精早从洞穴的

---

① 《中国民间故事集成·北京卷》，中国 ISBN 中心，1998 年，第 266 页。赵友成讲述；户利平采录。

另一头溜掉了。杨元帅王命在身，不能久留，可是又觉得没能为百姓除了妖怪而遗憾，于是，就将一把青铜宝剑插在了洞口的石头缝里，以镇妖气。……女妖真的再没出现过……①

4.《穆桂英大破天门阵》（138）

……（穆桂英）当即披挂上阵，要亲自去闯"鬼门关"。因穆元帅怀孕在身，众将力劝无效，只好跟随助阵。……穆元帅一看，白天祖要逃，就说："上天我追到你凌霄殿，入地我赶到你鬼门关，请——"……刚刚进入天门阵，白天祖七绕八拐不见了，只听见梆锣一响，刹那间，阴云密布，天黑得伸手不见五指，冷风嗖嗖，群魔乱舞，恶鬼拦道，个个手握兵刃，张牙舞爪地扑上来。穆桂英一看退兵已晚，这时又觉得肚子一阵疼痛，翻身落下马来。在一片茅草地上生下了女儿杨金花。她见恶鬼扑到眼前，就割下一块战裙；沾血挥洒起来，片刻时间，魔鬼消失。原来白天祖用的是左道妖术，最忌女人经血。事有巧合，也是天意，就该穆桂英建立奇功，无意竟破了白天祖的妖术。顿时云开雾散，一轮红日金灿灿地挂在天空。……白天祖终于在混战中死于穆桂英的刀下……②

另《女元帅妇好的传说》（163）里有关"疯女阵"的描述：

……小国的王子招收一批年轻的女兵，趁她们的经血来临之日，叫她们赤体裸身，披头散发，面涂草灰，顺腿流血，狼嚎鬼叫，直往妇好的军阵冲去。

---

① 《壶关民间故事集成》，山西壶关民间文学三套集成编委会，1987 年，第 137—138 页。李向春讲述；牛逢蔚整理。
② 《中国民间文学集成·河南兰考县卷》，兰考县民间文学集成编委会，1990 年，第 9—11 页。武新田口述；李书民记录。

　　妇好的兵士见了这些如妖似怪的疯女，人人害怕，个个胆寒，触目惊心，不战而退。妇好足智多谋……她随机应变，马上改换战术，叫士兵们用冷水往敌人身上泼去。

　　敌方的女兵被冷水一冲，脸上的灰尘顺水流下。冷水冲到小肚上，顿觉腹内疼痛。……妇好见敌方的疯女只顾揉肚，急忙下令冲杀，将敌方的女兵全部活捉擒拿。敌方的男兵伤亡无数，只有几个小小的头领，夺命逃窜……①

　　从以上所举几例中可以很明显地看出，广大民众在对待"自我"与"他者"的态度上是决绝的，情感上是分明的。所谓对"自我"的"同化"意指杨家诸将的类型化、同一化特征，即是说凡是民众认同的杨家"将"，必然是英勇善战、武艺超群、足智多谋、机巧明慧。如杨六郎"在营中转来转去，忽然心生一计""神机妙算，料定辽王会有这一招""天生武将英雄性格……禁不住怒发冲冠……杀了鳄鱼精，斩了蝎子精"；穆桂英"人马武艺高强，杀得辽兵败退到山上""刀法真是厉害……韩昌的叉术被破了""用力太大太猛……山头被砍下一半儿"。久而久之，在民间英雄崇拜和"造神运动"的催化和强化下，"杨家将"也逐渐完成了从"人"到"圣"直至"神"的品格演化。《杨六郎斩石精》（200）、《杨六郎除鬼》（282）、《杨家将抗日》（326）等传说里，杨家将俨然成为消灾除祸、造福一方的地方守护神。对"他者"的"异化"，正所谓"非我族类其心必异"。而在杨家将传说中，"他者"不仅"其心异"，往往还表现为"其形异"，对之进行"妖魔化""平庸化"塑造。如辽兵"丢盔弃甲，就像老鼠见了耗夹子，终日惶惶不安""吓得魂飞天外，立即派人和杨六郎和谈"甚至称杨六郎为"六爷爷"；杨六郎的青铜宝剑插在洞口"以镇妖气……女妖

_____

① 胡德葆等主编：《河南民间文学集成·安阳故事卷》，中原农民出版社1992年版，第42—45页。冯新志讲述；李存让采录。

真的再没出现过"；白天祖用的是"左道妖术"，其所布天门阵
"阴云密布……冷风嗖嗖，群魔乱舞，恶鬼拦道……张牙舞爪"。叙
事者使用强势话语权力，对"他者"极尽平庸化、妖魔化之能事。

　　当然，对"自我"英雄的类同化和神圣化自然亦是民间"造
神"和"造史"的过程中，民众对杨家将的群体记忆、历史记忆不
断追加、沉淀和"箭垛"式累积衍生的结果。在为俞平伯点校本
《三侠五义》所作的序言中，胡适曾指出：

　　　　历史上有许多有福之人。一个是黄帝，一个是周公，一个
　　是包龙图。上古有许多重要的发明，后人不知道是谁发明的，
　　只好都归到黄帝的身上，于是黄帝成了上古的大圣人。中古有
　　许多制作，后人也不知道是谁创始的，也就都归到周公的身上，
　　于是周公成了中古的大圣人，忙得不得了，忙得他"一沐三握
　　发，一饭三吐哺！"

　　　　这种有福的人，我曾替他们取个名字，叫作"箭垛式的人
　　物"；就如同小说上的诸葛亮借箭时用的草人一样，本来只是一
　　札干草，身上刺猬也似的插着许多箭，不但不伤皮肉，反可以
　　立大功，得大名。①

　　可见，在杨家将传说中，"有福"的"自我"英雄也好，"不
幸"的"他者"异类也罢，均属"箭垛式的人物"。在民间叙事者
那里，只要是"真善美"（既有华丽的、正统的、伦理的，也有素
朴的、民间的、生活的）的质素均可捆绑、堆砌到"自我"形象
上；而凡属"假恶丑"的东西尽数扔给"他者"。而这恰恰是叙事
霸权和强势话语模式的表现方式之一。

　　从更深层次的历史文化和社会心理的维度看，对"自我"的
同一化、神圣化与对"他者"的异质化、妖魔化折射的其实是历

---

① 《胡适文集》（第 4 卷），北京大学出版社 1998 年版，第 369 页。

史上的中原"汉民族"对周边"异族"的一种文化歧视和心理排斥。毋庸置疑，面对"自我"与"他者"之间的文化反差和心理隔阂，曾经的"汉民"怀有一种处于文化中心地位的主体优越感和心理优势，从而产生一种强烈的族群认同意识和身份强化诉求。而这一族群认同诉求在特定的民族矛盾尖锐时期表现得格外强烈。表现到民间叙事中，口传叙事者必然要从本族群的历史、文化中选择出被民众认同为"自我"的某个人物或某类人物，对其不断地加以"想象""神化"，直至将其建构成共同的"全民英雄"，"以维系基于同一历史与文化血脉的族群认同并与其他族群相抗衡"①。而同是来自中原地区（或被认同为来自中原文化区），有着"抗辽""征西""平蛮"业绩的"杨家将"正是这样一群合适的人选。凭借对这些神圣人物和神圣事迹的历史记忆、群体记忆与不断演述阐发，广大民众找到了将自我与共建、共享、共承、共传同一"记忆"资源的"族人"连为一体的精神纽带和心理桥梁。于是，有关杨家将的传说和故事，在最初的"墓志铭"（《供备库副使杨君墓志铭》）、"方志"等零星记载的基础上不断扩充演绎，甚至写进"家谱""族谱"（如《杨氏家传》《弘农杨氏族史》《杨忠武祠》等），最终被模塑、建构为具有"文化英雄"意味的共同始祖。由此，以杨家将传说为代表的民间叙事的话语霸权之彰显可见一斑。

三 叙事智慧和叙事策略

我们都有过这样的生活体验：同样的故事素材，倘若出自不同人之口，效果也许会大不一样。有人演述得绘声绘色，同一个段子让人百听不厌；而有人开口没几句，听众却顿觉索然无味。这就是叙事者个人的叙事技巧、叙事策略和叙事智慧。讲故事的人（叙事

---

① 苏永前：《想象、权力与民间叙事——人类学视野中的陈元光"开漳"传说》，《民族文学研究》2011 年第 5 期。

者）可以通过叙事风格、语调、神情以及动作等演述技巧与听故事的人进行直面的交流，从而控制整个叙事场面和过程。此处，我们探讨的是作为整体的民间叙事，其叙事者在演述过程中出于某种特定的动机或意图，所表现出来的为民间叙事所独具的叙事策略和叙事智慧。

（一）"求助于传统"：自我保护

这里所谓的"求助于传统"，是指叙事者为了明确"本人"不是在"盗版"或"侵权"而一再标榜或强调自己所讲的仅仅是"听说"而已。也就是说，演述者是听别人（其他的人）说的，或听先人（过去的人）说的，自己完全是在"转述"一个传说或故事，至于叙述内容的真实与否，既不得而知也与"我"无关。因为"我"（叙事者）不是事件的亲历者或目击者，而仅仅是"传说"者。"求助于传统"实际上是叙事者推脱或规避演述责任的一种自我保护机制。它承担了设定其演述框架的功能，同时起到"本故事纯属听说，如有雷同，纯属巧合"的作用，意即表明叙事者不愿过多或完全承担自己所演述内容真伪的责任。作为一种叙事策略，"求助于传统"在杨家将传说的采录文本中亦有很鲜明的呈现。笔者粗略地统计了一下，在杨家将传说中诸如"传说""相传""听老人们讲""据说""说是""据传""据传说""当地的人传说""据当地人说"等词汇出现的频率相当高，几乎每一则传说故事的开头部分都会出现以上具有"求助于传统"指向的词语。

我们来看王兴、郝保群讲述的《穆桂英大战桃花漫》（272）中叙事者是如何"求助于传统"和"求助于生活"的：

　　……谁知穆桂英却一点不躲不闪，她见有几个亮东西绕着自己的身边转，一抖袍袖啪啪一拍，就把白天祖的那几个飞钵都打落在地。过去的传说是穆桂英生了孩子身上有污血给破的，那都是迷信说法儿，实际上是她本领高强，用袍袖以软克硬打落的。……穆桂英早已冲了上来，一刀扫断白天祖的马腿，把

他掀下马来。穆桂英又兜马回来，转身又是一刀，就把白天祖
的脑袋搬了家。如今，霸县东北有个村子叫白坟，据说就是埋
白天祖的地方……①

　　从这则传说的片段，我们可以发现富于创造力的个人在演述民
间叙事时如何在传统与现代社会及其道德伦理与科学文化观念之
间进行适合与协调。传说里讲，穆桂英生孩子时的污血破除了白天
祖的飞钵法术。这一情节与做法，在已经普及了基本科学文化知识
的"现代人"看来，显然不符合逻辑与科普常识。为了有效地化
解传说里带有巫术性质的做法与后世科学文化观念之间的矛盾，
同时也为了使故事情节的发展在逻辑上更加合情合理、无懈可击，
适合现代人的文化观念和标准。叙事者首先"求助于传统"并
"打破传统"，将这一做法定性为"那都是迷信说法儿"；继而转向
"求助于生活"，依据自己的生活体验和生活知识对这一叙事单元
进行了成功的改造和演绎；然后以彰显话语权力和叙事霸权的方
式给出了极具说服力的解释："实际上是她本领高强，用袍袖以软
克硬打落的。"这种合乎情理的解释保证了叙事逻辑的合理性，从
而让故事情节不间断地继续向前发展。当讲到穆桂英杀死白天祖
时，叙事者又再次"求助于传统"："如今，霸县东北有个村子叫
白坟，据说就是埋白天祖的地方。"我们仿佛读出了潜隐在叙事
话语背后的潜台词：我说的全是真的，信不信由你，有物证在
此，焉能不信？叙事者是叙事话语的生发者（尽管凭借"转述"
而被遮蔽）、演述者、传播者，是民间叙事的强势载体和最具活力
的因素。
　　再看两则简短而富有浓郁的生活气息的"附记"，同样体现了
"求助于传统"的叙事策略。

---

　　① 赵云雁搜集整理：《穆桂英大战桃花漫》，中国民间文艺出版社1986年版，第58—59页。

A. 王连锁讲述的《杨七娘出世》（231）附记：

今晚采录故事时，没电，他家窗台上放着一盏小煤油灯，光线昏暗。我们不时借助一下手电筒。他两眼盯着录音机，表情一般。

这个故事是他小时候听老人们讲的。①

B. 徐大汉讲述的《大郎台》（232）附记：

我找徐采录故事，他正吃早饭。吃罢饭，他老伴说："你在家讲故事吧！我们去地里收玉米。"他就往炕上盘腿一坐，双手一抱，靠在窗台上津津有味地讲起来。讲时手势不断，表情自然流露。

他说这是发生在三河县的故事，早年在天津那里听人们讲的。②

两则民间叙事"求助于传统"的痕迹已在引文中以下画线的形式标示出来，这里不再重复。综合起来看，"求助于传统"往往在叙事过程中的三种情形下出现，分别为：

1. 叙述逻辑前后矛盾时。叙事者"除了更频繁地采取'求助于传统'的叙事策略（'过去人家说''那我也是听故事听人家讲的'）外，还特意在叙述中增加了一个解释，以加强自己叙事的合理性……是想从实际生活知识中寻求帮助，以使自己的讲述能够以'社会认可和社会能够阐释的方式'圆满地进行下去。面对自己……的前后矛盾的说法和研究者的一再追问，她也求助于实际生活知识，

---

① 《耿村民间故事集》（第五集），河北省石家庄地区民间文学三套集成编委会、藁城县民间文学三套集成编委会编，1987 年，第 316 页。王增改记录整理。

② 同上书，第 369 页。

想出了一个比较勉强的解释力图自圆其说……"① 可见，叙事者为了化解叙述逻辑的前后矛盾，往往"求助于传统"，以便让叙事得以顺利进行。

2. 当故事内容或故事中人物的做法与叙事者的常识知识、伦理观念或意愿情感相矛盾时。"求助于传统""对故事的自身发展逻辑以及古老神话在现代社会中的适应而言则具有非同小可的意义……它成功地化解了古老神话中始祖血亲乱伦的做法与后世伦理法则、婚姻制度之间的矛盾……"② 此时，"求助于传统"往往能给听众一个说法，或者给叙事者本人提供一个下台的阶梯。

3. 当遭遇听众的质疑和追问时。"求助于传统"可以让叙事者把几乎所有的演述责任推得一干二净，从而得以"安全退出"。

（二）"表演的否认"：以退为进

"表演的否认"即表演者否认自己的交际能力、声明自己不愿意对听众承担有展示自己的交际能力和交际有效性的责任。③ 这一叙事策略在一些地方的民族文化中已成为设定某些民间叙事文类的重要表演手段，起着设定、架构其表演框架的重要作用。作为一种有效的民间叙事策略，其往往与"求助于传统"的策略结合使用。二者共同建构和设定演述者的演述框架，同时表明演述者不愿意承担完全展示自己交际能力和讲述技巧的责任。其最突出的表现是在演述的过程中叙事者往往对自我进行否定、对自我的演述和交际能力进行否定、对演述的叙事作品的内容和情节进行否定等。在叙事过程中，常常伴有一些对自我进行价值评判的语句，诸如："这些都是迷信的话（封建迷信）""我是在讲（编）'瞎话'或者是在'瞎扯'""咱没文化，讲的没有水平""我只是听说，讲不好"等。需要指出

---

① 杨利慧：《民间叙事的传承与表演》，《文学评论》2005 年第 2 期。

② 同上。

③ Richard Bauman, *Verbal Art as performance*, pp. 21, 22. 另见其 "Disclaimers of Performance." In *Responsibility and Evidence in Oral Discourse.* ed Jan H. Hill and Judith T. Irvine. New York, Victoria：Cambridge University Press, 1992, p. 194.

的是，叙事者之所以对自己的演述进行"表演的否认"并非出于真心实意，而是一种以退为进的策略，一种机智的防范机制和自我保护手段。

　　尤其是叙事者将自己所讲述的传说故事承认为"迷信"或者"封建迷信"时，这当中有着深刻的社会历史背景。众所周知，那场将知识分子、将"文化"作为专制和打击对象的"大革命"，堪与历史上秦始皇的"焚书坑儒"相比，且有过之而无不及。在"批林批孔""除四旧"等声势浩大的毁灭性的"文化大革命"中，中国传统的民俗文化、民间文化"很受伤"，几乎伤到了体无完肤的程度。而曾经经历过那场浩劫的广大民众，至今心有余悸，心存顾虑。由此上溯到伟大的 1949 年，当几乎所有的民间信仰（对伟人的"个人崇拜"除外）被扣之以"迷信"的帽子时，几十年的"官方意志"很难一下子从人们的心底消除。出于对自我的保护而有意识地对讲述的"迷信"进行否定，却不失为一种"良策"。正如杨利慧所指出的："它是以 1949 年后相当长的一段时期官方意识形态和国家权力对民间信仰的抑制和禁锢为'背景'的，而并非是缺乏交际能力和知识的结果。她自认在讲'迷信'，显示了国家权力的隐形'在场'，显示了民间对官方意识形态和政治权力长期以来压制民间信仰（包括神话）的心有余悸。"① "表演的否认"这一叙事策略，让演述者在听众（往往包括很多"熟人"）面前，也在外来的研究者（往往不能判明其来意）及其他"在场"或"临场"的人（往往具有未知性和不可防范性）面前，似乎主动承认（至少在表面上）自己"思想"的落后，承认所讲述的是与官方意识形态相抵触相违背的内容，并通过这种积极的、自嘲式的、低姿态的、以退为进的自我否定，形成一种有效的防范机制，从而达到（或者期望达到）一定的自我保护的作用。其实，从根本上来说，叙事者正以特有的方式和手段来实现自己的话语权力，从而彰显出一种另类的、民间

---

　　①　杨利慧：《民间叙事的传承与表演》，《文学评论》2005 年第 2 期。

的叙事霸权。

（三）"中介叙事"：认同与强化

"中介叙事"这一概念，按照芭芭拉·巴伯考克的论述，指那些叙事中对于叙事者、叙事行为和叙事本身的评论策略，它们既可以作为信息，又可以作为代码。① "你看书上／戏里不是说……""有诗／民谣（童谣）为证……""直到现在还有××（风物、地名、古迹等），就在××处（具体地理位置）"等民间叙事中叙事者在叙事过程中经常出现的追加性质的评论话语就属典型的"中介叙事"。"中介叙事"在叙事过程中主要具备着两方面的功用：一方面起着传达信息来源、证明自己说法的合理性的重要作用，如书上／戏里说如何如何，我这么说是符合书上／戏里的说法的，因而是合理的、有据的、正确的、权威的；另一方面也起着沟通演述者和听众的作用，如当叙事者面对采录者或研究者这些在他们眼里被视作有文化的"读书人""知识分子"时，无形中"中介叙事"背后的潜台词便是：我知道你们是读书人，有文化有知识，你们应该知道书上／戏里说怎样怎样，所以，我这么说是符合你们的趣味和要求的。更为重要的是，叙事者往往利用"中介叙事"这一策略，有效地消解了民间叙事知识体系中被官方意识形态认为是"愚昧的""落后的""陈旧的""迷信的"思想观念与后来经"科普"后的生活常识、文化观念和思想意识之间的矛盾，从而使得"自己"所说的更具权威性和信服力，进而使之得以认同与强化。

"中介叙事"在杨家将传说中主要体现在以下四个方面，笔者将其分别概括为有"戏（书）"为证、有"诗"为证、有"谣"（民谣、童谣）为证和有"物"为证。

---

① Barbara Babcock. "The Story in the Stoy: Metanarration in Folk Narrative", In *Verbal Art as Performance*, p. 67.

1. 有"戏（书）"为证

在广大民众心目中，"戏"具有与"书"一样的神圣性、权威性，戏文同样具备了文字的"圣言"性质。其实，这与戏曲艺术在人们日常生活中所扮演的重要角色是密不可分的。对于"不识字"的人来说，看不懂"书"却可以听得懂"戏"。从某种意义上来说，"戏"里的历史在一定程度上便是"书"中的历史，因为戏里演的就是书中写的。而对于生活在负载着文化"小传统"的乡土社会里的广大老百姓而言，"戏"的生活距离和情感距离要远远小于"书"，也就是说，在生活、心理和情感的层面上，民众更喜爱看戏听戏而非读书看书，即便是书也是曲艺之"书"即"评书"。由此，体现到杨家将传说中，叙事者更喜欢或者说更擅长拿"戏"说事儿，将"戏"作为"中介叙事"的有效手段。例如：

A.《董家岭赴宴》（172）

……唱《辕门斩子》这出戏时，八千岁前去求情，杨六郎说："我斩的本是杨门子。"八千岁说："杨门子也是俺御外甥。"杨六郎说："八千岁不要提前情，提起前情臣有功，董家岭赴宴臣救过你的命！"说的就是这一回。①

B.《破洪州》（183）

你看过晋剧《破洪州》吗？这故事就发生在张家口境内。说的是，大破天门阵之后，辽邦元气大伤，三年以后才渐渐聚拢了人马，重整三军。萧银宗报仇心切，急急催令辽国军师白天佐举兵南下……②

---

① 杜学德主编：《中国民间文学集成·邯郸市故事卷》（上），中国民间文艺出版社1989年版，第150页。郭三禄讲述；郑喧记录整理。
② 杨香保等主编：《中国民间文学集成·张家口市故事卷》（上），中国民间文艺出版社1989年版，第271页。武枝讲述；苏木记录整理。

C. 《戏上七郎为啥是黑花脸》（279）

传说中的七郎，电视剧《杨家将》中的七郎，代县鹿蹄涧杨家祠堂七郎的塑像，都是眉清目秀一表人才，而戏上的杨七郎却是一个黑花脸，这是怎么回事呢……①

D. 《呼家将》（119）

……呼延庆率领宋军在黑风口大破辽军，这是后话，暂且不提。这正是：

小英雄闹东京除奸保国

老相爷告御状惩恶济民②

以上所列几例除最后的《呼家将》显现出较浓的"评书"味道和风格外，其他几例显然都是以"戏"作为中介、作为媒介进行叙事。民间叙事中司空见惯的拿戏说事儿，一方面体现出上、中、下三层文化间的交流、吸纳与互动；另一方面亦可窥探出民间传说故事等的生发和传播机制之一隅。意即民间叙事为文艺创作提供了源泉和养分；而文艺创作一经问世又反过来回流、反哺民间叙事，从而彼此间有机互动、吸纳交融。而"戏"作为颇具"圣言"性质的工具和手段，恰好为民间叙事者所用，将其作为"中介叙事"的有效媒介。

2. 有"诗"为证

在民间于民众中，若有谁能吟上几句诗，那他肯定就被视作"文化人"，很了不起。因为在老百姓那里，"诗"是极高雅的东西，

---

① 马烽、李束为主编：《山西民间文学作品选》，北岳文艺出版社1991年版，第144页。石俊文等搜集整理。

② 《开封民间故事集成》，开封民间文学集成编委会编，中州古籍出版社1993年版，第45页。刑树人（中师毕业，退休老干部）讲述；邢安封搜集整理。

尽管"诗"与他们信口哼来的"谣"从本质上来说没有多大区别。所以"诗"与"戏"、与"书"一样神圣权威，自然可用其来进行"中介叙事"：

A.《杨家将与雁门关》(288)

……杨业在陈家谷与辽军死战，身受重伤，被俘之后，坚贞不屈，绝食三日而死。前人有诗云：

矢尽兵亡战力催，

陈家谷口马难回。

李陵碑下成忠节，

千载行人为感哀。①

B.《祁家豁子的传说》(29)

……杨六郎欣然答应了祁佳的请求……建了一座用黄松作柱的亭子……供祁佳居住（这就是今天航空学院西南的"黄亭子"）……在黄亭子里发现了祁佳临走时写的诗，诗是：

医病为国难，

受赏实不该。

坡上黄亭子，

愿为瞭望台。②

3. 有"谣"（民谣、童谣）为证

这里的"谣"自然指流传于广大民众口头的民谣、童谣，"谣"在民众那里同样是具有"圣言"性质的，故而亦可拿来进行"中介叙事"。下面引录几例，窥其一斑：

---

① 《长城传说故事》，花山文艺出版社 1985 年版，第 105 页。顾全芳搜集整理。

② 《中国民间故事集成·北京卷》，中国 ISBN 中心，1998 年，第 394 页。刘英讲述；冯新生采录。

A. 《六郎的神箭》（5）

……至今，朔县人还流传着这样一首民谣：

脚蹬雁门关，

手攀担子山，

一箭射到大青山。①

民间并有"六郎的箭，干摇不动"的说法。

B. 《杨六郎摆空城》（297）

摆空城，羊打鼓，

吓退辽兵五万五。

进空城，来飞兵，

辽兵统统丧了命！

这首童谣，说的就是杨六郎摆空城的事，据说……②

C. 《红蓑草》（262）

从这以后，穆桂英生孩子血染的蓑草就成了红色。后来人们还发现红蓑草能治百病，特别对痨病、伤寒，更是药到病除。如今这里还流传着这样一首歌谣：

红蓑草，红蓑草，

吃了神草治百病。

不是老天赐的宝，

---

① 《中国民间故事集成·山西卷》，中国 ISBN 中心，1999 年，第 77 页。刘维青讲述；范金荣采录。

② 《杨六郎威镇三关口》，河北人民出版社 1984 年版，第 83 页。肖雨搜集整理。

感谢当年穆桂英。①

D.《潘仁美与霍家沟》（97）

　　……现在这里还流传着四句民谣：
密松林，小寒山，
潘仁美死在高车岩。
贪权耍奸累家眷，
隐姓埋名到今天。②

E.《潘杨二湖的传说》（290）

　　潘家湖，杨家坑，一个浑来一个清。
潘杨两家是对头，一个奸来一个忠。③

F.《杨七郎庙的传说》（87）

　　太行山，高又高，
顶顶有座七郎庙。
潘仁美，真真孬，
酒席里头下圈套，
生圪直直乱箭穿，
把七郎命来要，
把七郎命命来要……

---

　　① 陈德来编：《历代名女的传说》，山西人民出版社 1983 年版，第 125—126 页。许衍明讲述；周宝忠整理。

　　② 《长治市郊区民间故事集成》，长治市郊区三套集成编委会，1987 年，第 109 页。原文喜讲述；申琴香搜集整理。

　　③ 《河南民间故事集》，中国民间文艺研究会河南分会、河南大学中文系编，中国民间文艺出版社 1985 年版，第 115—116 页。李程远搜集整理。

这是流传在太行山南头，山西河南搭界的一首歌谣。……①

G.1)《火山王出世》(181)

……从杨衮开始，天波府杨家将，一代接一代地跟辽国交
兵，刀枪相见，正像后来戏文里唱的那样："只杀得，血成河，
尸骨堆山。"可就是世世代代的杨家将，一直蒙在鼓里，不知道
杨衮本是辽国王后所生。因此，老百姓说：这可真是大水冲了
龙王庙——一家人认不得一家人。还编出了歌子，唱道：

今日杀，明日杀，
杀来杀去杀自家。②

2)《自家人不认自家人》(171)

……论说，杨家还是萧太后的正根娘家哩。所以，民间有
这样一首民谣流传：

杨家将，杀辽兵，
自家人不认自家人。③

3)《萧太后的传说》(205)

……这就是人们传说中的《八郎探母南北和》，无怪人们还
有这样的议论：

杨家将，不说理儿，

①　《晋城市民间故事集成》（上册），晋城市民间文学集成编委会，1989 年，第 290—
294 页。张应德讲述；王正都整理。
②　杨香保、顾建中主编：《张家口市故事卷》（上），中国民间文艺出版社 1989 年版，
第 267 页。梁殿举讲述；梁挺爱记录整理。
③　杜学德主编：《中国民间文学集成·邯郸市故事卷》（上），中国民间文艺出版社 1989
年版，第 146—147 页。李苗氏讲述；高何元记录整理。

舅舅娶了外甥女儿。①

4. 有"物"为证

这里的"物"尤指地方风物，包括与传说故事相关的风俗、物产、地名、古迹、遗址等。可以肯定地说，这类以"物"为指向和凭证的"中介叙事"出现在所有的"地方风物传说"中。此种类型的中介叙事亦是最有效、最具说服力和权威性的，因为此类传说中叙事者述的"事"必然与实实在在的实际就有的"物"紧密结合。"事"与"物"相互佐证、无懈可击，这就使得叙事者底气十足而同时让听者无可争辩地信服。"如若不信，有物为证"，"东西就在那摆着，信不信由你!?"这种心理暗示和举证方式无形中凸显了叙事者的话语权力及其叙事霸权。关于杨家将传说与地方风物的结合，笔者将在后面的章节中予以详尽论述，此处仅举一例，借以管中窥豹：

> ……从此，老百姓就把帅坛旁这大槐树叫作穆桂英的"点将槐"。如今，点将槐依然健在。树身上有一个碗大的疤痕，就是当年杨排风与孟良比武时，斧子落下来砸伤的。②

(四)"转述"的优势：集体性与变异性新解

前文已经提及民间叙事"被宣布为完全是'转述'的，而且历来都是转述的。这种力量无比的集体性使得叙事具有让'历史'合法化的功能"③。可见，"转述"的优势除了表现在让叙事者处在一个相对安全的叙述语境从而起到自我保护的作用外，还突出地体现

---

① 朱彦华等主编：《中国民间文学集成·承德地区故事卷》（上），中国民间文艺出版社1989年版，第139—140页。史再生讲述；王韫华记录整理。

② 《河南民间故事集》，中国民间文艺研究会河南分会、河南大学中文系编，中国民间文艺出版社1985年版，第112页。李程远搜集整理。

③ 万建中：《寻求民间叙事》，《民族文学研究》2004年第4期。

在民间叙事集体性的建构上。"转述"意味着重复,重复是记忆之母,而"共同的记忆"或"群体记忆"则凸显着集体性。民间叙事的集体性首先应该理解为其所有活动都不可能超越当地的文化场域和文化传统。而文化场域的建构显然不是"一次性"被构筑出来的,文化传统的承传也不是被一个人完成的。其必须在不断的"转述"中才能形成和沿袭,必须借助"转述"这种方式和手段来达成横、纵两个方向的编织与建构。从"横"的方向看,通过人与人之间"转述"口头传统,某个特定的群体内部自然相连接,继以达成对某些观念、意识的认同,从而构建起特定的文化场域;从"纵"的方向看,人们亦是借助"转述"让口头传统在代与代之间袭传、续延,从而使文化传统得以传承、秉持。英国民间音乐家塞西尔·夏普(Cecil Sharp)在《英国民歌:若干结论》中指出:

> 毋庸置疑,集体发挥着作用,不过,那是在较后的阶段,是在个体的创作已经大功告成之后,而不是在此之前。在这个阶段,集体来衡量,筛选,也就是从大量个人创作中选取那些最准确地表达了流行的趣味和民众的理想的作品,而舍弃其余;然后,在集体不断地重复中产生更多的变异,如此一而再,再而三。这一过程持续不断,民谣也就生生不已。①

这里,民谣的"转唱"运作机制同样适用于民间叙事的"转述"。民间叙事正是在"一传十,十传百,百传千千万"的不间断、不停歇的"转述"过程中彰显了其集体性特征。这种"集体性"已经超出了抽象的、形而上的概念范畴,而转变为实实在在的运作过程。"人们之所以讲故事,往往出于此外的各种各样的原因。这些原因必定和他们自身的某种需求相关,讲故事也是他们自身的文化属

---

① 〔美〕阿兰·鲍尔德:《民谣》,高丙中译,昆仑出版社1993年版,第6—7页。

性与文化个性的一种表演。"① 通过"转述"，达成了民间叙事集体性所必需的文化场域和文化传统；通过"转述"，同一文化场域和文化传统内的民众成为真正的"话语共同体"。而生活在同一文化场域、秉承同一文化传统的"当地人"作为话语共同体，拥有同样的方言、民间艺术的表现形式、演述的内容等完全一致的口头传统。凭借"转述"又进而强化了话语共同体的观念认同和文化自觉，从而增强了属于同一个群体的心理默契。由此，民间口头传统的集体性得以凸显和实现。

　　"转述"之于变异性，同样具有强大而实际的效用。"在口头传说中，一个神话被重复多少次，就会有多少次细微变异。重复的次数无限，变异的数量也无限。"② 由此，笔者可以理直气壮地说，在民间叙事中，一个传说被转述多少次，就会有多少次细微变异，"转述"的次数无限，变异的数量亦无限。民间叙事的不断变异是由其集体性的口耳相传即"转述"导致的，其变异的程度远远高于书面文本。因为民间叙事是以口耳相传的方式进行"转述"的，是集体性创作，作者不可能署名，这就形成了民间叙事的"无名性"或者"匿名性"。正是因为民间叙事所具有的这一特性，即无版权、无著作权或者干脆说无知识产权，在其"转述"、流传、承袭过程中，作品不归具体的某一人所有，人人皆可动之，可依据个人的某种动机或目的对其进行改动。所以作品的面貌常常是不固定的，其内容和形式亦处于不断的变化中，于是就产生了我们现在所见到的具有同一"母题"（motif）的不同"异文"或叙述版本。当然，由于民间叙事的集体性和其天然的无"知识产权"性，故而不论何种形式的"转述"都不构成"侵权"或"盗版"，可以堂而皇之、无所顾忌地进行"大同"（基本内容和蕴含）、"小异"（叙述形式及技巧等）的"转述"。之所以出现"大同""小异"的情形，是因为民间叙事的

---

　　① 江帆：《民间叙事的即时性与创造性》，《民间文化论坛》2004 年第 4 期。
　　② ［美］瓦尔特·翁：《基于口传的思维和表述特点》，张海洋译，《民族文学研究》2000 年增刊。

"转述"是依靠记忆而非文字来"转"的。记忆过程中会出现或多或少的偏差，因此，在其流传时难免要出现各式各样的"小异"。当然，民众对民间叙事从不苛求固定化，而是希冀听到、看到活生生的、有生活趣味的"转述"和展演。再者，由于民间叙事的转述没有知识产权的羁绊，亦即无版权之争，演述者可以因人、因时、因地对所"转述"的叙事文本进行诸多方面的改动而不必承担任何责任（法律的和道义的）。所以，民间叙事不断"转述"的过程，其实就是转述者对之不断加工、修改和异变的过程。

最后，从"转述"的语境或者说演述的情境来看。"情境"一般指称特定事件的"社会关系丛"（socialrelation complex），通常包括人作为主体的特殊时间点、地域点、过程、文化特质及意义生成与赋予等因素。一般来说，每个故事在较固定的情节之外都有一定的空间可提供给叙事者在不同的情境之下作不同的发挥。这正是民间叙事的"集体性"（无"著作权"性）赋予叙事者的自由，叙事者可以因时、因地、因人乃至因个人情绪而排定其演述文本，对叙事文本进行语词、内容甚至主题旨意方面的改动，而不必承担任何责任。瑞典学者卡尔·威廉·冯·赛多（Carl Wilhelm Von Sydow）认为："每一位叙事者的讲述，都可能使故事原有的母题发生一些变化，其中部分是因为记忆的原因，部分则是为了使故事更符合叙事者自己的观点和口味。而'更加彻底的变异均是有意识改编的结果'。"① 而"有意识改编"便演变为文艺创作了。叙事者秉持的这一权利，不但导致了叙事文本大量异文的产生，同时也连带出许多文本上难以见到、唯有在演述现场的互动情境中才能体悟感受出的文本的附加意义。

民间叙事的演述者的每次"转述"实践活动，都是极富创造性的即兴表演，是特定情境中的特定的口头交流。即便同一演述者

---

① ［美］阿兰·邓迪斯：《世界民俗学》，陈建宪、彭海斌译，上海文艺出版社1990年版，第323页。

"转述"同一作品，每次亦都是有差异的。艾伯特·洛德研究指出："每一个文本都代表一位歌手的一次表演，无论是以演唱的方式，背诵的方式，还是以口述的方式；每次表演都是唯一的独一无二的，每一次表演都带有歌手的标记。"[①] 他又指出："每次表演都是一首特定的歌，而同时又是一首一般的歌。我们正在聆听的歌是'这一首歌'（the song），因为每一次表演都不仅仅只是一次表演；它是一次再创作。"[②] 而民间歌手的"转唱"同样适用于民间叙事者的"转述"。从更深的层面说，民间叙事具有浓郁的生活属性，对于听众和演述者而言，一次"转述"活动，就是在经历一种独特的生活，而生活具有不可重复性和不可复制性，所以每一次"转述"（演述）都不可能被完全追忆从而被复制。因此，民间叙事的变异既来自"转述"语境的改变，也是由"转述"本身造成的，任何"转述"都不是简单的重复，而是创造性的发挥。

可见，"转述"不论之于民间叙事的集体性还是对于变异性而言，都发挥着其独特的作用，并展示着其独具的优势。而对这一优势的有效利用，恰恰折射出民间叙事者独到的叙事策略和叙事智慧。

第三节　附会与诠释：杨家将传说与地方风物的结合

地方风物传说是关于特定地理与自然空间内的风俗、物产、地名、形貌、古迹、遗址等的由来、命名、变迁及其特征的解释性故事。其在民间口耳相传的过程中，自然而巧妙地将风物实景与文化意象有机交融，通过生动鲜活的人物形象、引人入胜的故事情节以及神异奇幻的想象氛围，把景物的自然美升格为社会美，将历史的真实升华为"记忆"的真实。可以说，地方风物传说是广大民众建构与自身生存生活环境密切相关的自然空间与文化场域阐释体系的

[①]　Albert Bates Lord, *Epic Singers and Oral Tradition*, New York：Cornell University Press, 1991, p. 12.

[②]　Ibid. , p. 40.

方式之一。诚如万建中所言："风物传说是对一个地方人工或自然景物形象的一种想象性叙事，是对某些风俗习惯的诠释，叙事和诠释的目的在于确认和提升景物、习惯的文化地位，并注入历史的逻辑力量。"① 此类传说一般不是讲述发生过的事实，而是对特定地方的风物进行人文化、社会化、生活化、地方化的艺术性解释，使其具有人文历史和民俗文化的内涵，是处于某一地方"小传统"的当地人对自己所挚爱和留恋的家乡故土风物的一种"群体记忆"和"文化阐释"。

与"杨家将"相关的地方风物传说大致可分为风俗传说（如《"杨公忌"的传说》[169]、《杨七郎庙的传说》[87]、《杨奶奶庙的传说》[130] 等）；物产传说（如《杨家葱和杨家菜》[220]、《洋芋的传说》等）；地名传说（如《小五台山的由来》[190]、《祁家豁子的传说》[29]、《穆家山和穆家沟》[208] 等）以及自然物（动植物）传说（如《御马草》[193]、《红蓑草》[262] 等）。于此，笔者无心做简单的类型梳理与资料罗举，而有意就杨家将传说与地方风物相结合的动因、路径及方式等建构机制试做理论层面的初步探讨：

一 动因：自然空间与文化场域阐释体系的构建

杨家将传说与地方风物的结合最突出地表现在将其用来诠释某一特定地名的由来、命名及其变迁等。这类传说在杨家将传说中占据着相当大的比例。地名是人们对具有特定方位和地域范围的地理实体赋予的专有名词。现代地名源于与前人生活相关的自然地理环境和历史文化诸因素。它的命名、更名、变迁与区域历史文化密切相关。笔者以为，地名无非分为两大类即标识性地名和文化性地名。所谓"标识性地名"仅仅起到标识和定位地理实体的作用而缺乏文化蕴含。比如，我们现实生活中经常见到并被广泛使用的经一路、

---

① 万建中：《民间文学引论》，北京大学出版社 2006 年版，第 183 页。

纬二路、长江路、黄河路、北京路、南京路等，尤其在军事领域诸如 303 高地或者 ×× 号无名高地等被大量使用，纯属标识性地名。而"文化性地名""不仅属于表示地理方位社会基础性的公共信息，而且是珍贵的历史文化资源，是反映社会历史、区域文化特征的'活化石'。"① "地名是了解历史人文学和一国社会经济生活史最珍贵的资料之一。它可以阐明很久以前各人种的关系史，各族人民和各居民群的迁徙情况、经济和社会关系。"② 可见，地名有着丰富的历史、地理、语言、经济、民族、社会、习俗等文化内涵，是一种特殊的文化现象。

杨家将传说恰恰是负载和承传民族文化、历史文化以及民俗文化的强有力载体之一。杨家将传说与特定地域风物的完美融合和无缝对接，对乡土社会中自然空间与文化场域阐释体系的构建起着无可取代的重要作用。可以说，通过特定空间与场域阐释体系尤其是具有心理指向功能的文化场域阐释体系的建构，杨家将传说与特定的地方风物"联袂"演绎着映射广大民众的文化观念、思想情感、心理意愿和习俗风情的生活性"史诗大片"，而且是以口述的民众生活史的形态呈现给广大"观众"的。究其深层心理动因，恐怕与中国民众所怀揣和秉持的浓郁的乡土观念和家园情结是密不可分的。"乡土"这个带有厚重的地域文化色彩的词汇，让中国人魂牵梦绕、终其一生。生于斯长于斯必定会受到特定地域文化观念、习俗风情等的熏陶、浸染，久而久之，在潜移默化的作用下，于不知不觉中"惯"性的思维和"习"性的行为就会养成并且深深地影响着人们的思想意识，及至终老，甚至传代。而这就是强势的"乡土观念"之于传统乃至现代中国人的文化影响和心理模塑。它鲜明地体现在个体或群体对于故土乡情的无比眷恋和对于家族亲情的极其注重方面。比如，中国人不愿客死他乡，有落叶归根的传统，就是体现乡

---

① 李爱军等：《杨家将文化的起源、扩散和地名分布》，《热带地理》2008 年第 2 期。
② B. A. 茹奇凯维奇：《普通地名学》，崔志升译，高等教育出版社 1983 年版，第 71 页。

土观念的典型范例。正因为生生世世、祖祖辈辈生长于斯的民众爱故乡恋故土，对之情有独钟、心怀眷慕，人们才乐意去诠释她、读解她，对她投注感情，赋予她文化蕴含；让家乡故土的山山水水、风俗物产乃至动物植被等皆有"故事"、有意蕴、有灵性、有意义，将其人文化、社会化、神圣化甚至权威化，让其成为负载人们情感取向和心理归指的鲜活的会说话的实体"文本"，从而建构出属于地方小传统的乡民自己的自然空间与文化场域的阐释体系。如在山西代县枣林镇一带流传的《鹿蹄涧村的由来》（65）这则传说，对"鹿蹄涧"这一村名的由来给予了人文化和神圣化的诠释：

······

传说，在元朝的时候，杨家第 14 世孙杨友驻守繁峙县一带。东西留属是杨门家属久居之地。有一天，杨友和他兄弟上山打猎。刚一进山，看见一只鹿。杨友弯弓搭箭，只听"吱"的一声，鹿中箭受惊就逃。杨友兄弟二人跃马扬鞭，紧追不舍。追到北半坡的一个村里，带箭的鹿却无踪影了。于是杨友兄弟命人挖地三尺寻找此鹿。挖呀、挖呀，挖了整整一天的工夫未见痕迹。眼看太阳就要落山，忽有一个士兵呈报：离地约三尺深处发现一块平面怪石，上面刻有伤鹿带箭的图案，杨友看后暗想，这一定是宝地一块。于是在这里修筑祠堂，重建家园。并立起了老令公和杨家历代名将塑像。那块刻有图案的怪石也被竖立祠堂前。"鹿蹄涧"也因此得名了。从此杨家这支后裔，在此成家立业，发展成今天七百多户的大村庄。①

"鹿蹄涧"这一特定地域文化传统中的民众通过一段如此这般的光辉"历史"的"群体记忆"，建构了属于这一特定群体的文化场

---

① 《代县民间文学集成》，代县民间文学集成编委会编，第160页，郎西全讲述；郎树人搜集整理。

域阐释框架，从而完成了充满心理优越感和自豪感的价值与群体认同。基于血缘关系、文化心理和意愿情感上达成的默契与认同，在一定程度上起到了维系、强化家族宗族意识和团结其内部成员的重要作用。由此，杨家将传说与地方风物相融合的心理动因可见一斑。

二 路径：空间设置由模糊到实在的转换

地方风物传说往往是把神话人物或历史人物的故事地方化、具象化，或者运用寓言的手法将山川形貌、地方风物拟人化、生活化，或者把一般的通用的民间故事落实到特定的地方风物上，从而形成多姿多态而又特色独具的民间传说的一个品类。杨家将传说与地方风物相结合的路径显然属于后者，即一般是经由模糊的、泛化的、抽象的情境空间设置演变转化为明确的、特定的、实在的现实生活空间来完成的。如前所述，由于乡土情结和家园意识对民间叙事有着至深的影响。地方乡土社会里的群体或个人经由传说故事的承传和对"口述史"的"集体记忆"，此种内化了的观念和情愫便成为当地人重构叙事文本时所遵循的理念和原则之一。作为当地人的叙事者所演述的传说故事必然与其家乡一带的山水风物紧密关联。这些传说故事原有的模糊的不确定的空间设置都被叙事者转换成了实实在在的生活场域内部或周边的现实空间，通过想象和联想，成为特定群体口传的历史和记忆的真实。因此说，对乡土和家园的痴迷与眷恋，是传说与地方风物相结相伴进而重构叙事文本的心理基础。这种叙事路径转变的背后，潜隐着农耕文化长期浸润下的民众对故土与家园深重而复杂的情感及其深刻的精神寄托。

从发生学的角度来看，民间叙事本来就是人们的行为和思维在其所直观感知的生活世界的一种构形，人的行为和所处的时空背景相互作用、相互阐释，才产生叙事的意义。因此，"叙事文本展演的一定区域内的民众生活图景便体现为一种文化的行为体系，叙事空间也可以视为区域性‘小传统’社会的缩影”①。可见，杨家将传说与地方风物的结合恰恰体现了民间叙事的叙事空间（演述情境）与传说故事的空间设置（背景场域）这二者的交融与同一。也就是说，叙事者演述时的空间场域与传说故事里所发生之事的空间场域是一致的、一体的。这样无形中就增强了说者与听者的“临场感”“现场感”“真切感”，使其仿若身临其境一般，活灵活现、就在眼前。这正是传说与风物相结合的过程中，叙事者选择空间设置由模糊到明确这一转换路径的精妙之所在。以《马刨泉》（25）和其异文《马刨泉》（26）为例：

《马刨泉》A：

在门头沟区与昌平县交界处，有一个山村叫“马刨泉”。您知道这马刨泉的村名是怎么来的吗？

……杨六郎就对他的战马说：“马呀马呀，这里没水给你喝。你要喝，就自己刨吧！刨不出来你就得渴着。”刚说完，就见杨六郎的马竖着耳朵，翘着尾巴，立着鬃毛，用前蹄使劲儿地刨着脚下的土石，刨得石头咔咔作响，火星四溅。大家都觉得挺奇怪，就围过来看。不大会儿，就刨出了一个大坑，一股清亮的水从地下冒出来。……他取下佩剑，在这眼泉水旁的一棵大树干上刻上了三个字——马刨泉。从此，人们就把这眼山泉叫作马刨泉了。②

《马刨泉》B（异文）：

北京一带，杨家将的故事最多，马刨泉就是其中的一个。

……那杨六郎围着塔直转到天亮，转得人困马乏，又渴又饥。他见韩昌人马已经退走，就拉着马往前走。

---

① 江帆：《民间叙事的即时性与创造性》，《民间文化论坛》2004 年第 4 期。
② 《中国民间故事集成·北京卷》，中国 ISBN 中心，1998 年，第 300 页。王德江讲述；杨在忠采录。

前边是一片不深的坑洼地，里边长满了萝卜。六郎大喜，忙蹲在坑里吃了个够。这时就见他的那匹马，突然跳上坑去，在一堆乱石上刨起来。六郎也想到那堆乱石上休息一下，他走到乱石堆旁边，把大枪冲地上一扎，就扎进石头里去了。休息一会儿之后，等他拔出枪来时，就见那枪眼儿地方，突突地冒出水来，再看那马刨过的地方，也都变成了泉眼。

现在，这些地方还有。那片长萝卜的地方就叫"萝卜坑"；冒泉水的地方叫"马刨泉"，直到现在，还冒着水呢。①

这两则传说后面的附记如是说："《马刨泉》的传说，除在门头沟区和海淀区流传外，在昌平和房山县也流传《马刨泉》的传说；不过，前者的主人公为杨六郎，后者的主人公为清朝的绿林英雄窦尔敦。"② 另外，还有流传于山西太原市北郊区的《马刨泉》异文；流传于隰县东川一带的《马刨泉》，不过是孟良的"马"；位于山东济南趵突泉公园里的"马刨泉"，据传是北宋抗金将领关胜的"马"刨出来的；甘肃天水的"马刨泉"是唐朝的尉迟敬德的"马"刨出的；地处晋冀豫三省交界的马刨泉村中的"马刨泉"相传为汉光武帝刘秀的"马"刨地而成，凡如此等，不胜枚举。

可见，这杨六郎的"马"不仅在北京的门头沟刨，在海淀刨、昌平刨、房山刨，还在河北刨、山东刨、河南刨、山西刨……这"马"确实够"累"的；不仅杨六郎的"马"能刨，孟良的马、窦尔敦的马、尉迟敬德的马、刘秀的马……都能"刨"，这能"刨"的马确实够"多"的（在此，笔者也以"巴赫金气质"诙谐一下）。其实，"马刨泉"型故事是我国民间故事中常见的一类，其在我国很多地区流传甚广。可以说，凡有"英雄征战"型故事流布的地区基本上就有此类故事传播。道理很简单，人们很容易将"泉"与传说中的英雄行军打仗时需要喝水联系在

---

① 《中国民间故事集成·北京卷》，中国 ISBN 中心，1998 年，第 300 页。张二圣讲述；王宗全采录。

② 《中国民间故事集成·北京卷》，《马刨泉》附记，中国 ISBN 中心，1998 年，第 301 页。

一起，人渴了便找水，水寻不到时，神奇英雄的神异坐骑就"刨"出了泉。而此处民众将"马刨泉"由故事升格为传说，这升格的路径便是笔者前面反复论及的：空间（包括时间和人物）设置由模糊、笼统实现到明朗、实在的转换。亦即，由故事的类似"很久很久以前""在一个地方"和"有一个人"这样的时间、地点、人物设置转换成传说的具体的明确的"×朝×代""在这个地方"和"有这个人"。借用英语语法，就是传说的时间、地点、人物前需加定冠词"The"（定冠词"The"具有确定的意思，用以特指人或事物，表示名词所指的人或事物是同类中的特定的一个，以别于同类中其他的人或事物，相当于汉语中的"那个"或"这个"的意思。① 笔者在此使用，纯粹为了表达的需要）。也就是说，这是一条将故事升格为传说，由或然走向必然，把模糊转换成实在的路径。而从传说与地方风物相结合的结果看，这条路径是行之有效且确有必要的。

三　方式：附会与诠释

杨家将传说与地方风物相结合的两种最常见亦最有效的方式即附会与诠释。按照字面意思理解，"附会"指把不相联系的事物说成有联系，从而使其协调和同；"诠释"即说明、解释，对一种事物的理解方式，或者是用心感受的一种方式、方法，也可理解为对某事的阐述、讲解。而在传说与地方风物相结合的过程中，"附会"与"诠释"不仅仅是作为两种基本的手段和方式，更大程度上这二者是作为叙事技巧来完成风物与传说间的互证的。

（一）依附式附会

当杨家将传说与地方风物之间在形、神上均无直接联系时，传说的叙事者往往在讲述完故事的主体部分后，在地方风物传说的结尾用假借、谐音等修辞手段将二者关联起来，并最终依附在具体实在的风物（可信物）之上使之得以流播承传。在此类传说的结尾，民间叙事者常

---

① 参见百度百科·the（http：//baike. baidu. com/view/124957. htm）。

常假借故事情节中的事件如立碑、修墓、建庙等与其可信物或者说可证物诸如现实存在的碑、墓、庙相关联，使可信物成为传说情节的物质见证（物证），从而附会成地方风物传说的确证部分。如《令公庙》（286）、《七郎坟》（287）、《大郎台》（232）、《契丹出境碑》（168）、《半拉山和杨家庙》（148）等传说的结尾处，讲述者叙述完故事情节之后，便会使用这种常见的叙事技巧："后人为了纪念×××，就把这个地方称为×××⋯⋯×××处还有×××，据说（传）就是×××的××"或者"后人为了纪念×××的功绩，就为×××修（建或立）了×××，就在×××处"。像"纪念""怀念""据说""相传"等诸如此类的词语，则成为假借类依附式附会叙事的表征。

　　有的地方风物传说则通过"杨家将"故事情节中的某人、某物、某事与可信之物的地名或物名谐音音转来实现。如《洋芋的传说》便巧用"洋"——"杨"谐音，将青海河湟地区的物产"洋芋"谐音为"杨芋"，从而附会成传说情节，将发现"芋头"的功劳记在了杨家将头上。其实，这则传说的主要故事情节均依附在"洋芋（头）"这一物产之名上。又如《潘仁美破风水》（90）：

　　⋯⋯

　　现在石千峰主峰的北坡下，还能看到在土岗子上，有一条东西横亘的土壕，长二百多米，深有二十来米，当地人至今还把这个地方叫"挖断壑"。这就是当年潘仁美破风水的遗迹。石千峰到西铭的路上，有个叫斜道的小村，原来叫"潘道村"，据说是潘仁美指挥破风水时在这里住过，太原人痛恨他，后来才改成"斜道"的，隐含邪门歪道之意⋯⋯①

　　这则传说是通过"邪"——"斜"谐音附会来完成的。叙事者

——————————

　　① 《太原民间故事》，太原市民间文学集成编委会编，1990年，第203页。叶荣斌讲述；廉介荣整理。

给出的理由是：

潘道 ＝ 潘仁美 ＝ 邪门歪道 ＝ 邪道 ＝ 斜道

（二）黏合式诠释

当传说情节与地方风物之间在形、神上存在某种内在联系时，传说的叙述者将故事情节的主要内容自然而然地落实到可信之风物上。地方风物是传说情节发展的必然结果，成为传说情节的有机组成部分。可以说，此一物一地的名称、形貌和特征，就是该传说情节的主要内容、中心事件的天然诠释依据。听者一听传说情节，就能明了知晓该风物为何叫这个名称或者为何具有该特征。如上文所举的《马刨泉》，之所以叫"马刨泉"，正是因为传说中的马刨出泉水这个情节而得名的。又如《锯齿崖》（18）：平谷城东二十余里，有一个叫新开峪的小村。村北那座山，山峰陡峭，形同锯齿，人们都叫它锯齿崖。[①] 再如《望儿山》（23）：余太君每天登峰望儿的这座山，后来就叫望儿山，山下的村落改叫西北望。[②] 这类黏合式诠释型的地方风物传说，由于传说与风物二者之间存在内在联系，广大民众自然也乐意传承扩布。

总之，无论传说情节与地方风物之间的联系直接与否，民间叙事者们都能巧妙地或诠释或附会或兼而用之，有效地将风物与传说关联衔接成一个有机的整体，成为特色独具的地方风物传说，使之在民间广泛地传布。

第四节　杨家将传说与民众文化心理的建构

叙事的主要功能在于交流信息，表达情感，以达到相互了解，

---

① 《中国民间故事集成·北京卷》，中国 ISBN 中心，1998 年，第 265 页。肖海讲述；张国安采录。

② 《中国民间故事集成·北京卷》，中国 ISBN 中心，1998 年，第 244 页。魏文生讲述；魏民采录。

共同协作的目的。叙事功能实现的关键，在于对叙事所传达的信息的解读。解读叙事传达的信息，除了解读者（接受者，民间叙事中的听者）须具备一定的理解力外，更重要的一点是叙事者（演述者）和解读者（观听者）之间必须处于共同的叙事逻辑程序中。因此，可以说叙事逻辑（真实的抑或虚构的、主观的抑或客观的、生活的抑或想象的、事理的抑或情感的）是决定叙事与解读能否成功的重要环节。叙事类型不同，其叙事逻辑各异。

民间叙事不是真实的叙事，而是一种文化的、心灵的叙事，但现实世界的生活材料是其赖以建立的基础，所以，民间叙事必须遵循生活的和想象的双重逻辑。包括传说故事在内的民间叙事反映着民众文化心理建构的特征，具有强烈的主观性、虚拟性和功利性，与现实生活的逻辑有重合有背离。意愿实现和情感满足既是其逻辑的起点，也是其逻辑的终点，同时还是其演述的内在动力。杨家将传说作为民间叙事自然也在民众文化心理的建构过程中发挥着作用。

一　民间叙事中民众文化心理建构的整体特征

民间叙事中民众文化心理建构的整体特征，主要表现在以下几个方面：

（一）强烈的主观性。一般的生活逻辑强调生活的客观规律性，并严格地按照生活自身的发展规律运行，而不能越雷池半步。但是，在民间叙事中，民众文化心理建构的最终目的是实现其主观意愿、满足其心理需求，这就使民间叙事的民众文化心理建构带上了强烈的主观色彩。它可以不遵循生活的客观规律，甚至超越生活的和事理的逻辑，沿着实现其主观意愿和心理指归的轨辙来展开叙事。哪怕其叙事与社会现实生活以及人们的生产生活经验存在着诸多巨大的差异和矛盾，也在所不惜。在民间叙事作品中，无论是神话、传说还是幻想性民间故事，其内在的逻辑总是不同程度地遵循着这种主观性轨道运行。这其实也是叙事霸权的一种映射和体现。这种民间叙事所表现的往往不是生活的客观真实，而是叙事者（演述者）

主观想象中的一种心理真实、情感真实。正如卡西尔在其《语言与神话》中所指出的：“神话制作形式所反映的，不是事物的客观特征，而是人类实践的形式。”①

（二）特殊的虚拟性。虚拟性是民众文化心理建构的又一主要特征。民众文化心理的建构是以主观意愿为核心，以实现其主观意愿为终极目的的一种叙事逻辑形式。而人们的主观意愿，由于主客观条件的诸多限制，往往是无法实现或直接实现的。要实现这种梦寐以求的意愿，民间叙事就必须暂时地超越社会现实生活的逻辑范围，重新建构出一种想象的虚幻的世界。荒诞的、无稽的叙事是通过想象和幻想构建的民间话语系统，是民众内心诉求的表达，貌似荒诞无稽，却反映了真实的民众心态和民间诉求。因此，在民间叙事中，凡是民众文化心理建构、运演的地方总是伴随着这种虚拟性特征的存在。

（三）凸显的功利性。意愿实现的过程，情感满足的轨辙，实际上也就是一种功利主义演化发展的过程。从民间叙事的民众文化心理建构运演的全过程来看，它的逻辑起点是建立在某种主观意愿的基础上，整个演述过程又是紧紧围绕着这种意愿来展开，而其逻辑演述的终点则是意愿的实现、心理需求的满足。为了实现某种主观意愿，它可以背离生活的客观规律，完全按照实现某种意愿的强烈需要来重新安排故事的情节结构，虚构出某种相应的合适的充要材料。如在我国民间叙事中幻想色彩浓郁的有关宝物幻想和宝物主题的传说故事，“它不但在调适人和自然、客观与自我的关系中展现出民间的智慧，使二者的联系更为紧密而和谐，而且以想象的世界弥补着生存世界的不足，给那些贫者、弱者以精神的鼓舞和继续存在的乐趣”②。只要存在贫富差距，社会就不可能“和谐”。毋庸掩饰，现实世界是富人的天堂，穷人的地狱，而在宝物主题的民间叙事中，

---

① 卡西尔：《语言与神话》，生活·读书·新知三联书店 1988 年版，第 66 页。
② 程蔷：《民间叙事中的宝物幻想》，《民族艺术》2002 年第 1 期。

恰恰颠倒了过来，在这一幻想的世界里，总是穷人得意，富人倒霉。这种颠倒并不是生活的真实反映，而是折射着民众的心理意愿、情感指向——事实上不可能付诸实现的愿望。在这类民间叙事中，在想象和幻想的阈限里，贫富关系被故事演述者人为地拉平了，社会财富分配的过度倾斜被主观性地虚拟性地做了某种程度的调适，从而在人们心理和情感的维度上实现了社会一定程度的整合和调谐。在这一点上，民间叙事的功能与日常行为中的民俗仪式，颇有些许类似之处。透过它们花样繁多而又不断翻新的外在形式，我们看到的是对社会公平（贫富均等是其重要内容）、社会稳定的人文憧憬和意识形态呼吁，也是对深刻社会危机的一种有效预警和防范机制。虽然这一切在现实中未必能产生多大的实际效用，但毕竟是有助于缓和社会矛盾、维护社会安定的一种积极因素。

二　民间叙事与民众文化心理建构的演述机制和价值效能

民间叙事的民众文化心理建构的演述机制是十分复杂的。由于民众文化心理建构自身的主观性、虚拟性和功利性等特点，其运演机制显得更加灵活和不可捉摸。但是，只要它在运演，就总会留下一定的或隐或显的运行轨迹，这就为我们的探索奠定了一定的基础。从叙事学的视角来整体考量，民间叙事的民众文化心理建构的演述程序主要分为四个阶段：

（一）初始——正常叙事逻辑的滞塞。需要强调的是，在大多数情况下，民众文化心理建构的演述，并非始终贯穿于民间叙事的全过程，它往往出现在叙事的中间环节，并一直贯穿至叙事的终结。换言之，只有当正常的叙事逻辑难以为继，出现了叙事的滞塞现象后，"意愿逻辑"才替换取代正常的叙事逻辑并活跃于后续的叙事过程中。

（二）启动——叙事逻辑的转轨。民众文化心理建构的启动，是由两方面的合力促成的。一方面，是传说故事本身需要发展的内在动力的促动；另一方面，则是由于叙事者的思维运作所形成的外部动力的推进。当叙事过程中遭遇的阻力过大，一般的正常的逻辑思维演述程序无法克服其阻力时，传说故事本身并不因此而停滞不前，相反，阻力越大，其运行的欲望越强烈。这种叙事的内在发展的需要，便形成了一种强大的内驱力。叙事阻力对于叙事者而言，往往只是被视为一种智能的挑战。在成功的叙事作品中，叙事者总是千方百计地运用自己的智慧和演述的技巧，努力克服叙事的阻力，维继其叙事过程。这种叙事者的思维运作与故事自身的发展需要的巧妙结合，为叙事逻辑的转轨提供了一种强大的驱动力。

（三）维继——想象力的推进。民众文化心理建构是一种虚拟世界的逻辑，是"虚构的真实"，它所借助的正是人们的想象和幻想。当叙事者在叙事过程中将生活逻辑暂时地"搁置"，并启用民众文化心理建构来维持叙事的发展时，民间叙事作品中所呈现的社会生活就会发生一种"质变"：现实生活画面迅速地隐去，而叙事者与接受者都将进入一种想象的虚拟世界。而这一世界又是完全根据意愿实现的需要虚构出来的，所以，原先所有的叙事阻力都会在这种想象世界中变得无足轻重。高山峻岭将化为坦途，伤悲与苦痛将化为欢笑，奇迹将不期而遇，神灵也助人为乐，一切现实生活中无法实现的意愿和梦想，都会轻而易举地在幻想世界中成为"现实"。诚如丹麦民俗学家阿克塞尔·奥尔里克所言："人类原始心灵建构并不总是与逻辑相对应，它们趋向于动物化，甚至更趋向于用奇迹和妖术来构筑它的基本规律。"①

这里所说的想象与幻想，不是指梦幻者或疯狂者那种无意识或潜意识的流露，而是指叙事者创造性的幻想，它属于创造性想象中的一个分支。这种想象是对现实的一种有目的的、符合审美规律的超越，它从现实生活的苦痛中升华出来，并努力地凭借自身的幻想力量，"以征服自然力，支配自然力，把自然力加以形象化"②。这

---

① 阿克塞尔·奥尔里克：《民间故事的叙事规律》，载阿兰·邓迪斯《世界民俗学》，上海文艺出版社 1990 年版，第 195 页。

② 《马克思恩格斯选集》（第 2 卷），人民出版社 1972 年版，第 113 页。

种幻想还"能使一切片段的事物变为完全的整体，使缺陷的世界变为圆满的世界……能使理智里的绝对和无限的观念比较亲切地、形象地向生命有限的人类呈现"①。正是因为民间叙事民众文化心理建构的创造性想象的作用，才使原先巨大的叙事阻力得以消解，也才使得民间叙事得以顺畅地演述。

（四）终结——意愿的最终实现。民众文化心理建构是一种功利性很强的叙事逻辑形式，它的运演机制纯粹是为了意愿实现和情感满足这一终极目标而展演的过程。意愿实现既是其逻辑的起始，也是其逻辑的终结，同时还是其运演的强大动力。当民间叙事作品中的某一意愿，在幻想性世界中得以最终实现后，这种主观意愿就会因其实现的满足而自行隐退，而整个故事也将因此而结束。此时的民众文化心理建构，自然也会因为失去其运演的动力而自行解体，民间叙事的民众文化心理建构的演述也因之而暂告一段落。

民众文化心理建构的运演，总是指向某种意愿的实现，或者说具有某种心理指归。民间叙事的这种演述轨迹和最终结局，不仅满足了叙事者自身的情感意愿和心理需求，同时也能使接受者心中与之类似的心绪意愿获得一定程度的满足，从而达到"会心"或者"共鸣"的功利性效果。人们对民间叙事作品的心理接受过程，既是文艺审美的过程，也是民俗审美的过程。不仅是对其形象、情节等所隐喻的意义的体悟过程，同时也是一种心灵的释放和情感的满足过程。人们在解读体悟人物形象和故事情节所隐喻的文化意义过程中，自然也沉浸在并享受于故事的奇妙世界。此时，接受者意识情感层面中的一切（包括不满、愤懑、烦恼、焦虑、忧愁、伤悲等）都将有可能被暂时地搁置或遮蔽起来，故事与形象中所隐喻的深层意义，就有可能在接受过程中与接受者内心深处的文化意识、生活经验发生某种意义的碰撞、对接、交融、契合，而故事中的人物某

---

① 让·保罗：《美学入门》，载《外国理论家作家论形象思维》，中国社会科学出版社1979年版，第37页。

种意愿、情感实现的喜悦，也将可能会熏染接受者的心灵，使之获得某种程度的宣泄或满足。这样，接受者内心在现实生活中长期积累的压抑、不满、怨愤，都将因此而获得某种程度的释放和排遣，原先阴云密布的心灵天空将会呈现出一派万里无云的晴好开朗，一种自由、轻松、愉悦的心灵感受将弥漫开来，透彻心扉。

小　结

民间叙事者从不同的角度进行叙述从而带来不同的效果。而叙事者为了使故事情节更加真切形象生动，他们会于内聚焦型、外聚焦型和非聚焦型等诸种叙事视角间不停地穿梭、移转，以期达成理想的叙事效果。

杨家将传说之于广大民众生活层面的作用和意义既是弥散的又是凸显的。无论是作为统治者宣教、鼓吹其意志理念的工具而呈现出较多的道德伦理取向，还是成为民众消遣、娱乐手段而折射出更多娱乐审美指向，"杨家将"的故事都从不同侧面、不同角度描摹了社会人生、建构了理想人格，并寄托了广大民众对于现实生活深邃而凝重的思考。这些体悟最终促成了"杨家将"叙事及其文化审美取向的嬗变，而透过其嬗变轨辙，我们亦可读解出潜隐其后的广大民众的社会心理、文化观念、思想意识、情感意愿等更本质的东西。

在笔者所推演的民间叙事中民间立场呈现方式的"多维效果图"里，无论"说者""听者""记者"还是"读者"在民间叙事的演述、听受、采录以及研究过程中，都无一例外地自觉地秉持着民间立场。而且他们在互动的过程中，相互影响、相互制约、相互调和，从而对民间立场的凸显、稳固起到了强化作用。正是这一特性和机制的运作，民间叙事才凸显了其民间性、生活性和娱乐性，从而使其成为广大民众生活中不可缺失的重要的生活元素。

"说话"即口头语言具有书面语言无可比拟的优越性和旺盛的生命力。而民间叙事的生活属性亦在其运用口头语言范式时得以凸显和强化。民间叙事是生活的，而生活从来都是地方的，所以鲜明的地方色彩是民间叙事生活属性的显著表征。尽管民间叙事所建构的"狂欢世界"是暂时的、相对的、象征性的、想象性的，但其乌托邦的意义并不因此而缺失，它的意义正在于它与现实的距离，它对现实的批判和超越。从某种程度上来说，民间叙事的"狂欢"正体现了人类追求至善至美的精神力量。

传说作为"口传的历史"，是典型的集体叙事的产物，是一种"群体记忆"和"历史记忆"。它与书写的历史相比，同样是一种"权力的话语"，是"口述的仪式"，是"讲述权力的权利"。所不同的是："书写的历史话语"显现的是上层官方和统治者的话语权力；而"口传的历史话语"则凸显了民间的处于社会中下层的广大民众的话语权力。从根本上来说，叙事者正是以特有的方式和手段来实现自己的话语权力，从而彰显出一种另类的、民间的叙事霸权。诸如"求助于传统""表演的否认""中介叙事"以及"转述"等策略和技巧，都发挥着其独特的作用，并展示着其独具的优势。而对这一优势的有效利用，恰恰折射出民间叙事者独到的叙事策略和叙事智慧。

杨家将传说是负载和承传民族文化、历史文化以及民俗文化的强有力载体之一。其与特定地域风物的完美融合和无缝对接，对乡土社会中自然空间与文化场域阐释体系的构建起着无可取代的重要作用。杨家将传说与地方风物相结合的路径一般是经由模糊的、泛化的、抽象的情境空间设置演变转化为明确的、特定的、实在的现实生活空间来完成的。无论传说情节与地方风物之间的联系直接与否，民间叙事者们都能巧妙地或诠释或附会或兼而用之，有效地将风物与传说关联衔接成一个有机的整体，成为特色独具的地方风物传说，使之在民间广泛地传布。

民间叙事不是真实的叙事，而是一种文化的、心灵的叙事，但现实世界的生活材料是其赖以建构的基础，所以，民间叙事必须遵循生活的和想象的双重逻辑。包括传说、故事在内的民间叙事反映着民众文化心理建构的特征，具有强烈的主观性、虚拟性和功利性，与现实生活的逻辑有重合有背离。意愿实现和情感满足既是其逻辑的起点，也是其逻辑的终点，同时还是其演述的内在动力。杨家将传说作为一种民间叙事，自然也在民众文化心理建构的过程中发挥着重要作用。

结　　论

　　笔者在对民间文学三套集成中杨家将传说这一专题进行系统梳理和运用的基础上，以宗教民俗学、社会心理学和民间叙事学等学科的相关理论为基本支撑和阐释工具，从民俗学和民间文艺学的视角对杨家将传说进行民俗文化的阐释和民间叙事的审美研究。通过对杨家将传说中所蕴含的社会结构与组织文化、伦理观念与文化心理、民俗宗教与民间信仰以及民间叙事的视角与路径四个维度的内容的具体论析，总结全文，得出以下基本结论：

　　一、社会结构与组织的习俗惯制及其文化观念是民俗文化的重要组成部分。作为民众"口传的历史"或者说特殊的生活文化史录的民间传说更是人们日常生活形态及与之相应的文化意识观念的载体和积淀。杨家将传说映射和表达了广大民众日常生活的诸多方面，具有广泛的社会内容和意义。它具有丰富而深厚的社会性和生活性，其故事广泛涉及民众日常生活层面上的社会结构与组织文化和传统审美理念等民俗文化内容。家族宗族文化及其观念、对立统一的民间集团观、婚姻与结义及其观念等社会结构与组织文化在杨家将传说中都得到了很好的映射和呈现。杨家将传说中所体现出来的家族、宗族组织结构及其文化观念可用"脉"与"场"加以概括与阐释。"脉"与"场"是"杨家将"这一特定英雄群像得以生发和承继的两个关键性的核心因素，二者彼此交融，相互作用，共同构成了一个交叉连续的立体的功能体系。透过杨家将传说，我们可以洞察广大中国民众对家与国及其相互关系的理解及相应的处理方式，在家事与国事的对立统一中体现着家与国二位一体的同构性特征，在此基础上又衍生出各为其主、井水河水不相犯等民间集团观念。在杨家将传说中，婚姻起到了家庭身份和社会地位的双重确立与认同的功用；结义是血缘关系的延伸和拓展，并在社会人际关系网络的构筑中发挥着重要功能。婚姻与结义是民间伦理道德秩序得以编织与建构的有效方式与路径。社会生活结构与组织的民俗惯制及其所蕴含的文化观念在杨家将传说中得以鲜明的体现与表达。

二、杨家将传说中所呈现出来的民间忠孝观念及其文化心理实际上是广大民众长期的生活经验积淀和实际心态的映射和表达。"尽忠"与"全孝"虽然是一组二元悖论式的矛盾关系组合，而且人们有时会陷入"忠孝难两全"的尴尬伦理处境，但民众最终将二者调和统一于实用主义的理念之下。面对"全忠全孝"这一理想的人文关怀模式，人们在区分了正统伦理素养和生活实践层面的变通之后，来对之加以理解和践行。杨家将传说真实而鲜活地呈现了民间忠奸观和善恶是非观。其中"奸佞臣害忠良将"型故事有其独特的道德伦理蕴含；民众对"忠、奸"理性的辩证思考及对之所进行的价值判断，体现了人们在理智与情感两方面的观照和投入；传说中所折射的民众的真实心态和建立在理性判断基础上的意愿指归告诉我们：民间自有一套伦理规范和行为准则，其间有些价值评判标准和行动指南甚至是颠覆性、叛逆性的。杨家将传说中，民众对"真龙天子"等权贵人物的戏说充满了戏谑与调侃的意味，通过对民间话语潜台词的读释，我们可以体味出民众们真实的意愿指归和爱憎分明的情感态度。而所有这些都从一个侧面投射出人们反传统、逆正统的逆反心理和叛逆精神。通过解析，我们不难发现，这种精神品格的产生和存在有着深厚的社会心理基础及其特定的运作机制。总之，广大民众创作、讲述、闻听和流传杨家将传说的过程本身就是其日常生活之一部分。人们的文化心理、意愿情感、伦理观念等自然会被自觉或不自觉地流露、灌输乃至编织进杨家将传说这一媒介和载体中。因此，深受老百姓喜好的杨家将传说为我们了解、认识并理解民众的心理、观念和情感等精神层面的东西提供了平台。

　　三、民间传说故事是民俗宗教和民间信仰的载体和表达方式之一。杨家将传说为我们窥探、理解民众的文化心理、信仰观念等提供了一个平台和路径。无论是传说中所体现出来的宿命观念与风水信仰，还是英雄崇拜与女性崇拜等民俗信仰活动，都可以佐证民间俗信与日常生活互为表里的互融共生关系。民间的信仰活动与民众的日常生活有着密切的联系，在生活的层面上、在常态的前提下，民俗宗教和民间信仰在其自身机制的运作下对人们的情感、心理等精神领域都起着重要的慰藉作用和强大的维系功能。俗信离不开生活，它是生活层面的信仰活动和文化现象，其必须以生活为基础和载体并服务于生活、以生活为终极指归；生活同样离不开俗信，俗信活动本身就是广大民众日常生活的一部分，生活中需要俗信这种调节、制衡机制让人们更好地生活。生活属性和世俗功利目的是民间信仰的基本特质，而宗教精神唯有在生活层面上彰显和运作方成其为民间俗信。生活是民俗信仰的终极指归，俗信的原初动机和实际目的都是以生活为依据或依托的。民间信仰的内在动力就在于其基于生活的"趋福避祸"的世俗功利指向，民众对各种"福祉"的祈祷和追求与其生活需求是相吻合的，因此，民间信仰在一定程度上成为人们追求现代性生活并参与现代化社会建构的潜在动力。

　　四、民间叙事者从不同的角度进行叙述从而带来不同的效果。而叙事者为了使故事情节更加真切形象生动，他们会于内聚焦型、外聚焦型和非聚焦型等诸种叙事视角间不停地穿梭、移转，以期达成理想的叙事效果。杨家将传说之于广大民众生活层面的作用和意义既是弥散的又是凸显的。无论是作为统治者宣教、鼓吹其意志理念的工具而呈现出较多的道德伦理取向，还是成为民众消遣、娱乐手段而折射出更多娱乐审美指向，"杨家将"故事都从不同侧面、不同角度描摹了社会人生、建构了理想人格，并寄托了广大民众对于现实生活深邃而凝重的思考。这些体悟最终促成了"杨家将"叙事及其文化审美取向的嬗变，而透过其嬗变轨辙，我们亦可读解出潜隐其后的广大民众的社会心理、文化观念、思想意识、情感意愿等更本质的东西。

在笔者所推演的民间叙事中民间立场呈现方式的"多维效果图"里，无论"说者""听者""记者"还是"读者"在民间叙事的演述、听受、采录以及研究过程中，都无一例外地自觉地秉持着民间立场。而且他们在互动的过程中，相互影响、相互制约、相互调和，从而对民间立场的凸显、稳固起到了强化作用。正是这一特性和机制的运作，民间叙事才凸显了其民间性、生活性和娱乐性，从而使其成为广大民众生活中不可缺失的重要的生活元素。

"说话"即口头语言具有书面语言无可比拟的优越性和旺盛的生命力。而民间叙事的生活属性亦在其运用口头语言范式时得以凸显和强化。民间叙事是生活的，而生活从来都是地方的，所以鲜明的地方色彩是民间叙事生活属性的显著表征。尽管民间叙事所建构的"狂欢世界"是暂时的、相对的、象征性的、想象性的，但其乌托邦的意义并不因此而缺失，它的意义正在于它与现实的距离，它对现实的批判和超越。从某种程度上来说，民间叙事的"狂欢"正体现了人类追求至善至美的精神力量。

传说作为"口传的历史"，是典型的集体叙事的产物，是一种"群体记忆"和"历史记忆"。它与书写的历史相比，同样是一种"权力的话语"，是"口述的仪式"，是"讲述权力的权利"。所不同的是："书写的历史话语"显现的是上层官方和统治者的话语权力；而"口传的历史话语"则凸显了民间的处于社会中下层的广大民众的话语权力。从根本上来说，叙事者正是以特有的方式和手段来实现自己的话语权力，从而彰显出一种另类的、民间的叙事霸权。诸如"求助于传统""表演的否认""中介叙事"以及"转述"等策略和技巧，都发挥着其独特的作用，并展示着其独具的优势。而对这一优势的有效利用，恰恰折射出民间叙事者独到的叙事策略和叙事智慧。

杨家将传说是负载和承传民族文化、历史文化以及民俗文化的强有力载体之一。其与特定地域风物的完美融合和无缝对接，对乡土社会中自然空间与文化场域阐释体系的构建起着无可取代的重要作用。杨家将传说与地方风物相结合的路径一般是经由模糊的、泛化的、抽象的情境空间设置演变转化为明确的、特定的、实在的现实生活空间来完成的。无论传说情节与地方风物之间的联系直接与否，民间叙事者们都能巧妙地或诠释或附会或兼而用之，有效地将风物与传说关联衔接成一个有机的整体，成为特色独具的地方风物传说，使之在民间广泛地传布。

民间叙事不是真实的叙事，而是一种文化的、心灵的叙事，但现实世界的生活材料是其赖以建构的基础，所以，民间叙事必须遵循生活的和想象的双重逻辑。包括传说、故事在内的民间叙事反映着民众文化心理建构的特征，具有强烈的主观性、虚拟性和功利性，与现实生活的逻辑有重合有背离。意愿实现和情感满足既是其逻辑的起点，也是其逻辑的终点，同时还是其演述的内在动力。杨家将传说作为一种民间叙事，自然也在民众文化心理建构的过程中发挥着重要作用。

概而言之，杨家将传说与广大民众的日常民俗生活有着十分深广而密切的联系。作为民众"口传的历史"或者说特殊的生活文化史录的杨家将传说是人们日常生活形态及与之相应的文化意识观念的载体和积淀。杨家将传说映射和表达了广大民众日常生活的诸多方面，具有广泛的社会内容和意义。它具有丰富而深厚的社会性和生活性，其故事广泛涉及民众日常生活层面上的社会结构与组织文化和传统审美理念等民俗文化内容。广大民众创作、讲述、闻听和流传杨家将传说的过程本身就是其日常生活之一部分。人们的文化心理、意愿情感、伦理观念等被自觉或不自觉地流露、灌输乃至编织进杨家将传说这一媒介和载体中。因此，深受老百姓喜好的杨家将传说为我们窥探、洞悉并理解民众的心理、观念和情感等精神层面的实质性内核提供了平台。杨家将传说故事是民俗宗教和民间信仰的载体和表达方式之一，它为我们体察、理解民众的文化心理、信仰观念等提供了一条路径。总之，杨家将传说离不开生活，它是生活层面的民俗活动和文化事象，其必须以生活为基础和载体并服务于生活、以生活为终极指归；生活着的广大民众同样需要杨家将传说，创作、讲述和承传扩布杨家将传说活动本身就是广大民众日常生活的真实形态，生活中需要它这种口承叙事和民俗事象的慰藉作用、维系功能和调节制衡机制让人们更好地生活。杨家将传说不是真实的叙事，而是一种文化的、心灵的叙事，意愿实现和情感满足既是其逻辑的起点，也是其逻辑的终点，同时还是其演述的内在动力。杨家将传说作为一种民间叙事，贯穿于民众文化心理建构的过程之中。

附录一

参考文献

一 理论著作类

钟敬文：《钟敬文民俗学论集》，上海文艺出版社1998年版。

钟敬文主编：《民间文学概论》，上海文艺出版社1998年版。

刘魁立：《刘魁立民俗学论集》，上海文艺出版社1998年版。

张紫晨：《民间文艺学原理》，花山文艺出版社1991年版。

顾颉刚：《孟姜女故事研究集》，上海古籍出版社1984年版。

费孝通：《乡土中国》，生活·读书·新知三联书店1986年版。

费孝通：《美国与美国人》，生活·读书·新知三联书店1985年版。

乌丙安：《中国民俗学》（新版），辽宁大学出版社2003年版。

夏建中：《文化人类学理论学派——文化研究的历史》，中国人民大学出版社1997年版。

刘铁梁：《宗教民俗学讲义》（未刊稿），2006年版。

万建中：《民间叙事学讲义》（未刊稿），2006年版。

万建中：《民间文学引论》，北京大学出版社2006年版。

王建刚：《狂欢诗学——巴赫金文学思想研究》，学林出版社2001年版。

《马克思恩格斯选集》（第2卷），人民出版社1972年版。

恩格斯：《德国的民间故事书》，《马克思恩格斯论艺术》（第4卷），人民出版社1982年版。

侯杰、范丽珠：《世俗与神圣：中国民众宗教意识》（修订版），天津人民出版社 2001 年版。

赵世瑜：《狂欢与日常——明清以来的庙会与民间社会》，生活·读书·新知三联书店 2002 年版。

陈金文：《孔子传说的文化审美研究》，齐鲁书社 2004 年版。

程蔷：《中国民间传说》，浙江教育出版社 1996 年版。

江帆：《民间口承叙事论》，黑龙江人民出版社 2003 年版。

吕微：《神话何为——神圣叙事的传承与阐释》，社会科学文献出版社 2001 年版。

傅修延：《讲故事的奥秘——文学叙述论》，百花洲文艺出版社 1993 年版。

叶舒宪编：《文化与文本》，中央编译出版社 1998 年版。

刘守华主编：《中国民间故事类型研究》，华中师范大学出版社 2002 年版。

苑利主编：《二十世纪中国民俗学经典·传说故事卷》，社会科学文献出版社 2002 年版。

孙秋云主编：《文化人类学教程》，民族出版社 2004 年版。

王铭铭：《人类学是什么》，北京大学出版社 2002 年版。

张志刚：《宗教学是什么》，北京大学出版社 2004 年版。

李明泉：《民俗审美学》，成都出版社 1996 年版。

刘德龙主编：《民间俗信与科学文化》，山东教育出版社 2002 年版。

李扬：《中国民间故事形态研究》，汕头大学出版社 1996 年版。

中国民间文艺研究会理论研究部编：《中国民间传说论文集》，中国民间文艺出版社 1986 年版。

张岱年、程宜山：《中国文化与文化论争》，中国人民大学出版社 1998 年版。

王明珂：《华夏边缘》，社会科学文献出版社 2006 年版。

郑振铎：《中国文学研究》（上册），人民文学出版社 2000 年版。

胡适：《胡适文集》（第 4 卷），北京大学出版社 1998 年版。

金泽：《中国民间信仰》，浙江教育出版社 1995 年版。

何星亮：《中国图腾文化》，中国社会科学出版社 1992 年版。

程蔷：《女人话题》，上海文艺出版社 1997 年版。

郭锦桴：《中国女性禁忌》，河北人民出版社 1991 年版。

［美］戴维·迈尔斯（David G. Myers）：《社会心理学》（Social Psychology）（第 8 版），侯玉波等译，人民邮电出版社 2006 年版。

［英］R. R. 马雷特（Robert Ranvlph Marett）：《心理学与民俗学》（Psychology and Folklore），张颖凡、汪宁红译，黄杉校，山东人民出版社 1988 年版。

［俄］巴赫金：《巴赫金全集》（第五卷），白春仁等译，河北教育出版社 1998 年版。

［俄］巴赫金：《弗朗索瓦·拉伯雷的创作与中世纪和文艺复兴时期的民间文化》，莫斯科：文艺出版社 1990 年版。

［俄］巴赫金：《陀思妥耶夫斯基诗学问题》，生活·读书·新知三联书店 1988 年版。

［美］克利福德·格尔兹（Clifford Geertz）：《文化的解释》，纳日碧力戈等译，王铭铭校，上海文艺出版社 1999 年版。

［日］柳田国男：《传说论》，连湘译，紫晨校，中国民间文艺出版社 1985 年版。

［英］弗雷泽：《金枝》，中国民间文艺出版社 1987 年版。

［爱尔兰］安东尼·泰特罗（Antong Tatlow）：《本文人类学》，王宇根等译，北京大学出版社 1996 年版。

［美］欧达伟（R. David Arkush）、［中］董晓萍合著：《华北民间文化》，河北教育出版社 1995 年版。

［美］欧达伟（R. David Arkush）：《中国民众思想史论》（North Chinese Folk Materials and Popular Mentality），董晓萍译，中央民族大学出版社 1995 年版。

［美］阿兰·邓迪斯编：《世界民俗学》，陈建宪、彭海斌译，上海文艺出版社 1990 年版。

［美］威廉·詹姆斯：《实用主义》，陈羽纶、孙瑞禾译，商务印书

馆 1983 年版。（William James, Pragmatism： a new name for some OLD ways of thinking, Longmans, Green and co. New York, 1943.）

［奥］弗洛伊德（Sigmund Freud）：《图腾与禁忌》（Totem and Taboo），杨庸一译，中国民间文艺出版社 1986 年版。

［美］丁乃通（Naitung Ting）：《中国民间故事类型索引》（A type index of chinese folktales in the oral tradition and major works of non-religions classical literature），郑建成等译，中国民间文艺出版社 1986 年版。

［英］维克多·特纳（Victor Turner）：《仪式过程：结构与反结构》（The Ritual Process： structure and anti-structure），黄剑波、柳博赟译，中国人民大学出版社 2006 年版。

［美］浦安迪（Andrew H. Plaks）：《中国叙事学》，北京大学出版社 1996 年版。

［法］热拉尔·热奈特：《叙事话语·新叙事话语》，王文融译，中国社会科学出版社 1990 年版。

［法］利奥塔（Jean-Francois Lyotard）：《后现代性与公正游戏》，谈瀛洲译，上海人民出版社 1997 年版。

［美］阿兰·鲍尔德：《民谣》，高丙中译，昆仑出版社 1993 年版。

［法］米歇尔·福柯：《权力的眼睛》，上海人民出版社 1997 年版。

［美］休斯顿·史密斯：《人的宗教》，刘安云译，海南出版社 2002 年版。

［俄］B. A. 茹奇凯维奇：《普通地名学》，崔志升译，高等教育出版社 1983 年版。

C. Geertz, *The Interpretation of Cultures*, New York： Basic Books, Inc. , 1973, p. 89.

Richard Bauman, *Verbal Art as performance*, New York, Victoria： Cambridge University Press, 1992.

Albert Bates Lord, *Epic Singers and Oral Tradition*, New York： Cornell University Press, 1991.

二 文史类

（元初）富大用：《事文类聚外集》，明经厂本。

（明）宋濂：《新刊宋学士全集》，明嘉靖三十年序，高淳韩氏刻本。

（清）李慈铭：《郇学斋日记》，北京燕山出版社 1988 年影印版。

（清）潘祖荫：《秦輶日记》。

（清）翟灏：《通俗编》。

（清）俞樾：《小浮梅闲话》。

孔另境辑：《中国小说史料·杨家将》，古典文学出版社 1957 年版。

余嘉锡：《余嘉锡论学杂著》，中华书局 1977 年版。

刘梦溪主编：《中国现代学术经典·余嘉锡卷》，河北教育出版社
　1996 年版。

卫聚贤：《杨家将及其考证》，重庆说文社 1944 年版。

郝树侯：《杨业传》，山西人民出版社 1984 年版。

常征：《杨家将史事考》，天津人民出版社 1980 年版。

沈起炜：《杨家将的历史和传说》，上海人民出版社 1984 年版。

鲁迅：《中国小说史略》，人民文学出版社 1958 年版。

游国恩主编：《中国文学史》，人民文学出版社 1986 年版。

刘大杰：《中国文学发展史》，中华书局 1963 年版。

章培恒、骆玉明主编：《中国文学史》，复旦大学出版社 2002 年版。

（明）无名氏：《杨家府演义》，上海古籍出版社 1980 年版。

（明）熊大木编，裴效维校订：《杨家将演义》，宝文堂书店 1985
　年版。

郝赫整理：《说唱杨家将——金沙滩·潘杨讼》，春风文艺出版社
　1984 年版。

杨维森编著：《弘农杨氏族史》，贵州人民出版社 1994 年版。

三 中国民间文学集成本及专题出版物

《中国民间故事集成·山西卷》，中国 ISBN 中心，1999。

《中国民间故事集成·河北卷》，中国 ISBN 中心，2003。

《中国民间故事集成·陕西卷》，中国 ISBN 中心，1996。

《中国民间故事集成·北京卷》，中国 ISBN 中心，1998。

《中国民间故事集成·河南卷》，中国 ISBN 中心，2001。

《中国民间故事集成·甘肃卷》，中国 ISBN 中心，2001。

《中国民间故事集成·江苏卷》，中国 ISBN 中心，1998。

《中国民间故事集成·浙江卷》，中国 ISBN 中心，1997。

《中国民间故事集成·宁夏卷》，中国 ISBN 中心，1999。

《山西雁北民间故事集成》，山西省雁北地区民间文学集成办公室，1988。

《山西雁北民间故事集成续编》，山西省雁北地区民间文学集成办公室，1989。

《山西大同民间故事集成》，大同市十大文艺集成办公室编，山西人民出版社 1989 年版。

《山西朔县民间故事集成》，朔县民间文学集成编委会，1986。

《山西代县民间文学集成》，代县民间文学集成编委会，1987。

《山西陵川民间故事集成》，陵川民间故事集成编委会，1987。

《山西偏关民间文学集成》，偏关县民间文学集成编委会，1987。

《山西浑源县民间文学集成》，山西省浑源县文联，1986。

《山西浑源县民间文学集成续编》，山西省浑源县文联，1990。

《山西岢岚县民间故事集成》，岢岚县民间文学三套集成编委会编印，1987。

《山西忻州地区民间故事集成》，山西省忻州地区民间文学集成编委会，1987。

《晋城市民间故事集成》（上册），晋城市民间文学集成编委会，1989。

《晋城市民间故事集成》（下册），晋城市民间文学集成编委
会，1989。

《太原民间故事》，太原市民间文学集成编委会，1990。

《山西怀仁县民间文学集成》，怀仁县民间文学集成编委会，1991。

《太原市北郊区民间故事集成》，太原市北郊区民间故事集成编委会。

《尧都故事》（第二集），临汾地区民间文学集成编委会编，1989。

《山西原平民间文学集成》（上），原平县民间文学集成编委
会，1987。

《长治市郊区民间故事集成》，长治市郊区三套集成编委会，1987。

《山西壶关民间故事集成》，壶关民间文学三套集成编委会，1987。

《长治市民间故事集成》（三），长治市民间文学集成编委会，1988。

《山西浮山民间故事集成》，浮山民间故事集成编委会，1987。

《山西阳泉矿区民间文学集成》，阳泉矿区民间文学集成编委
会，1988。

《山西古交民间文学汇编》，太原市古交区民间文学三套集成办公室
编，1987。

《山西平鲁民间文学》（第一集），平鲁县文化局，1986。

《山西介休民间故事集成》，介休民间故事集成编委会，山西人民出
版社 1991 年版。

《山西隰县民间文学集成》，隰县民间文学集成编委会，1989。

《山西柳林县民间故事集成》，柳林县民间文学集成编委会。

《河南通许县民间文学集成》，河南通许县卷总编委员会编，1989。

《河南林县民间故事集成》，中国民间文学集成河南林县卷编委
会，1987。

《河南杞县民间故事集成》，中国民间文学集成河南杞县卷编委会，
中原农民出版社 1990 年版。

《河南新县民间故事集成》，河南新县民间文学集成编委会、新县人
民文化馆编印，1990。

《郏县民间文学三集成卷本》，郏县民间文学三集成领导小组编印，1989。

《河南淇县民间故事集成》（油印本），淇县三套集成编委会，1987。

《开封民间故事集成》，开封民间文学集成编委会编，中州古籍出版社 1993 年版。

《河南开封县民间文学集成》，开封县民间文学集成编委会，1990。

《河南兰考县民间文学集成》，兰考县民间文学集成编委会，1990。

《河南扶沟县民间故事集成》，扶沟县民间文学集成编纂委员会，1989。

《河南濮阳县民间故事集成》，濮阳县民间文学三集成编纂委员会，1990。

《河南汝南县民间故事集成》，汝南县民间文学集成编委会。

《河南桐柏县民间故事集成》（第一分册），桐柏县民间文学集成编委会，1987。

《河南新乡县民间故事集成》，新乡县民间文学集成领导小组，1989。

《河南南召县民间故事集成》（上册），南召县民间文学集成编委会编，1987。

《卫辉市民间文学集成·民间故事》，耿玉儒主编，河南省卫辉市文化局、群艺馆印，1989。

《河南嵖岈山民间故事集成》，遂平县民间文学编委会，1991。

《河南开封民间歌谣、谚语集成》，开封民间文学集成编委会编，1993。

《河南贵地新野的传说》，曹宝泉主编，文心出版社 1993 年版。

《河南民间文学集成·安阳故事卷》，胡德葆等主编，中原农民出版社 1992 年版。

《河南信阳地区民间故事集成》，陈永省主编，中原农民出版社 1992 年版。

《濮阳市民间故事集成》（上卷），濮阳市民间文学集成编委会，1990。

《河北邯郸市故事卷》（上），杜学德主编，中国民间文艺出版社
　　1989年版。

《河北武安民间故事卷》，河北省武安县民间文学集成编委会，1988。

《河北张家口市故事卷》（上），杨香保、顾建中主编，中国民间文
　　艺出版社1989年版。

《邯郸地区故事卷》（下），张增林主编，中国民间文艺出版社1989
　　年版。

《河北邢台市故事卷》（上），张鹤龄主编，中国民间文艺出版社
　　1989年版。

《河北承德市故事卷》，陆羽鹏主编，中国民间文艺出版社1989
　　年版。

《河北保定市故事卷》（卷二），河北省保定市民间文学三套集成编
　　委会，1988。

《张家口市下花园区资料本》，下花园区民间文学三套集成办公
　　室，1986。

《河北抚宁民间故事卷》（第一卷），秦皇岛市抚宁县三套集成办公
　　室，1987。

《承德地区故事卷》（上），朱彦华等主编，中国民间文艺出版社
　　1989年版。

《张家口市民间故事选》，张家口市文联主编，1986。

《耿村民间故事集》（第一集），河北省石家庄地区民间文学三套集
　　成编委会、藁城县民间文学三套集成编委会，1987。

《廊坊民间故事》，廊坊市委宣传部、廊坊市文教局编辑。

《青海平安县民间故事集成》，青海省平安县文化馆汇编，1991。

《北京密云民间故事》，北京市密云县文化馆编辑出版，1984。

《北京民间传说故事资料》（第一册），中国民间文艺研究会、北京
　　市文联合编，1960。

《热河民间故事之七·汤泉》，承德地区文化局、承德地区文联
　　编，1984。

《龙凤山趣闻》，仇喜卿编，中国民间文艺出版社 1989 年版。

《燕南赵北的传说》，郝建奇等编，花山文艺出版社 1988 年版。

《民间故事选——历代英雄人物传说》，祁连休编，中国少年儿童出版社 1986 年版。

《历代名女的传说》，陈德来编，山西人民出版社 1983 年版。

《穆桂英大战桃花漫》，赵云雁搜集整理，中国民间文艺出版社 1986 年版。

《山西民间文学作品选》，马烽、李束为主编，北岳文艺出版社 1991 年版。

《民间故事》（上），李秀林主编，中国民间文艺出版社 1989 年版。

《中国长城故事集》，李克主编，北京燕山出版社 1987 年版。

《长城传说故事》，花山文艺出版社 1985 年版。

《河南民间故事集》，中国民研会河南分会、河南大学中文系编，中国民间文艺出版社 1985 年版。

《名人故事》，樊兆阳主编，南海出版公司 1995 年版。

《中国民间英雄传奇故事》，荣士娣、顾建中编，中国广播电视出版社 1996 年版。

《河北民间故事》（第一集），中国民间文艺研究会河北分会编，1983。

《杨六郎威镇三关口》，赵福和等搜集整理，河北人民出版社 1984 年版。

《大同民间文学》（汇编第一集），大同市文联编。

《河北民间文学》（1987 年第 2 期、1988 年第 2 期），中国民间文艺家协会河北分会。

《河南传统剧目汇编》（越调第三集），王艺生编选，陈导奇校勘，河南省戏剧研究所，1984。

《穆桂英指路》，王尊三整理，作家出版社 1958 年版。

《山东传统曲艺选》，王之祥等编，山东人民出版社 1980 年版。

《山西地方戏曲汇编》（九），山西省文化局戏剧工作研究室编，山西人民出版社 1983 年版。

《二人转传统作品选》，耿瑛等编，春风文艺出版社 1983 年版。

《古北口传说故事》，白天搜集整理，中国文联出版公司 1995 年版。

《杨忠武祠》，杨福恩等编，山西古籍出版社 1994 年版。

四　论文类

钟敬文：《文学狂欢化思想与狂欢》，《光明日报》1999 年 1 月 28 日
　　第 7 版。

刘魁立：《民间叙事机理谫论》，《民俗研究》2004 年第 3 期。

严优：《杨家将故事研究——以华北地区杨门女将故事为主》，硕士
　　学位论文，北京师范大学，1999 年。

万建中：《〈中国民间文学三套集成〉学术价值的认定与把握》，《广
　　西民族大学学报》2010 年第 1 期。

万建中：《20 世纪中国故事学：发现民间故事的现实意义》，《大连
　　大学学报》2011 年第 4 期。

万建中：《民间文学的再认识》，《民俗研究》2004 年第 3 期。

万建中：《寻求民间叙事》，《民族文学研究》2004 年第 4 期。

万建中：《关于民俗生活魅力的随想》，《山东社会科学》2010 年第
　　7 期。

万建中：《口头交流：民间文学的演说范式》，《广西民族学院学报》
　　2006 年第 2 期。

江帆：《民间叙事中的交友范型——俗语故事"路遥知马力"解析》，
　　《山西师范大学学报》2001 年第 4 期。

江帆：《民间叙事的即时性与创造性》，《民间文化论坛》2004 年第
　　4 期。

杨利慧、安德明：《理查德·鲍曼及其表演理论》，《民俗研究》
　　2003 年第 1 期。

杨利慧：《民间叙事的传承与表演》，《文学评论》2005 年第 2 期。

续表

编号	题目	出处	页码	讲述者	搜集整理者	采录时间	流传地区
15	潘仁美坟与晒骨桥	中国民间故事集成·陕西卷	295	杨振荣	白曙东	1988.2.19	淳化县
16	吕洞宾盗天书	中国民间故事集成·北京卷	48—49	马王氏	马维德	1986	延庆县
17	刀劈崖的传说	中国民间故事集成·北京卷	266	赵友成	户利平	1981	海淀区
18	锯齿崖	中国民间故事集成·北京卷	265	肖海	张国安	1982	平谷县
19	棋盘石边摆战场	中国民间故事集成·北京卷	264—265	刘琛	张宝章	1984	海淀区
20	狼儿峪	中国民间故事集成·北京卷	269—272	邱瑞国	李国棣	1983	昌平县
21	将杆台	中国民间故事集成·北京卷	272	刘士田	郭华义	1985	密云县
22	朝阳洞的铁箭	中国民间故事集成·北京卷	277—278	李秀英	郭利	1982	平谷县
23	望儿山	中国民间故事集成·北京卷	243—244	魏文生	魏民	1985	通县
24	望儿坨	中国民间故事集成·北京卷	244	邱瑞国	施惠全	1983	昌平县
25	马刨泉	中国民间故事集成·北京卷	299—300	王德江	杨在忠	1987	门头沟区
26	马刨泉（异文）	中国民间故事集成·北京卷	300—301	张二圣	王宗全	1985	海淀区
27	挂甲塔	中国民间故事集成·北京卷	346	赵友成	户利平	1981	海淀区
28	令公祠的白龙马	中国民间故事集成·北京卷	374—375	王志民	王长青	1981	密云县
29	祁家豁子的传说	中国民间故事集成·北京卷	393—394	刘英	冯新生	1979.2	朝阳区
30	寇准智断葫芦案	中国民间故事集成·河南卷	107—108	薛正华	毛文吉	1988.6	兰考县
31	潘家湖和杨家湖	中国民间故事集成·河南卷	230—231	李良学	屈春山	1982.5	开封市
32	一箭平河西	中国民间故事集成·甘肃卷	67—68	张兴三	田瞳	1986	张掖市
33	赵家天子杨家将	中国民间故事集成·江苏卷	75—77	杨维忠	张仲麟	1980.5	吴江市

续表

编号	题目	出处	页码	讲述者	搜集整理者	采录时间	流传地区
34	赵家天子杨家将	中国民间故事集成·浙江卷	110—111	张先庭	张美太	1987.5.3	丽水市
35	杨家咋成了"挂角臣"	中国民间故事集成·宁夏卷	46—47	高喜禄	马志东	1986.5	彭阳县
36	杨家咋成了"挂角臣"（异文）	中国民间故事集成·宁夏卷	48	杨占成	陈建设	1986.12	青铜峡市
37	明镜石	山西雁北民间故事集成	1—4	陈殿耀	谢庆荣	1980.10.11	怀仁县
38	智入朝阳洞	山西雁北民间故事集成	5—7	陈殿耀	谢庆荣	1980.10.11	怀仁县
39	焦赞寺的传说	山西雁北民间故事集成	8—9	程日兴	金丽娟	—	左云、大同一带
40	谎粮堆	山西雁北民间故事集成	10—12	赵岁壁	谢庆荣	1980.10.13	山阴、怀仁
41	金沙滩上谎粮堆	山西雁北民间故事集成	13	牛耀富	齐凤舞	—	朔县东南乡一带
42	神箭台	山西雁北民间故事集成	14—16	马上德	谢庆荣	1980.10.9	山阴、怀仁
43	六郎的神箭	山西雁北民间故事集成	17—18	刘维青	范金荣	—	朔县寇庄一带
44	穆桂英山	山西雁北民间故事集成	19—20	赵启富	谢庆荣	1980.5.8	浑源县
45	败杨峪	山西雁北民间故事集成	21—23	赵启富	谢庆荣	1980.5.8	浑源县
46	落子洼	山西雁北民间故事集成	24—27	赵启富	谢庆荣	1980.5.8	浑源县
47	孟良智盗紫罗发	山西雁北民间故事集成	28—29	牛耀富	齐凤舞	1981.7	朔县东南乡一带
48	杨宗英救母	山西雁北民间故事集成	30—31	王占仁	王廉	1985.9	山阴、代县、朔县
49	杨六郎的箭	山西大同民间故事集成	133	张氏	齐开有	1979.1	大同
50	穆桂英坡	山西大同民间故事集成	306—307	常淑	常嗣新	1987.8	大同
51	焦赞寺的传说	山西大同民间故事集成	391—393	—	张致远	—	—
52	穆桂英大战洪州	山西雁北民间故事集成续编	130—131	—	张剑扬	—	—

续表

编号	题目	出处	页码	讲述者	搜集整理者	采录时间	流传地区
53	李陵碑	山西雁北民间故事集成续编	159—160	赵俊	李振华	—	左云城南各乡
54	六郎的神箭	山西朔县民间故事集成	18—19	刘维青	范金荣	1980	朔县寇庄乡
55	孟良智盗紫罗发	山西朔县民间故事集成	20—21	牛耀富	齐凤舞	1981.7	朔县东南乡一带
56	金沙滩上"谎粮堆"	山西朔县民间故事集成	22—23	牛耀富	齐凤舞	1981.7	朔县东南乡一带
57	杨宗英救母	山西朔县民间故事集成	24—25	王占仁	王廉	1985.9	山阴、代县、朔县
58	七郎墓的传说	山西代县民间文学集成	145—147	侯士诚	谢还	—	代县
59	八姐九妹为啥一直没出嫁	山西代县民间文学集成	148—149	乔功	石俊文	—	代县
60	穆桂英在代州的传说	山西代县民间文学集成	150—151	乔功	石俊文	—	代县
61	杨五郎出家	山西代县民间文学集成	152—153	乔功	石俊文	—	代县
62	杨六郎退鞑子	山西代县民间文学集成	154—155	杨福贵	杨计斗	—	代县
63	杨六郎智胜辽军	山西代县民间文学集成	156—157	—	李德才	—	代县
64	鹿蹄涧村为啥不演《金沙滩》	山西代县民间文学集成	158—159	李上林	李歧	—	代县
65	鹿蹄涧村的由来	山西代县民间文学集成	160	郎西全	郎树人	—	代县
66	潘家掌为什么姓杨的多	山西陵川民间故事集成	96—97	秦先法	秦雪清	—	古郊乡一带
67	传说中的宋家坡和杨寨	山西陵川民间故事集成	146	—	郭平和	—	城关镇、杨村乡一带
68	六郎的箭，扳摇不动	山西偏关民间文学集成	32—33	白金	石建华	1986.12	偏关
69	绣荷包（含相关内容的民歌）	山西偏关民间文学集成	186—188	—	—	—	—
70	穆桂英大战洪州	山西浑源县民间文学集成	143—144	—	张剑扬	—	浑源一带

编号	题目	出处	页码	讲述者	搜集整理者	采录时间	流传地区
71	穆桂英招亲	山西浑源县民间文学集成	145—147	—	冯淑丽	—	浑源一带
72	马蹄湾的传说	山西浑源县民间文学集成	64	张祥林	郭德胜	—	浑源城西一带
73	杨六郎大摆水牛阵	浑源县民间文学集成续编	27—33	刘金叶	麻满	—	
74	十月绣花灯（民歌）	浑源县民间文学集成续编	352—357	姜余，刘佐	麻满	—	
75	绣荷包（民歌）	浑源县民间文学集成续编	364—365	张吉祥	麻满	—	
76	画扇面（民歌）	浑源县民间文学集成续编	366—368	王有德	王有德	—	
77	古人名（民歌）	浑源县民间文学集成续编	369—370	李清秀	麻满	—	
78	珍珠倒卷帘（民歌）	浑源县民间文学集成续编	370—372	—	麻满	—	
79	杨业成婚七星庙	山西岢岚县民间故事集成	43—45	—	冯贵生	—	岢岚一带
80	杨业成婚七星庙	山西忻州地区民间故事集成	60—62	高德威	冯贵生	1986.11	岢岚县
81	七郎墓的传说	山西忻州地区民间故事集成	63—65	侯士诚	谢还	1986.9	代县
82	杨五郎出家	山西忻州地区民间故事集成	66—68	康行文	卫和平	1983	五台山区
83	杨五郎的铁棍	山西忻州地区民间故事集成	69—73	朱东方	朱建华	1957	五台山区
84	杨六郎退鞑子	山西忻州地区民间故事集成	74—75	杨福贵	杨计斗	1986.9	代县
85	八姐九妹为啥一直没出嫁	山西忻州地区民间故事集成	76—77	乔功	石俊文	1986.9	晋北一带
86	鹿蹄涧村的由来	山西忻州地区民间故事集成	78	郎西全	郎树人	1986.9	代县
87	杨七郎庙的传说	晋城市民间故事集成（上册）	290—294	张应德	王正都	—	太行山南端晋豫边界
88	焦赞城与孟良寨	晋城市民间故事集成（下册）	382—385	刘全忠	樊腊生	—	太行山南端晋豫边界

编号	题目	出处	页码	讲述者	搜集整理者	采录时间	流传地区
89	马刨泉	太原民间故事	111	—	王建国	—	太原市北郊区
90	潘仁美破风水	太原民间故事	202—203	叶荣斌	廉介荣	—	古交、大川一带
91	杨继业头碰李陵碑	山西怀仁县民间文学集成	24—26	马国荣	苑忠	—	
92	马刨泉	太原市北郊区民间故事集成	18	—	王建国	—	太原市北郊区
93	万人墓	尧都故事（第二集）	100—101	牛进喜	李留住	1983.7	汾西县它支乡一带
94	馒头山　草垛山	山西原平民间文学集成（上）	87	聂治科	聂千寿	—	大芳一带
95	为什么赵家江山杨家保	长治市郊区民间故事集成	10—11	韩六只	韩树成	—	长治县
96	韩昌洞	长治市郊区民间故事集成	57—58	李藩成	温素玲	—	黄碾镇一带
97	潘仁美与霍家沟	长治市郊区民间故事集成	108—109	原文喜	申琴香	—	潞城县
98	"猫漏"的传说	山西壶关民间故事集成	137—138	—	侯海青	—	
99	杨元帅的镇妖剑	山西壶关民间故事集成	177—178	李向春	牛逢蔚	—	桥上一带
100	韩昌洞	长治市民间故事集成（三）	793—794	李藩成	温素玲	—	—
101	杨元帅的镇妖剑	长治市民间故事集成（三）	796—797	李向春	牛逢蔚	—	—
102	"猫路"改"猫漏"	长治市民间故事集成（三）	857	—	—	—	—
103	潘仁美与霍家沟	长治市民间故事集成（三）	916—917	原文喜	申琴香	—	—
104	柴家当朝廷杨家常保驾	山西浮山民间故事集成	56—59	赵吉库	陈存民	—	北王一带
105	杨家"将"的故事	山西阳泉矿区民间故事集成	21	张二棒	赵振华	—	阳泉三矿一带
106	潘仁美破风水	山西古交民间文学汇编	34—36	叶荣斌	康介荣	—	古交、大川一带
107	一箭定疆界	山西平鲁民间文学（第一集）		—	冯志勇	—	—

续表

编号	题目	出处	页码	讲述者	搜集整理者	采录时间	流传地区
108	焦寺——连福村	山西介休民间故事集成	68	宋家美	苏金风	1987.6	连福、藩王、湖龙一带
109	马跑泉	山西隰县民间文学集成	59—60	—	张瑞元	1989	隰县东川一带
110	寇准与寇村	河南通许县民间文学集成	77	陈殿碧	杨明学	—	
111	杨景枪挑潘仁美	河南通许县民间文学集成	77—78		张书志	—	
112	木家庄和盘阳的传说	河南林县民间故事集成	192—195	—	赵福生	—	
113	韩昌复仇	河南杞县民间故事集成	36—37	侯传学	赵玉莲	—	
114	乱枪刺死潘仁美	河南杞县民间故事集成	59—60	石文焕	万艺	—	
115	焦赞孟良寨的传说	河南新县民间故事集成	40—41	胡元利	吕平等	1987.7	新县浒湾乡
116	孟良山	河南新县民间故事集成	72	陈奇	陈伟	1988.1	新县浒湾乡
117	杨家保国保朝的传说	郏县民间文学三集成卷本	158—159	谢红伟	李国兴	—	—
118	赵匡胤与挂角杨	河南淇县民间故事集成	49—50	李中祯	石同勋	1987.4	淇县高村乡
119	呼家将	开封民间故事集成	40—45	邢树人	邢安封		
120	寇准智断葫芦案	开封民间故事集成	48—49	薛正华	毛文吉	1988.4.6	三义寨乡
121	聚将钟	开封民间故事集成	50—52	艾英	李颜	—	—
122	赵家江山杨家保	开封民间故事集成	52—55	武登科	武占英	1990.1	
123	四郎盗宝	开封民间故事集成	55—57	武进营	武占英	1990.1	
124	龙须凤发	开封民间故事集成	58—59	武进营	武占英	—	
125	天波府前的风波	开封民间故事集成	59—61	—	任玉禄	1990.6	开封市
126	杨延昭为啥叫杨六郎	开封民间故事集成	61—62	刘万祥	何天禄	1990.4	开封市

续表

编号	题目	出处	页码	讲述者	搜集整理者	采录时间	流传地区
127	佘太君赞寿礼	开封民间故事集成	62—64	王绿君	万叶树	—	—
128	潘杨二湖的故事	开封民间故事集成	166—168	李良学	屈春山	1982.5	开封市
129	寇准与寇村	开封民间故事集成	184—185	游广富	张学文	1987.1	通许县大岗李乡
130	杨奶奶庙的传说	开封民间故事集成	224—225	李振华	宋广仁	—	—
131	铁裹槐与招讨营	开封民间故事集成	250—253	马景玉	高宏玉	1991.4.7	开封县招讨营村
132	栓马槐	开封民间故事集成	254—255	黄忠	赵才	1990.9	开封县杜良乡
133	寇准智断葫芦案	河南开封县民间文学集成	30—31	薛正华	毛文吉	—	—
134	转兵洞	河南开封县民间文学集成	77—78	崔昆	黄钟	—	—
135	穆桂英的栓马槐	河南开封县民间文学集成	80—81	—	徐敬轩	—	杜良乡、曲兴乡等地
136	招讨营	河南开封县民间文学集成	229	张娣	马冠林	—	杜良乡
137	乱枪里	河南开封县民间文学集成	233—234	张锋	马冠林	—	—
138	穆桂英大破天门阵	河南兰考县民间文学集成	9—11	武新田	李书民	—	予东黄河两岸
139	杨家将为啥赤心保宋	河南扶沟县民间故事集成	41—42	邢昆	邢富中	—	—
140	赵匡胤为什么能称帝	河南濮阳县民间故事集成	53—58	程善学	魏素芳	1990.3	濮阳
141	杨家为啥保赵	桐柏县民间故事集成（第一册）	177—179	周贤良	周君立等	1986.1.2	桐柏县
142	司马迷魂	河南新乡县民间故事集成	85—86	孟令云	郭华翔	1982.5	新乡县
143	黑松林	河南南召县民间故事集成（上）	340—342	—	王银	1986.6	南召县小店乡一带
144	点将台和饮象坑	卫辉市民间文学集成·民间故事	13—14	卜振华	张永耀	—	—
145	药堤	卫辉市民间文学集成·民间故事	14	卜振华	张永耀	—	—

编号	题目	出处	页码	讲述者	搜集整理者	采录时间	流传地区
146	营圪垯和迷魂阵的传说	卫辉市民间文学集成·民间故事	21—22	冯斌	张永耀	—	—
147	杨洪碑为何称琵琶碑	卫辉市民间文学集成·民间故事	63—64	李保恒	祁霞	—	—
148	半拉山和杨家庙	河南嵖岈山民间故事集成	116—118	李建华	绍月娥	1988.2	遂平县阳丰乡
149	杨文广的故事	河南嵖岈山民间故事集成	148—150	—	周培林	1988.2	—
150	十八个月（民歌）	开封民间歌谣、谚语集成	153—155	武百元	武占英	1989.1	兰考县
151	擀面条（民歌）	开封民间歌谣、谚语集成	155—156	蔡尚卫	乔吉焕	—	—
152	十四月歌（民歌）	开封民间歌谣、谚语集成	156—158	黄包	王保瑞	—	—
153	拧绣墩（民歌）	开封民间歌谣、谚语集成	158—159	—	贺培生	—	—
154	二十古人歌（民歌）	开封民间歌谣、谚语集成	159	范福江	张建堂	1987.3	兰考县
155	翻十字（民歌）	开封民间歌谣、谚语集成	159—160	张玉超	纠广彬	1988	杞县
156	十字歌谣（民歌）	开封民间歌谣、谚语集成	161—162	武百元	武占英	—	—
157	十字歌（民歌）	开封民间歌谣、谚语集成	162	郭克义	李顺	—	—
158	开封四周有四庄（民歌）	开封民间歌谣、谚语集成	163—164	—	宏玉	1989.3	开封县
159	说开封（民歌）	开封民间歌谣、谚语集成	165	郑水立	孙喜元	—	—
160	杨家湖清（民歌）	开封民间歌谣、谚语集成	165	—	赵五爱	—	—
161	龙亭颂（民歌）	开封民间歌谣、谚语集成	165	—	赵五爱	—	—
162	阴阳先儿寻龙脉 赵匡胤探龙潭	河南贵地新野的传说	59—60	刘红春	葛磊	—	—
163	女元帅妇好的传说	河南民间文学集成·安阳故事卷	42—44	冯新志	李存让	1989.12.15	安阳市北郊
164	穆桂英与米面圪垯	河南民间文学集成·安阳故事卷	153—155	张东德	张怀恩	1987.10.13	内黄县

续表

编号	题目	出处	页码	讲述者	搜集整理者	采录时间	流传地区
165	刘金定招亲	河南信阳地区民间故事集成	32—36	李勇等	张楚北	1986.夏	鸡公山地区
166	红娘寨	河南信阳地区民间故事集成	173—175	——	——	——	鸡公山地区
167	为何赵家江山杨家保	濮阳市民间故事集成（上卷）	201—203	程朋鹤	程帮民	1987.2.9	清丰县
168	契丹出境碑	濮阳市民间故事集成（上卷）	291—292	鲁雪莲	刘德民	1990.6	濮阳县
169	"杨公忌"的传说	濮阳市民间故事集成（上卷）	487—488	王启民	崔金钊	1990.2.14	范县王楼乡
170	为啥称杨家挂甲将军	河北邯郸市故事卷（上）	145—146	刘朝的	胡宝生	1987.11	武安县
171	自家人不认自家人	河北邯郸市故事卷（上）	146—148	李苗氏	高何元	1987.5	峰峰矿区
172	董家岭赴宴	河北邯郸市故事卷（上）	148—150	郭三禄	郑喧	1986.1	邯郸磁县
173	王兰英和王女村	河北邯郸市故事卷（上）	150—155	郭三禄	郑喧	1986	磁县
174	养儿河	河北邯郸市故事卷（上）	155—156	郭大田	王进元	1986.8	武安县
175	杨八郎的故事	河北邯郸市故事卷（上）	156—158	李兴林	王进元	1987.9	武安县
176	六郎把关	河北邯郸市故事卷（中）	29—32	魏明	任文祥	1981	邯郸市
177	杨八郎的故事	河北武安民间故事卷	22—25	李兴林	王进元	1987.9	武安县
178	为啥称杨家挂甲将军	河北武安民间故事卷	202—203	刘朝的	胡宝生	1987.11	武安县
179	宋朝的江山应该是杨家的	河北张家口市故事卷（上）	259—261	许军	莹石	1986.4.10	庞家堡区
180	石龙嘴里定君臣	河北张家口市故事卷（上）	262—265	苏天翔	杜立忠	1987.9.24	桥东区
181	火山王出世	河北张家口市故事卷（上）	266—267	梁殿举	梁挺爱	1988.9.13	张家口市
182	六支箭与半拉山	河北张家口市故事卷（上）	268—270	刘明亮	顾建中	1980.12.8	张家口
183	破洪州	河北张家口市故事卷（上）	271—276	武枝	苏木	1985.4.3	张家口

编号	题目	出处	页码	讲述者	搜集整理者	采录时间	流传地区
184	杨六郎一箭定三川	河北张家口市故事卷（上）	277—279	郭进德	武枝	1987.10.2	宣化区
185	杨宗英破天门阵	河北张家口市故事卷（上）	280—282	许军	康凤贤	1986.4.10	庞家堡区
186	孟良盗骨	河北张家口市故事卷（上）	283—284	刘元庆	李佃富	1986.7.28	庞家堡区
187	三叉口	河北张家口市故事卷（上）	285—286	武进连	武枝	1986.5.15	宣化区
188	杨六郎淘金	河北张家口市故事卷（上）	287—289	张政	梁挺爱	1985.8.10	宣化县
189	穆家山和穆家沟	河北张家口市故事卷（下）	936—937	陈万等	唐智敏	1986.6.11	怀来县
190	小五台山的由来	河北张家口市故事卷（下）	947—948	王明春	李春军	1986.7.6	张家口市
191	赵杨两家的传说	邯郸地区故事卷（下册）	183—185	王立国	宋银霞	—	磁县
192	杨六郎夜战瓦桥关	河北邢台市故事卷（上）	367—369	王坤	邵宗普	—	—
193	御马草	河北邢台市故事卷（上）	370—371	吴海亮	吴大山	—	—
194	杨家将保宋的故事	河北邢台市故事卷（上）	371—373	—	张庆恩	—	—
195	杨家将为什么要忠心保国	河北承德市故事卷	278—279	刘秀芝	张立新	1986	鹰手营子矿区
196	卸甲营	河北承德市故事卷	590—591	马红文	于广	1983	承德县
197	杨家葱的来历	河北承德市故事卷	742	刘文联	于广	1986	承德县
198	杨六郎借土屯粮退辽兵	河北保定市故事卷（卷二）	195—196	米老卜	米立功	—	满城县南
199	杨六郎大战白石精	河北保定市故事卷（卷二）	198—200	王印泉	任廷山	1983.春	—
200	杨六郎斩石精	河北保定市故事卷（卷二）	197—198	陈玉林	李占其	1985.7	满城县城周围
201	杨六郎的刀枪架	河北保定市故事卷（卷二）	201—202	于芝	满城红	1986	满城县西
202	孟良盗骨	张家口市下花园区资料本	70—71	刘元庆	李佃富	1986.7	下花园

续表

编号	题目	出处	页码	讲述者	搜集整理者	采录时间	流传地区
203	杨家将为什么世世代代保大宋	河北抚宁民间故事卷（第一卷）	320—321	赵新田	安希彬等	1987.4	榆关区
204	赵匡胤坐皇帝	承德地区故事卷（上）	134—136	赵荣春	王起	1974.3.5	围场县
205	萧太后的传说	承德地区故事卷（上）	138—140	史再生	王韫华	—	—
206	古北口	承德地区故事卷（上）	551—554	朱理宗	封瑞功	1984	滦平县
207	杨家将的来历	承德地区故事卷（上）	675—676	徐文秀	徐珍等	1982	滦平县
208	穆家山和穆家沟	张家口市民间故事选	23—24	陈万等	唐智敏	—	—
209	梨木棒和金沙滩	张家口市民间故事选	29—32	杨照林	晨陆	—	—
210	破洪州	张家口市民间故事选	101—106	武枝	顾建中	—	—
211	火山王出世	张家口市民间故事选	122—123	梁殿举	梁挺爱	—	—
212	杨六郎淘金	张家口市民间故事选	124—126	张政	梁挺爱	—	—
213	一箭之地	龙凤山趣闻	45	—	—	—	—
214	烧车淀智胜韩昌	燕南赵北的传说	103—104	李永鸿	耿保仓	—	—
215	杨六郎苦战祁家桥	燕南赵北的传说	105—108	宋九元	路作舟	—	—
216	冰冻遂城	燕南赵北的传说	109	王国标	王树新	—	—
217	饮马河	燕南赵北的传说	110—111	—	马四代	—	—
218	杨六郎镇守倒马关	燕南赵北的传说	112—113	马联仁	陈识路	—	—
219	卸甲营	热河民间故事之七·汤泉	101—102	马洪文	于广	—	—
220	杨家葱和杨家菜	热河民间故事之七·汤泉	159—160	—	于广	—	—
221	红旗岭与杨满堂墓	青海平安县民间故事集成	82	孙如玺	刘启尧	—	—

续表

编号	题目	出处	页码	讲述者	搜集整理者	采录时间	流传地区
222	杨家将辈辈挂帅的传说	青海平安县民间故事集成	112—113	—	刘启尧	—	平安
223	佘太君出世	耿村民间故事集（第一集）	41	侯国国	张彦哲	1987.6.5	北方一带
224	佘太君成亲	耿村民间故事集（第一集）	41—42	侯国国	张彦哲	1987.6.5	北方一带
225	杨家为嘛做不了皇上	耿村民间故事集（第一集）	42	侯国国	张彦哲	1987.6.5	北方一带
226	杨六郎大战白石精	耿村民间故事集（第一集）	43—45	靳景祥	孙明振	1987.8.24	藁城县一带
227	八姐九妹有没有婆家	耿村民间故事集（第二集）	123—125	靳景祥	靳春利	1987.8.10	藁城县一带
228	杨文宾认祖归宗	耿村民间故事集（第二集）	125—127	董彦娥	时文鸽	1988.2.3	藁城县一带
229	潘杨和	耿村民间故事集（第三集）	264—268	王仁礼	杨志忠	1988.6.2	—
230	孟良盗心	耿村民间故事集（第四集）	609—611	张书娥	张彦哲	1988.12.13	—
231	杨七娘出世	耿村民间故事集（第五集）	314—316	王连锁	王增改	1989.9.16	—
232	大郎台	耿村民间故事集（第五集）	368—369	徐大汉	王增改	1989.9.16	—
233	杨八姐大破铁甲兵	廊坊民间故事	227—231	—	肖雨	—	—
234	将杆台	北京密云民间故事	49—50	—	郭华义	—	—
235	杨六郎巧布口袋阵	北京密云民间故事	61—66	—	李得金	—	—
236	野马川与白马关	北京密云民间故事	66—67	—	刘显春	—	—
237	杨六郎的刀印	北京密云民间故事	67—68	—	孙志民	—	—
238	司马台	北京密云民间故事	69—70	—	王申俊等	—	—
239	牛蹄子沟与牤牛阵	北京密云民间故事	70—71	—	郭德昌	—	—
240	悬崖上的宝剑	北京密云民间故事	71	—	韩运亮	—	—

续表

编号	题目	出处	页码	讲述者	搜集整理者	采录时间	流传地区
241	杨七郎力战潘虎	北京密云民间故事	72	—	王申俊等	—	—
242	孟良山	北京密云民间故事	73—74	—	韩运亮	—	—
243	夹子山的来历	北京密云民间故事	74—75	—	李百有	—	—
244	孟良寨	北京密云民间故事	75	—	彭连华	—	—
245	马折前蹄	北京密云民间故事	76—77	—	王宗元	—	—
246	七郎花	北京密云民间故事	78—79	—	王长青	—	—
247	穆桂英出世	北京密云民间故事	80—81	—	王振启	—	—
248	穆桂英故事四则	北京密云民间故事	81—84	—	杨春林	—	—
249	卸甲山	北京密云民间故事	85	—	刘显春	—	—
250	司营子和冯家峪	北京密云民间故事	86	—	刘显春	—	—
251	芙蓉墩与马蹄痕	北京密云民间故事	87—88	—	王振启	—	—
252	烟火棍	北京密云民间故事	89	—	孙志民	—	—
253	杨八姐当尼姑	北京密云民间故事	90	—	孟凡来	—	—
254	宝刀	北京密云民间故事	91	—	赵胗东	—	—
255	饮马池	北京密云民间故事	92	—	赵胗东	—	—
256	白龙马	北京密云民间故事	93—94	—	王长青	—	—
257	杨继业佘赛花成婚	民间故事选——历代英雄人物传说	13—19	—	赵云雁	—	文安县
258	牤牛阵	民间故事选——历代英雄人物传说	20—22	—	曹治淮	—	安国县
259	杨六郎的神箭	民间故事选——历代英雄人物传说	23	—	吴昌瑞	—	—

续表

编号	题目	出处	页码	讲述者	搜集整理者	采录时间	流传地区
260	杨继业与佘赛花成婚	历代名女的传说	112—118	刘道喜	赵云雁	—	—
261	大摆迷魂阵	历代名女的传说	119—124	赵洪儒	赵云雁	—	—
262	红蓑草	历代名女的传说	125—126	许衍明	周宝忠	—	—
263	杨继业和佘赛花成婚	穆桂英大战桃花漫	1—7	刘道喜	赵云雁	—	—
264	大郎台	穆桂英大战桃花漫	8—12	王庆顺	赵云雁	—	—
265	杨六郎摆空城	穆桂英大战桃花漫	13—15	杨金明	赵云雁	—	—
266	大刀王怀女	穆桂英大战桃花漫	16—27	马玉茹	赵云雁	—	—
267	孟良和焦赞投军	穆桂英大战桃花漫	28—31	孟庆河	赵云雁	—	—
268	龙泉木	穆桂英大战桃花漫	32—35	朱士洪	赵云雁	—	—
269	杨八姐大破铁甲兵	穆桂英大战桃花漫	36—40	杨玉清	赵云雁	—	—
270	杨六郎把守三关口	穆桂英大战桃花漫	41—50	王顺	赵云雁	—	—
271	武将台	穆桂英大战桃花漫	51—53	吴茂丛	赵云雁	—	—
272	穆桂英大战桃花漫	穆桂英大战桃花漫	54—65	王兴等	赵云雁	—	—
273	杨八姐盗金刀	穆桂英大战桃花漫	66—76	刘增兰	赵云雁	—	—
274	横亭大战	穆桂英大战桃花漫	77—80	索永生	赵云雁	—	—
275	杨六郎威镇三关口	穆桂英大战桃花漫	81—86	刘永强	赵云雁	—	—
276	穆桂英大摆迷魂阵	穆桂英大战桃花漫	87—93	赵洪儒	赵云雁	—	—
277	杨文广巧设天鹅计	穆桂英大战桃花漫	94—101	马云鹏	赵云雁	—	—
278	杨六郎巧设"粮堆"	山西民间文学作品选	142—144	—	吴昌瑞	—	雁北一带

续表

编号	题目	出处	页码	讲述者	搜集整理者	采录时间	流传地区
279	戏上七郎为啥是黑花脸	山西民间文学作品选	144—145	—	石俊文	—	—
280	滹沱倒流四十里	山西民间文学作品选	145—148	—	石俊文	—	—
281	穆桂英大破迷魂阵	民间故事（上）	124—126	王友义	张学仿	—	—
282	杨六郎除鬼	民间故事（上）	127—128	张凤	张和华	1988	香河县
283	韩村不叫韩村	民间故事（上）	68—72	杨述怀	武国强	—	—
284	杨家将大破疯牛阵	中国长城故事集	270—272	孙义	马智	—	—
285	杨家将把守长城	中国长城故事集	379—382	—	谷庆池	—	—
286	令公庙	长城传说故事	55—56	—	佟志	—	—
287	七郎坟	长城传说故事	57—59	—	何云	—	—
288	杨家将与雁门关	长城传说故事	103—106	—	顾全芳	—	—
289	点将槐	河南民间故事集	111—114	—	李程远	—	—
290	潘杨二湖的传说	河南民间故事集	115—116	—	李程远	—	—
291	午朝门的石狮子	河南民间故事集	117—119	—	李程远	—	—
292	六郎的神箭	名人故事	241—242	刘维青	范金荣	—	—
293	杨六郎大战白石精	河北民间故事（第一集）	50—52	王印泉	任廷山	—	—
294	杨六郎镇守三关	河北民间故事（第一集）	93—97	刘永强	赵云雁	—	—
295	穆桂英大摆迷魂阵	杨六郎威镇三关口	67—74	—	肖雨	—	—
296	杨六郎威镇三关口	杨六郎威镇三关口	75—82	—	赵云雁	—	—
297	杨六郎摆空城	杨六郎威镇三关口	83—86	—	肖雨	—	—

续表

编号	题目	出处	页码	讲述者	搜集整理者	采录时间	流传地区
298	杨文广巧设天鹅计	杨六郎威镇三关口	87—97	—	赵云雁	—	—
299	杨家将	北京民间传说故事资料（第一册）	31	王老太太	黄勤	—	—
300	七郎坟、令公庙的故事	北京民间传说故事资料（第三册）	45	—	金拔	—	古北口一带
301	穆桂英坡的来历	大同民间文学（汇编第一集）	37—38	—	常嗣新	—	—
302	杨六郎据守倒马关	河北民间文学（1987年第2期）	17—18	马连仁	陈识路	—	—
303	新坡红胶泥的传说	河北民间文学（1988年第2期）	127—129	任文	孙万宝	—	—
304	斩杨景	河南传统剧目汇编（越调第三集）	43—80	刘凤云	罗丝等	—	—
305	倒反汴梁	河南传统剧目汇编（越调第三集）	81—128	刘凤云等	沙凤梅等	—	—
306	穆桂英指路（西河大鼓唱词）	穆桂英指路	183—196	王尊三	王尊三	—	—
307	杨八姐游春（河南坠子）	山东传统曲艺选	351—358	—	毕士臣	—	—
308	杨业与佘赛花的传说	山西柳林县民间故事集成	35—37	刘秉璋	白占全	1987.4	柳林县
309	杨八妹柳州救兄（侗）	民间文学（1985年第7期）	44—45	杨晟云	林河	—	湘桂黔交界
310	竹王杨六郎（侗）	民间文学（1985年第7期）	43—44	杨杏珠	林河	—	靖县、绥宁、城步
311	杨令公大破飞山寨（侗）	民间文学（1985年第7期）	41—43	杨昌太	林河	—	湘桂黔交界
312	反潼台	山西地方戏曲汇编（九）	121—165	—	—	—	山西
313	两狼山—密松林	山西地方戏曲汇编（九）	166—323	—	—	—	山西
314	辕门斩子	山西地方戏曲汇编（九）	324—381	—	—	—	山西
315	杨金花夺印	山西地方戏曲汇编（九）	382—417	—	—	—	山西

续表

编号	题目	出处	页码	讲述者	搜集整理者	采录时间	流传地区
316	杨八姐游春	二人转传统作品选	150—159	—	—	—	东北地区
317	穆桂英过岢岚城	山西民间文学（1982年第2期）	31	—	李文龙	—	岢岚县
318	铜锤换玉带	河南汝南县民间故事集成	263—264	—	—	—	汝南县
319	潘杨两家保大宋	河南南召县民间故事集成（下）	760—763	杨立刚	杨家新	—	南召县
320	鸡冠山	河北承德市故事卷	432—434	刘文友	柳村	1983	承德地区
321	潘仁美凿开山洞	古北口传说故事	6—8	—	白天	—	古北口
322	杨七郎打擂	古北口传说故事	93—96	—	白天	—	北京密云
323	七郎坟	古北口传说故事	96—98	—	白天	—	河北
324	蛤蟆石	古北口传说故事	101—102	—	白天	—	密云县
325	傅友林和杨八郎	古北口传说故事	103—105	傅友林	白天	—	古北口
326	杨家将抗日	古北口传说故事	106—108	—	白天	—	古北口
327	冯玉祥和杨七郎	古北口传说故事	129—131	—	白天	—	古北口
328	无敌将军杨业	杨忠武祠	20—24	—	—	—	山西代县
329	巾帼英雄佘太君	杨忠武祠	25—28	—	—	—	山西代县
330	威镇三关杨延朗	杨忠武祠	29—31	—	—	—	山西代县
331	南征北战杨文广	杨忠武祠	34—37	—	—	—	山西代县
332	七郎八虎闯幽州	杨忠武祠	38—42	—	—	—	山西代县
333	八姐九妹逞英豪	杨忠武祠	43—48	—	—	—	山西代县
334	杨五郎与五郎庙	杨忠武祠	49—53	—	—	—	山西代县

续表

编号	题目	出处	页码	讲述者	搜集整理者	采录时间	流传地区
335	杨七郎与七郎墓	杨忠武祠	54—59	—	—	—	山西代县
336	穆桂英与穆柯寨	杨忠武祠	60—63	—	—	—	山西代县
337	王怀女巧摆八台阵	中国民间英雄传奇故事	236—240	曹国庆	尹玉如	—	河北廊坊市
338	穆桂英破洪州	中国民间英雄传奇故事	241—244	李全林	王北茂	—	河北平山县

后　记

　　2007～2017，整整十年。不由感慨：人生能有几个十年！说的冠冕堂皇些，且谓十年磨一剑吧！这本书写的时间很短，出的时间却很长。2012年年底，就在书稿修改校订、即将付梓的最后阶段，因家中突发重大变故，不得不中止并搁置了出版计划。这一放就是五年！其中辛酸，个中滋味，切肤之痛，锥心熬煎，惟有自己心知肚明而又无从遣诉。好在博士毕业以后调到玉林师范学院工作，能够得以重整旗鼓、拾掇旧业，继续举步这艰辛的出版历程。

　　本书是在笔者硕士学位论文的基础上增补修订而成的。在书稿付梓之后附上一篇后记，似乎已经成为写书的常规模式和固定程序，不过于我而言，写几句不吐不快的心里话确乎是一个不可或缺的环节。时光荏苒，日月如梭，转眼间研究生毕业已经十年了，然细细回味寒窗苦读的岁月，搜集资料的轨辙，伏案写作的时日，酸甜苦辣皆历历在目。限于时间和学力，虽有颇多遗憾，但既已认真对待，艰辛付出，努力完善，来之不易，也就释然了。

　　一个人一生当中必然经历许多幸事和缺憾，如果说缺憾是一种考验的话，那么幸事便是一种恩赐。遇上恩师赵宗福先生并投到他的门下，是我求学之路乃至人生之路上最大的幸事之一。家师学识渊博、治学严谨、为人正气、情操高尚，为学生所敬仰。当年，他虽政务缠身，仍不忘教书育人，于我学业时时鞭策，引导启发；于我生活平等相待，关怀备至；于我前程指点迷津，鼓舞激励。孜孜教诲，学生铭记在心，受益终生。想当时，硕士论文的写作，从选

题到定稿，从整体框架到搜集资料，均离不开家师悉心指导，精辟
评点，亲力修正。师者，传道授业解惑也。先生当之无愧！传治学
之道、为人之道、处世之道；授学术之业、立身之业、成事之业；
解学习之惑、生活之惑、情感之惑。不论学习、生活还是以后的工
作和前程，赵老师对我的关爱无微不至、面面俱到。纵有千言万语
亦无法表达我对恩师衷心的感激之情，惟有以日后学习、工作中的
加倍努力来回报于他。去岁年节期间，笔者曾写了些许文字，籍以
感念师恩，不妨录此留存。

致恩师赵宗福先生

花甲人生味沧桑，老骥伏枥续华章。

诗书意气随风雅，术学公器系黎氓。

道业授传显精良，疑惑解答以为常。

情义助裹慨且慷，桃李不言赏亦尝。

文究民俗见硕壮，史海钩沉聚青藏。

昆仑巍赫唯品尚，花儿论通引高吭。

（丁酉鸡年正月初三子时作于玉师荔园）

　　在此衷心感谢叶涛教授、刘铁梁教授、万建中教授、杨利慧教
授、武文教授，在家师的引荐下使我有机会跟随诸位老师学习、交
流，令我受益匪浅。没有他们于我学术上的熏陶和启迪，学生恐难
有长进，本书也难以成就。感谢米海萍、文忠祥、唐仲山、蒲生华、
贺喜焱等诸位师友，在平日的学习过程中，他们给予我很大的帮助
和支持。感谢陈刚、朱建军、胡芳、刘大伟、刘永红、李言统、李
玉英等诸位同门同窗好友，平日切磋学术，谈论世象，探讨人生，
于我无论读书治学、为人处世均有很大助益。感谢玉林师范学院文
学与传媒学院黄健云院长、科研处刘永建处长对本书出版给予的大
力关心与支持。特别感谢中国社会科学出版社的刘艳编辑，她帮助
我完成了书稿最后的校订和编辑工作。

　　感谢我的家人，我的任何成绩，无不倾注了他们的无私关爱与殷勤期待。感谢一直以来给予我理解、支持和关爱的可亲可敬的亲朋好友们。最后谨以此书献给我已逝去的母亲，倘若她在天有灵、泉下有知的话，权当对她的些许告慰吧！

2012 年 12 月于夏都西宁

2017 年 12 月于玉师荔园